Liberec
(Reichenberg)
■ Prag
Plzeň ●
TSCHECHIEN
Ostrava ●
Olomouc ●
● Brno
České Budějovice
0   60 km

W0054076

RUMÄNIEN
Sibiu
(Hermannstadt)
● Brașov
Timișoara ●
Bukarest ■
Constanța ■
Schwarzes Meer
Donau
0   120 km

Nordpolarmeer

CHINA
Tsingtao ●

Pazifischer Ozean

Indischer Ozean

-- -- -- -- -- -- -- -- -- -- -- -- -- -- -- -- -- Äquator

MIBIA
eritz

Samoa

Savai'i
SAMOA
● Apia
Upolu
Tutuila
0   30 km

Manuel Möglich

Deutschland überall

Eine Suche auf fünf Kontinenten

Rowohlt · Berlin

1. Auflage März 2015
Copyright © 2015 by Rowohlt · Berlin Verlag GmbH, Berlin
Alle Rechte vorbehalten
Fotos Copyright © Manuel Möglich
Karte Copyright © Peter Palm, Berlin
Satz aus der Mercury PostScript (InDesign) bei
Pinkuin Satz und Datentechnik, Berlin
Druck und Bindung CPI books GmbH, Leck, Germany
ISBN 978 3 87134 200 4

«Wie schön Deutschland ist, wenn man ganz
weit weg ist und nur immer dran denkt!»
Carl Zuckmayer

«I am the Passenger
And I ride and I ride.»
Iggy Pop

Inhalt

PROLOG   Reisen zu den fernsten «Deutschen»

Feiern in Deutschland, das geht. Sehr gut sogar. Das Land selber feiern – das ist dagegen eine ganz andere Kiste. Als im Sommer 2014 Deutschland zum vierten Mal Fußball-Weltmeister wurde und sich die Mannschaft am Brandenburger Tor bejubeln ließ, da wusste jeder, dass Helene Fischer heute einfach überall ist. Die Feierei an diesem Tag ging allerdings nicht ganz reibungslos über die Bühne, ein Problem sollte das Land beschäftigen, und es hieß «Gaucho-Gate». Man kann sich drüber aufregen, dass sich einige darüber aufregten. Man kann sich allerdings auch darüber aufregen, dass andere sich nicht darüber aufgeregt haben. Egal auf welcher Seite man bei dieser Sache steht, unterm Strich spiegelte das letzte Kapitel des Sommermärchens einmal mehr wider, wie schwer sich die Deutschen mit sich selbst immer noch tun. Locker-flockig geht anders. Vielleicht verbindet dieses Völkchen zuallererst seine Unsicherheit.

Ebendarum habe ich mich zu diesem Reisemarathon rund um die Welt aufgemacht, obwohl es um die Bundesrepublik geht. Weil man nämlich den Wald vor lauter Bäumen oft nicht mehr sieht, lag es auf der Hand, das wilde

Deutschland zu verlassen, um das große Ganze aus der Distanz besser betrachten und verstehen zu können. Von Orten aus, die eng mit der Geschichte Deutschlands verflochten sind. Bei einem Oktoberfest in Brasilien oder einer Brauereibesichtigung in China funktionierte das sehr gut, auch in den USA, Tschechien und Rumänien lief alles wie geschmiert. Nur auf Samoa hat sich der Reporter durch eine falsche Dosierung während eines Selbstversuchs mit Rauschpfeffer für kurze Zeit außer Gefecht gesetzt. Apropos «Es läuft alles wie geschmiert!», das war auch das Motto einer Karnevalssaison in Windhoek, Namibia. Am Rande des Feierepizentrums habe ich vom Treiben zwar nur einen Teil mitbekommen, doch das reichte aus, um viel zu erfahren. Im südwestlichen Afrika fiel der Startschuss für meine Suche auf fünf Kontinenten, und zwar wegen eines Gerüchts: Etliche Bewohner aus der Region Lüderitz sollen jedes Jahr im April den Geburtstag von Adolf Hitler feiern. Eingeladen war ich dazu zwar nicht, doch das hinderte mich nicht daran, einfach mal loszufahren, um nach dem Rechten zu sehen.

Dieser Reisebericht wagt den Versuch, sich unserer Heimat aus der Ferne zu nähern. Auf diese Weise, davon bin ich nach anderthalb Jahren des Reisens und Schreibens überzeugt, lässt sich mehr über Deutschland, die Deutschen und das Deutsche erfahren.

Die folgenden Seiten geben meine persönliche Wahrnehmung wieder. Man darf sich beim Lesen ärgern, gerne widersprechen oder mir beipflichten. Und möglicherweise ist einem manchmal auch einfach nur zum Lachen zumute. Wenn, dann nur zu! Lachen, das machen die Deutschen angeblich ohnehin zu wenig.

NAMIBIA Hitlers und des Kaisers Geburtstag in Südwest

Der Frühstücksraum ist picobello. Die Einrichtung zweckdienlich. Viel helles Holz, beige Fliesen und zwei Deckenventilatoren mit integrierten Lampen. An den schneeweißen Wänden Bilder. Die Pension Uhland in der Uhlandstraße in Windhoek wird von Irmgard und Jürgen geführt. Die meisten Gäste kommen aus Deutschland und sind exotischer als das Interieur meiner Unterkunft.

Was mir bereits am Flughafen auffiel, kann ich jetzt in aller Ruhe studieren – die Vollendung des deutschen Afrikaoutfits. Es wird ein ungeschriebenes Gesetz für den richtigen Safari-Look des Namibiatouristen aus Deutschland existieren: Zunächst muss das Farbspektrum überschaubar bleiben, helle Erd- und dunklere Sandfarben bilden den Grundton, kleine Spuren von Grau scheinen akzeptabel, Muster dagegen weniger. Noch wichtiger sind Taschen. Lieber fünf zu viel als eine zu wenig. In der Regel sieht man neben den herkömmlichen Vorder- und Gesäßtaschen mindestens zwei weitere an den Oberschenkeln. Dazu kommen quasi unsichtbare Taschen, versteckt hinter wild angeordneten Reißverschlüssen. Reißverschlüsse sind von nahezu gleicher Relevanz wie Taschen. Eigentlich hat jede der atmungsaktiven Hosen mehrere Reißverschlüsse. Die essenziellsten befinden sich unter- und oberhalb des Knies, mit ihnen kann aus der langen eine kurze oder noch kürzere Hose gemacht werden. Gewagte Modelle besitzen sogar einen dritten Reißverschluss, mit dem die Funktionshose kurzerhand in eine Art Hotpants verwandelt werden kann. Offenbar notwendig für einige Herrschaften sind Belüftungsreißverschlüsse – innen an den Oberschenkeln. Beachtlich auch das untere Ende einiger Beinkleider. Wenn der Träger wegen Hitze oder starkem Schwitzen aus seiner Hose ein Dreiviertelmodell machen will, erlaubt das der Reißverschluss in der Knöchel- oder Achillesfersenregion, ohne dass die Schuhe ausgezogen werden müssen.

Bei den Schuhen dominieren drei Modelle: die leichte Trekkingsandale, der klobige Wanderschuh und ein Hybrid aus beiden, eine Art futuristischer Turnschuh. Spezielle Schnürsysteme, giftige Farbspritzer und Ösen lassen über die fehlenden Reißverschlüsse und Taschen am Schuhwerk hinwegsehen. Die Oberkörperbekleidung vereint Taschen, Reißverschlüsse und Ösen auf komplizierten Westen und besteht ansonsten meist aus einem luftigen Hemd, alles gerne eine Nummer zu groß. Pi mal Daumen kommt jeder Träger einer Multifunktions-Outdoor-Look-Garderobe auf gut zwei Dutzend sichtbare Taschen – und das unmittelbar am Körper, Rucksäcke, Handygürteltaschen und Brustbeutel nicht mitgerechnet. Die Vielfalt der Herstellernamen von Deuter über Salomon bis zu Jack Wolfskin täuscht darüber hinweg, dass das nagelneue Equipment, welches man sich für teures Geld bei Globetrotter hat aufschwatzen lassen, seine uniformierten Träger letztendlich zum Verwechseln ähnlich aussehen lässt. Ich trinke einen Schluck dünnen Filterkaffee und wundere mich. Ob ich mit meinem leichten Gepäck und mit T-Shirt, Jeans und Stoffturnschuhen in Namibia womöglich in mein Verderben renne?

Die Deutschen in Namibia – wie es dazu kam, erklärt die Geschichte. Spätes neunzehntes Jahrhundert: Das vom Imperialismus geprägte Europa erlebt eine Welle der Expansion. Die mächtigen Staaten stehen in einem Wettstreit, sie alle wollen irgendwo anders auf dem Erdball ihre Fahne hissen, schon aus Prestigegründen. Einen deutschen «Platz an der Sonne» fordert Bernhard von Bülow 1897 als Staatssekretär des Auswärtigen im Reichstag. Drei Jahre später wird er von Kaiser Wilhelm II. zum Reichskanzler ernannt. Das heutige Namibia ist zu dieser Zeit bereits Kolonie des Deutschen Kaiserreichs.

Anders sieht das noch zu Beginn der 1880er aus, als der Bremer Kaufmann Adolf Lüderitz seinen Tabakhandel auf Afrika auszudehnen plant. Die am Südatlantik gelegene Bucht Angra Pequeña, von Portugiesen 1487 entdeckt, erscheint ihm als strategisch günstiger Stützpunkt mit eigenem Hafen. Zudem soll die Region reich an Bodenschätzen sein; Anfang des zwanzigsten Jahrhunderts werden Eisenbahnarbeiter zehn Kilometer landeinwärts der Küste große Diamantvorkommen finden. Da keine Nation Anspruch auf dieses herrenlose Fleckchen Erde erhebt, kauft im Mai 1883 ein Heinrich Vogelsang im Auftrag der Firma Lüderitz für hundert Pfund in Gold und zweihundert Gewehre die Bucht von Joseph Frederiks II., dem Anführer des Nama-Stammes, inklusive des Landes im Umkreis von fünf Meilen.

Die Crux an der Sache: Die Nama kennen nur die englische Meile, die knapp fünfmal längere deutsche Meile dagegen nicht. Dies wohl wissend, unterbreitet Vogelsang dem Oberhaupt ein zweites Angebot über zwanzig Meilen Land. Für den Spottpreis von weiteren fünfhundert Pfund und sechzig zusätzlichen Gewehren gibt Joseph Frederiks II. seinen Besitz ab. Als der Schwindel auffliegt, ist die Empörung der Nama groß. Trotz ihrer Proteste beharrt Adolf Lüderitz auf sein vertragliches Recht. Das deutsche Auswärtige Amt bittet er fortan um Schutz, doch Reichskanzler Otto von Bismarck bleibt mit seinen Hilfezusagen vage – bis Großbritannien droht, ganze Küstenabschnitte von Südwestafrika zu annektieren. Deshalb gewährt Bismarck am 24. April 1884 Lüderitz für sein Gebiet Reichsschutz. Das ist der Auftakt zum deutschen Kolonialismus. Die erste offizielle Flaggenhissung findet im August desselben Jahres statt.

Aus Sicht der Kolonialherren entwickelt sich Deutsch-Südwestafrika zunächst prächtig. Was Joseph Conrad in seiner um die Jahrhundertwende erscheinenden Novelle «Herz der Finsternis» über die Kolonialisierung des Kongo-Freistaates schreibt, lässt sich allerdings auf den deutschen Platz an der Sonne in Südwestafrika übertragen: «Die Erde zu erobern – was meist bedeutet, sie denen wegzunehmen, die eine andere Hautfarbe oder etwas flachere Nasen haben als wir – die Erde zu erobern ist keine schöne Sache, wenn man sich's zu sehr aus der Nähe betrachtet.»

Vor allem die Völker der Nama und Herero bekommen dies zu spüren. Sie schließen oft nutzlose Schutzverträge mit dem Reich, besitzen immer weniger Weideland, werden ihrer Existenzgrundlage beraubt und gedemütigt. Die Weißen blicken auf sie herab, sie sind in ihren Augen

«Eingeborene» oder «Hottentotten» ohne Rechte, die sich zu unterwerfen haben. Am 11. Januar 1904 erheben sich die Herero unter ihrem Führer Samuel Maharero und wollen der Unterdrückung ein Ende bereiten. Einhundertdreiundzwanzig Deutsche sterben. Daraufhin schickt die Reichsregierung im Mai den Generalleutnant Lothar von Trotha nach Deutsch-Südwestafrika, einen harten Militär, der bereits in Ostafrika und China Aufstände bekämpfte. Unter ihm soll in der Kolonie Ruhe einkehren. Am Waterberg, nördlich von Windhoek, wo sich die meisten Herero aufhalten, will der General zuschlagen. Sein Plan ist es, die Aufständischen in einer Umzinglungsschlacht zu besiegen, die Führer hinzurichten und alle Anhänger einzusperren.

Nach mehreren kleineren Gefechten erfolgt exakt sieben Monate nach den Überfällen der Herero auf deutsche Farmer und Stützpunkte der Angriff. Zwar kann der Widerstand gebrochen werden, doch gelingt es von Trotha nicht, das komplette Volk der Herero einzukesseln oder gar wegzusperren. Seine Antwort auf den missglückten Vorstoß ist ein brutaler Verdrängungsfeldzug, der in einem abscheulichen Massaker endet. Am 2. Oktober wendet sich Lothar von Trotha in einer öffentlichen Erklärung an seine Gegner: «Die Hereros sind nicht mehr deutsche Untertanen [...]. Das Volk der Herero muss [...] das Land verlassen [...]. Innerhalb der deutschen Grenze wird jeder Herero [...] erschossen.» Die Schutztruppe verjagt fortan ihre neuen Feinde von Wasserstellen, selbst Frauen und Kinder werden in die Wüste geschickt, wo auf sie der Tod durch Verdursten wartet. Im Dezember 1904 wird der Schießbefehl auf Anweisung aus Berlin aufgehoben. Zur selben Zeit rebellieren im Süden des Landes bereits seit Wochen die Nama, es ist der Beginn eines Guerillakriegs, der 1907 endet. Zehntausend Nama verlieren in diesen Jahren ihr Leben. Wie viele Herero zuvor starben, ist unklar. Die Zahlen schwanken zwischen vierundzwanzigtausend und vierundsechzigtausend Menschen, andere Schätzungen gehen von achtzig Prozent des Volkes aus. Rund eintausendvierhundert Soldaten und Siedler werden Opfer der beiden Aufstände.

Am 1. August 1914 bricht in Europa der Erste Weltkrieg aus. Es dauert nicht lange, bis es auch in Deutsch-Südwestafrika zu kriegerischen Auseinandersetzungen kommt. Die Südafrikanische Union greift Mitte September erstmals die Schutztruppe an und besetzt Lüderitzbucht. An verschiedenen Schauplätzen im Land kommt es immer wieder zu Gefechten, die deutschen Truppen sind den Angreifern meist hoffnungslos unterlegen. So übernimmt am 9. Juli 1915 die Südafrikanische Union die Führung in der Kolonie. Deutsche Soldaten kommen in Gefangenschaft, Reservisten dürfen zurück in die Heimat. Das Ende von Deutsch-Südwestafrika wird mit der Unterzeichnung der Versailler Verträge im Juni 1919 endgültig besiegelt.

Zurück ins heutige Namibia. Unbekannte Orte erkunde ich gerne zu Fuß. Auf den innerstädtischen Rechtsverkehr und die Rushhour am Morgen bin ich ohnehin nicht sonderlich scharf. Beim Blinken im Mietwagen, das habe ich gleich gemerkt, mache ich meist den Scheibenwischer an, die spiegelverkehrte Anordnung der Hebel irritiert ungemein. Und mit links schalten geht auch nicht mit links. Der Wagen bleibt heute im Hof der Pension. Windhoek ist mit mehr als dreihundertzwanzigtausend Einwohnern die größte Stadt im Land, das Zentrum wirkt dennoch überschaubar.

Ich starte mit meiner Sightseeingtour durch Downtown. Obwohl der Tag noch jung ist, brennt die Sonne schon mächtig auf der Haut.

Was mir nach wenigen Blocks Kopfschmerzen bereitet, ist allerdings nicht das Wetter, sondern die Art und Weise, wie die Menschen hier ihre Häuser sichern. Windhoek wirkt, als ob es aus lauter Festungen besteht. Ausnahmslos jedes Gebäude und Grundstück, egal ob klein oder groß, privat oder öffentlich, wird von massiven Mauern geschützt. Weil diese offenbar noch nicht genug Sicherheit bieten, verlaufen auf den Mauern Zäune. Manche sind aus Stacheldraht, an anderen signalisieren Warnschilder: DANGER! ELECTRIC FENCE! Vereinzelt sind auch die Fenster vergittert. Vollends absurd wird es bei einer Kindertagesstätte, dem «Kabouterland» an der Nelson Mandela Avenue. Asterix, Obelix und andere Comicfiguren lachen mich von einer bunt bemalten Wand an, die für Kinder haushoch sein muss. Das Eisentor und der Zaun unter Strom wirken an diesem Ort besonders schräg: ein Kinderknast. Je mehr Mauern und Zäune ich sehe, desto mehr rätsle ich, woher die Angst der Leute wohl kommt. Wie gefährdet und gefährlich sind die Menschen in Namibias Hauptstadt denn? Welche Sorgen plagen die ausnahmslos weißen Eltern, die ihren Nachwuchs in einen Hochsicherheitstrakt wie das «Kabouterland» stecken? Hat wer Angst vorm schwarzen Mann? Ich fühle mich auf diesen Straßen sicher, trotzdem laufe ich jetzt wachsamer herum.

Weniger System als in Sachen Festungsbau zeigen die Namibier bei den Straßennamen beziehungsweise deren Endungen: Von der Luther St biege ich ab in die Goethe Street, welche die Uhland Strasse kreuzt, dann geht es rechts in die Korner St. Wäre ich links abgebogen, stünde ich in der Corner St. Jedenfalls lande ich nach einem kurzen Marsch auf dem Prachtboulevard der Stadt, der Independence Avenue. Wie ich aus meinem Reiseführer erfahre, hieß die wichtigste Einkaufsmeile Namibias mit Restaurants, Hotels und etlichen Geschäften bis 1990 noch Kaiserstraße. Seit der Unabhängigkeit des Landes im selben Jahr ist der alte Straßenname Geschichte. Am Dienstagvormittag herrscht hier reges Treiben. Die Ärmsten der Armen, ausnahmslos schwarze Jungs, bewachen für ein paar Namibia-Dollar die bulligen Geländewagen ihrer wohlhabenden Landsleute oder der Multifunktions-Outdoor-Look-Touristen. Ich schlendere, überquere die Bahnhof Straße und komme am Hotel Thüringer Hof vorbei. Obwohl es an dieser Meile kaum mehr Mauern und Zäune gibt, wirkt Windhoeks Zentrum trotz seiner Lebhaftigkeit trostlos.

Ein Hoffnungsschimmer liegt nach einigen hundert Metern links vor mir: ein kleiner Park am Fuß eines Hügels. Bäume und Palmen spenden Schatten, von dem die Menschen angezogen werden wie Motten vom Licht. Der Rasen ist kurz gemäht. Das grüne, leicht feuchte Gras lässt darauf schließen, dass diese kleine Oase inmitten der Betonwüste gewässert wird. Auf der anderen Straßenseite ein starker Kontrast in Form wilhelminischer Architektur. Rote Dächer, vanillegelbe Fassaden und Fachwerk im Giebelbereich. Im rechten Teil des Gebäudes verkauft der Herrenausstatter Otto Mühr mehr oder weniger moderne Anzüge. Eine Tafel im Schaufenster verrät, dass er seit 1927 hier ansässig ist. Die Ladensprache allerdings ist, das verrät das Schild auch, Englisch. Direkt nebenan ein vertrautes, großes rotes A. In der Luisen Apotheke wird der Kunde auch auf Deutsch beraten, kein Zufall vielleicht, das Eckhaus im Block beheimatet die Deutsche Botschaft. In der unmittelbaren Nachbarschaft weckt das Schaufenster eines Souvenirladens mein Interesse. Neben dem üblichen Nippes überraschen mich einige Wandteller und Tassen: Darauf abgebildet sind die schwarz-weiß-rote Reichskriegsflagge mit Reichsadler und das Eiserne Kreuz. Deutsch-Südwestafrika steht in altdeutscher Schrift unter der Fahne. Alternativ gibt es auch nur den Adler mit dem Aufdruck «Deutsches Schutzgebiet».

Die Independence Avenue heißt seit mehr als zwanzig Jahren zwar nicht mehr Kaiserstraße, das Vergangene lebt dessen ungeachtet auf den Tellern und Tassen weiter. Genau wie bei Safariland Holtz in der Mall am Platz. Das Gründungsjahr steht auf einem Schild über der Tür, 1934. Die weiße Dame hinter der Kasse hätte bei der Eröffnung damals dabei sein können, ihrem mutmaßlichen Alter und den Falten nach geschätzt. Ich stehe in einem Meer aus sand- und khakifarbenen Hosen, Hemden und Westen, wie ich sie am Morgen im Frühstücksraum begutachten konnte. Die Auswahl ist enorm. In einer Ecke erspähe ich eine Insel mit schwarzen und weißen T-Shirts. Aufgedruckt sind die Motive, die ich von den Wandtellern und Tassen im Souvenirladen kenne. Safariland Holtz bietet neben Textilien auch Flaggen an. Zum Beispiel die von Namibia oder die schwarz-weiß-rote National- und Handelsfahne des Kaiserreichs. Des Weiteren auch Sticker mit der nie offiziell gewordenen Kolonialflagge von Deutsch-Südwestafrika. Fast identisch mit der Kaiserreichsfahne, hat sie in der Mitte noch ein Wappen. Der obere Teil zeigt den Reichsadler auf gelbem Grund, auf dem unteren, blauen Teil den

Schädel eines Ochsen. Die Masse der Kolonial- und Kaiser-
reichdevotionalien ist erschlagend, aber ich lasse mir nichts
anmerken und laufe die Independence Avenue noch ein
wenig weiter südwärts bis zur Windhoeker Buchhandlung.
Ein kleiner Laden, der, wie ich vom deutschsprachigen Ver-
käufer mit einem silbernen Ohrring erzählt bekomme, 1959
seine Türen öffnete. Es gibt die bekanntesten Nachrichten-
magazine und Revolverblätter aus Deutschland, Verkaufs-
hits sind «Der Spiegel» und die «Allgemeine Zeitung», mit
fast hundert Jahren die älteste Tageszeitung Namibias und
die einzige deutschsprachige Tageszeitung in ganz Afrika.
In der Bücherauslage vor der Kasse stapelt sich «Shades Of
Grey» neben Titeln von Richard David Precht. Das überwie-
gende Angebot besteht allerdings aus Literatur zum Thema
Deutsch-Südwest. Eine bestimmte vergangene Epoche ist
immer noch sehr gegenwärtig in Windhoek.

Kurzfristig bekomme ich einen Termin bei Stefan Fischer,
dem Chefredakteur der «Allgemeinen Zeitung». Ich spaziere
durch die Schiller Straße in Richtung Eros, einem Stadtteil
im Nordosten, in dem die A Z beheimatet ist. Zusammen mit
zwei anderen Redaktionen ist das deutschsprachige Blatt in
einer modernen, loftartigen Halle untergebracht, die man
eher in Berlin-Mitte als in Windhoek erwarten würde. Im
Herz des Großraumbüros steht ein turmartiges Rundkon-
strukt aus schwarzem Metall mit sechs riesigen Flatscreens,
die tonlos CNN und andere internationale Nachrichten-
sender zeigen. Ein Thema beherrscht die Bildschirme: der
Anschlag auf den Boston-Marathon. Fischer, ein Mann von
Anfang vierzig, hat eines der wenigen Ein-Mann-Büros. Er
ist in Cottbus geboren und arbeitet seit 2001 in Namibia.

Schnellen Schrittes kommt er auf mich zu, man ist gleich beim Du. Ein Scherz über die Verantwortlichen des Berliner Flughafens, nachdem er weiß, wo ich in Deutschland lebe. Seine Zeit ist knapp, das Nachrichtengeschäft ist hier nicht anders als in Europa.

Aber welche Rolle spielt das Deutsche, spielt eine deutsche Zeitung noch in Namibia?

«Deutschsprachige», erzählt Fischer, «sind eine exklusive Gruppe im Land. 2011 gab es eine letzte Volkszählung, und da kam raus, dass rund fünfzehntausend Menschen in Namibia deutsche Muttersprachler sind. Das ist weniger als ein Prozent der Bevölkerung. Es gibt natürlich noch viele andere Namibier, die Deutsch können, es gelernt haben. An privaten und auch an staatlichen Schulen wird die Sprache angeboten, bei Kindern und Jugendlichen ist sie sehr beliebt. Der Bevölkerungsrückgang der Muttersprachler ist aber das Hauptproblem, wenn es um die deutsche Sprache in Namibia geht.»

Welche Bedeutung Deutschland für die Leser der Allgemeinen Zeitung hat, möchte ich wissen.

«Wir sind keine deutsche Zeitung in Namibia, wir sind eine namibische Zeitung in deutscher Sprache. Deutschland ist für uns daher nur ein Land im Rest der Welt. Aber es gibt eine Ausnahme. Unsere Leser haben ein überdurchschnittlich großes Interesse am deutschen Sport, vor allem am Fußball. Da sind die deutschsprachigen Namibier den Deutschen ähnlich.»

«Welche Flagge hat deine Heimat?»

«Ich definiere das so: Deutschland ist meine Heimat, Namibia mein Zuhause.»

«Bist du stolz darauf, Deutscher zu sein?»

Zehn Sekunden Stille.

«Sagen wir mal so. Ich bin stolz auf meine Herkunft, mit allem, was dazugehört. Ich spreche meine Muttersprache gerne, und ich finde es toll, was die Menschen in Deutschland leisten, in Wirtschaft, Wissenschaft, Politik, Kultur und im Sport. Da ist ein gewisser Stolz, dass ich aus Deutschland komme.»

Dann rät mir der Chefredakteur, den namibischen Karneval in Windhoek zu besuchen. Vor mehr als sechzig Jahren von deutschen Einwanderern importiert, soll er mittlerweile ein Fest für alle Namibier sein. Deutlich wird das am Programm. Früher gab es drei deutsche Büttenabende, heute nur noch einen. Dafür werden seit einigen Jahren zwei internationale Abende veranstaltet, auf Deutsch, Englisch und Afrikaans. Die Eintrittskarten für diese Veranstaltung seien sehr begehrt, und erst der Straßenkarneval! «Unser Umzug», heißt es in der ganzen Stadt. Beim Thema Karneval klingt der Mann aus Brandenburg so begeistert wie ein Rheinländer.

An der Wand neben Fischers Schreibtisch haften etliche Zettel, an einem alten Spiegel-Titelbild von 1976 bleiben meine Augen hängen: «Südwestafrika – Die Deutschen müssen raus!»

«In einer anderen Spiegel-Ausgabe», formuliere ich vorsichtig meine letzte, entscheidende Frage, «habe ich gelesen, dass auf abgelegenen Farmen in der Region Lüderitz noch der Geburtstag von Adolf Hitler gefeiert werden soll.»

«Habe ich gehört. Aber nur aus deutschen Medien. Vielleicht gibt es Farmer, die Hitlers Geburtstag feiern, aber ich habe das noch nie erlebt. Auf keiner einzigen Farm hier habe ich je ein Bild von Hitler gesehen. Dass die Deutschsprachigen in Namibia alle zurückgeblieben und konservativ sind, lese ich auch nur in Medien aus Deutschland. Ich wohne hier und habe ein anderes Bild. Ich sage ja auch nicht, weil es in einigen deutschen Bundesländern Probleme mit rechtsradikalen Veranstaltungen und Parteien gibt, leben in Deutschland zweiundachtzig Millionen Rechtsradikale.»

Die Stadt strotzt nicht vor Sehenswürdigkeiten. Als ein Wahrzeichen gilt die Christus Kirche. An der Ecke Independence Avenue und Fidel Castro Street lese ich auf einem braunen Schild:

Christus Kirche

Reiterdenkmal

Alte Feste

Ich folge der Beschilderung die Anhöhe hinauf. Nur ein paar Meter, und schon ist der mit roten Ziegeln gedeckte Kirchturm hinter der Kuppel zu erspähen.

«Hey, tattoo man! Where are you from?», höre ich hinter mir jemand fragen.

Ich drehe mich um: «From Germany.»

«Dann können wir auch Deutsch reden», sagt der Schwarze ohne jeden Akzent und hält mir zur Begrüßung die Ghettofaust entgegen. Mit meiner Rechten stoße ich kurz dagegen. Seine Arme und seine rechte Wange sind von Narben gezeichnet. Er trägt Jogginghose, Wollmütze und ein rotes Fußballtrikot mit der Nummer 20. Auf der linken Brust ein kleiner Aufnäher eines Fußballs, auf der rechten Brust die Deutschlandfahne, darüber das Wort Germany. Deo, so stellt er sich vor, ist fünfunddreißig. Er beginnt umgehend mit seiner Geschichte, die er so routiniert erzählt, dass er sie bestimmt vor etlichen Touristen heruntergerattert hat.

«Darf ich dir ein paar Fragen stellen?», unterbreche ich ihn zu seiner Überraschung.

Kurzes Zögern, dann antwortet er: «Na ja, okay, können wir machen. Zu hundert Prozent.»

Diese Art der Bekräftigung des gerade Gesagten – «zu hundert Prozent» – gebraucht Deo gerne. Wir gehen ein paar Schritte bis zu einer Bank, die direkt am Kreisverkehr gegenüber der Christus Kirche unter einem Baum steht. Während ich mein Aufnahmegerät suche, nähern sich fünf Burschen. Sie bieten mir selbstgemachte Schlüsselanhänger aus Kastanien zum Kauf an. Eingeritzt sind Tiere aus der namibischen Wildnis. Ich weiß nicht, was Deo zu ihnen sagt, aber sie packen ihre Ware gleich wieder ein und setzen sich zu uns. Einer von ihnen spricht ebenfalls fließend Deutsch, James, der ein Jahr älter als Deo ist. Die beiden verbindet offenkundig nicht nur die deutsche Sprache, sie teilen auch ihren Klamottengeschmack. Auch James trägt Jogginghose und ein gestreiftes Fußballtrikot ohne Aufdruck. Und beide verfolgen die Bundesliga. Der eine ist Bayern-München-Fan, der andere Anhänger von Borussia Dortmund. Sie hoffen, dass ihre Teams in der kommenden Woche gegen Barcelona und Real Madrid im Halbfinale der Champions League triumphieren, sie träumen genau wie halb Deutschland von einem deutschen Finale. «Wenn das passiert, das wird der Knacker!», meint James. Damit soll er recht behalten.

Warum sprechen die beiden so gut Deutsch?

«Also, ich habe in der ehemaligen DDR gewohnt, von 1978 bis 1990. Ich gehöre zu der ersten Gruppe der sogenannten DDR-Kinder aus Namibia. Von 1996 bis 2000 lebte ich in Wuppertal und habe dort eine Ausbildung zum Kfz-Mechaniker gemacht», sagt Deo.

James hat eine ähnliche Geschichte: «Ich bin mit fünf in die DDR gekommen und war neun Jahre im Land. Als ich zurück nach Namibia geschickt wurde, konnte ich meinen Abschluss an einer deutschen Schule in Windhoek machen. Das hat die Bundesregierung bezahlt. Hierherzukommen, das war ein echter Kulturschock, ich konnte ja nur Deutsch und ein bisschen Russisch.»

«Warum seid ihr nach der Wende nicht in Deutschland geblieben?»

«Wir wurden abgeschoben», sagt James.

«Wieso seid ihr damals überhaupt in die DDR gebracht worden?»

«Unsere Eltern waren SWAPO-Befreiungskämpfer von Namibia, und sie sind damals nach Angola und Sambia geflohen. Die meisten von uns wurden in diesen beiden Ländern in Flüchtlingslagern geboren. Dort haben wir gelebt, bis sich einige sozialistisch-kommunistische Länder bereit erklärten, uns aufzunehmen. Ich bin dann glücklicherweise in die DDR gekommen», erzählt Deo. «Das war für mich als Kind eine super Sache in der DDR, zu hundert Prozent. Aber zurück in Namibia habe ich gemerkt, das es eine riesige Verarsche war. Tut mir leid, dass ich so ein Wort benutze.»

«Was genau meinst du?»

«Den Kommunismus. Den sollten wir ja nach Namibia bringen, allerdings ist mir das erst später klargeworden. Es hörte sich nach einer guten Sache an, nur umsetzen lässt es sich nicht.»

«Wie sah euer Leben in der DDR aus?»

«Wir waren bei den jungen Pionieren und der FDJ. Das war Pflicht. Untergebracht waren wir in Internaten. Zusammen mit deutschen Kindern gingen wir auf eine Schule, hatten aber unsere eigenen Klassen.»

«James, würdest du nach neun Jahren in der DDR sagen, dass du typisch deutsche Eigenschaften hast?»

«Ich denke sehr deutsch. Wenn ich als Stadtführer gebucht werde, komme ich nie zu spät. Ich bin extrem pünktlich.»

«Was denkt ihr über Deutschland und die Menschen, die dort leben?»

«Hast du in Deutschland Freunde, helfen sie einem, wenn man Schwierigkeiten hat. In Wuppertal habe ich bessere Freunde gefunden als in Namibia. Die Menschen sind ehrlich. Hier hast du Freunde, solange du Geld besitzt. Das kenne ich aus Deutschland nicht. Und ich mag das Oktoberfest. Als ich meine Lehre gemacht habe, war ich einmal da. Da bekommt man diese großen Biergläser und kann abfeiern. Das ist eine super Sache, hundert Prozent.»

«Welche Verbindung habt ihr zu der deutschsprachigen Gemeinschaft in Windhoek?»

«Mit den meisten von den jungen Leuten sind wir zur Schule gegangen, die sind schwer in Ordnung. Einige von den Älteren haben bis heute noch die Mentalität von damals, in Sachen Apartheid. Es gibt immer noch Menschen, die können Schwarze nicht ab. Ich habe für eine Firma in Windhoek gearbeitet, die bis heute noch ein Klo für Weiße und eins für Schwarze hat», erklärt James und deutet zu einem Denkmal nah am Kreisverkehr. Der bronzefarbene Reiter auf einem Granitsockel ist ein überdimensionierter Soldat der Schutztruppe Deutsch-Südwestafrika, der in stolzer Haltung auf einem Pferd sitzt. In der rechten Hand ein Gewehr, in der linken die Zügel. Sein Blick schweift vom Hügel hinab ins Tal. Auf einer massiven Tafel steht der Text, der an die Opfer des Deutschen Kaiserreichs erinnert, welche in den Kolonialkriegen gegen das Volk der Herero und Nama zwischen 1903 und 1907 ums Leben kamen. An die ermordeten Schwarzen erinnert weit und breit nichts. Das Reiterdenkmal huldigt der Kolonialzeit und ist der schwarzen Bevölkerung ein Dorn im Auge, erklärt James. Exakt ein Jahr später stehe ich noch einmal an dieser Stelle. Der Reiter – verschwunden. Ich erfahre, dass das Denkmal in einer Nacht-und-Nebel-Aktion Weihnachten 2013 um wenige hundert Meter weiter in den Hof der Alten Feste versetzt wurde. Gestützt von Eisenstangen, steht die Figur jetzt verloren in einer Ecke hinter Plastikflatterband. Die Pose blieb, doch jegliche Symbolik ist verflogen.

«Die Alten», erzählt James, «die seit Generationen hier leben, nennen wir Südwesterdeutsche. Die sind wie ein weiterer Stamm. Jedes Jahr feiern sie am 27. Januar dadrüben beim Reiter den Geburtstag vom Kaiser. Sie bringen die alte Kolonialfahne mit und singen das Südwesterlied.»

Ich habe noch nie davon gehört. Der Text klingt wie eine Mischung aus Hymne und Volkslied. Man hört aus der krampfhaft beschworenen Liebe zum Land ein bisschen heraus, dass die Kolonialisten selbst nicht so recht wissen, was sie hier eigentlich sollen.

Hart wie Kameldornholz ist unser Land
Und trocken sind seine Riviere.
Die Klippen, sie sind von der Sonne verbrannt
Und scheu sind im Busch die Tiere.

Und sollte man uns fragen:
Was hält euch denn hier fest?
Wir könnten nur sagen:
Wir lieben Südwest!

Doch unsre Liebe ist teuer bezahlt
Trotz allem, wir lassen dich nicht
Weil unsere Sorgen überstrahlt
Der Sonne hell leuchtendes Licht.
Und sollte man uns fragen:
Was hält euch denn hier fest?
Wir könnten nur sagen:
Wir lieben Südwest!

Und kommst du selber in unser Land
Und hast seine Weiten gesehen
Und hat unsre Sonne ins Herz dir gebrannt
Dann kannst du nicht wieder gehen.
Und sollte man dich fragen:
Was hält dich denn hier fest?
Du könntest nur sagen:
Ich liebe Südwest!

Der Kaisergeburtstag lässt mich an das Gerücht denken, das ich zum Aufhänger für meine Reise genommen habe. Wenn hier Menschen jedes Jahr den Geburtstag von Kaiser Wilhelm II. feiern, haben die Jungs ja vielleicht auch davon gehört, dass im Südwesten des Landes Hitlers Geburtstag gefeiert wird? «Nein, aber vorstellen kann ich es mir.»

Wo fühlt man sich eigentlich zu Hause, wenn man als Namibier in Deutschland aufwuchs?

«Ich kenne beide Welten, in mir lebt eine Mischung aus der afrikanischen und deutschen Kultur. Ich fühle mich in Windhoek wohl», sagt James.

Deo gefällt Deutschland eindeutig besser. Die Menschen seien dort einfach viel sozialer. An Namibia kritisiert der geborene Ovambo die ständig aufflammenden Konflikte unter den Stämmen. Vielleicht ein Hinweis, um all seine Narben zu erklären. «Außerdem lebt meine Schwester in Köln, sie ist mit einem Deutschen verheiratet. Ich kann mir nicht leisten, einfach hinzureisen, aber ich will irgendwann ganz zurück nach Deutschland, und dafür spare ich.»

Voller Stolz redet Deo über mein Geburtsland, über die Deutschen und ihre Sekundärtugenden. Zu hundert Prozent. So positiv, beinahe schon verliebt, wie er die Orte seiner Kindheit und Jugend beschreibt, kann nur ein Patriot seine Heimat sehen. Vielleicht wurde er zum deutschen Patrioten, als ihm klar war, dass er wohlmöglich nie wieder nach Deutschland zurückgehen kann.

Zwei Tage später verschwindet Windhoek hinter mir im Rückspiegel des Toyotas. Schon nach wenigen Minuten auf der Nationalstraße B1 Richtung Süden wirkt Namibias Ballungsgebiet wie eine austauschbare Kulisse irgendeiner Stadt. Hinter einem Hügel taucht sie endgültig ab. Und vor mir erscheint die wundervolle Weite, die Wildnis. Berge, Sträucher, hier und da einzelne Bäume. Etwas Grün. Wer Mecklenburg-Vorpommern oder Brandenburg für dünn besiedelt hält, sollte mal hierherkommen. Fünfhundert Kilometer bis Keetmanshoop, fünfhundert Kilometer Natur in Cinemascoope. Von etwa siebzehnhundert Höhenmetern runter auf tausend Meter über dem Meeresspiegel. Parallel zu der sagenhaft gut asphaltierten B1 verlaufen zehn Meter links und rechts neben der Straße klapperige Zäune. Es gibt nahezu keinen Verkehr. Ich fahre hundertzwanzig, kratze also an der zulässigen Höchstgeschwindigkeit.

Je südlicher ich komme, umso strohiger wird das Gras. Es ist April, die Regenzeit Anfang des Jahres fiel komplett aus. Wo sonst Wasser fließt, führen kleine Brücken über vertrocknete Flussbette aus Staub und Sand. Der ausgedörrte Boden ist zerfurcht. Die Berge erscheinen unwirklicher, je flacher sie werden. Auf halbem Weg nach Rehoboth wirken sie immer mehr wie überdimensionale Maulwurfshügel in einem verbrannten Garten. Halb elf ist es, die Klimaanlage läuft auf Hochtouren. Das Thermometer im Armaturenbrett zeigt eine Außentemperatur von dreißig Grad an. Ich stelle das Radio an und bleibe kurz bei einem deutschsprachigen Sender hängen, der das Beste aus den 70ern, 80ern, 90ern und von heute spielt. Die Songs und die Jingles von Hitradio Namibia könnten auch bei jedem x-beliebigen Dudelfunk in Deutschland laufen. Auf einem anderen Kanal eine Moderation auf Englisch. Verlost werden Karten für Karnevalsveranstaltungen in Windhoek. Ich drücke wieder auf Suchlauf. Jetzt ein Gespräch auf Afrikaans; klingt fast wie Niederländisch, einzelne Wörter kann ich verstehen.

«Eva sagte, ich habe Mundgeruch», höre ich eine tiefe Stimme in meiner Muttersprache aus den Boxen zu mir sprechen.

Ich bleibe dran. Zwei Männer unterhalten sich auf NBC in der Sendung «Blick in die Welt» über Kujaus falsche Hitler-Tagebücher, die der Stern vor dreißig Jahren veröffentlichte. Hitler zieht ja immer. Das weiß man heute auch bei NBC und natürlich beim Focus, aus dem die Moderatoren ständig zitieren. Der Anschlusstitel: «Paint It Black» von den Stones, danach Syd Barrett und The Velvet Underground. Die neue Sendung zur vollen Stunde beginnt mit der «Tragischen Ouvertüre» von Brahms. Der Radioempfang reißt irgendwo im Nichts der Wüste ab. Im Osten roter Sand, die Ausläufer der Kalahari. Ich halte an, am Straßenrand macht sich eine Pavianherde über Müllreste her. Als ich aussteige, ergreifen die fünf Affen die Flucht und schwingen sich galant über den zwei Meter hohen Zaun. So schön die Leere anfangs war, nun ist jede Abwechslung willkommen, jede Kurve auf der schier endlos gerade verlaufenden B1 gleicht einem Fest. In Marienthal kaufe ich bei Spar eine kalte Cola und fülle den noch dreiviertelvollen Tank des bronzefarbenen Corollas mit Sprit.

Zweihundertdreißig lange Kilometer später erreiche ich endlich Keetmanshoop. Ein Transitstädtchen auf dem Weg nach Südafrika oder zum Fish River Canyon. Ein äußerst verschlafenes Nest mit vielen staubigen Straßen, wie aus einem Westernfilm.

Frisch, fromm, fröhlich, frei – das Turnerkreuz mit den vier roten F klebt unübersehbar an jeder Glastür der Bleibe, in der ich die Nacht verbringe. An Glastüren, so viel ist schnell sicher, mangelt es hier nicht. Auf dem kurzen Weg von der Rezeption zu meinem Zimmer gehe ich durch drei davon, alle mit den mächtigen roten Aufklebern geschmückt. Weitere sehe ich am Eingang der Gästezimmer. Ich bin begeistert, dass ich im tiefen Süden Namibias an Turnvater Jahn erinnert werde. Ob seine F ein Anzeichen dafür sind, dass ich auch hier Deutschsprachigen begegnen werde? Ein wenig aufgeregt nutze ich hochmotiviert die letzte Stunde Tageslicht, um die Nachbarschaft zu erkunden und noch ein paar Fotos zu schießen. Doch weit komme ich nicht. Vor dem Haupteingang des Gästehauses steht ein zierlicher, keine zwei Meter hoher Köcherbaum mit verzweigter, rundlicher Krone. Wegen dieser seltenen Pflanze steuern Touristen diese Region an, denn nordöstlich der Stadt sind in einem ganzen Köcherbaumwald so viele Exemplare wie nirgends sonst im Land zu finden. Sagt jedenfalls meine Reiselektüre. Doch weniger der Baum erregt meine Aufmerksamkeit als vielmehr ein beleuchtetes Schild an der zartgelben Fassade des Hauses. Darauf steht in altdeutschen Lettern:

Schützenhaus

Knobelklub 1907

Restaurant

Mitgliederkneipe

«Du machst viele Bilder», höre ich eine junge Stimme auf Englisch sagen.

Ich drehe mich um und sehe einen jungen Schwarzen. Er macht einen freundlichen Eindruck und wirkt wie zur Arbeit gekleidet. Seine Uniform besteht aus einem weißen Oberhemd, schwarzen, etwas zu großen Buntfaltenhosen und der dazu passenden Weste. Auf der linken Brust eine goldene Stickerei in altdeutscher Schrift: Schützenhaus Keetmanshoop. Ronny arbeitet erst seit zwei Monaten als Kellner im Restaurant des Hauses. Ohne dass ich ihn frage, erzählt er von seinem Monatsgehalt, sechshundert Namibia-Dollar, etwa fünfzig Euro.

«Sechshundert Dollar?» Ich bin nicht sicher, ob ich ihn richtig verstanden habe.

Ronny wiederholt die Zahl in einer Weise, die unmiss-verständlich deutlich macht, dass das auch in Namibia nicht allzu viel ist. Mein äußerst funktional eingerichtetes Einzelzimmer mit Frühstück kostet pro Nacht fünfhundert Dollar. Trotzdem findet Ronny seine Arbeit in Ordnung und die meisten Gäste auch. Nur manche von den Alten sollen etwas komisch sein.

«Wie komisch?», frage ich.

Er zögert einen Augenblick, wirkt beinahe verlegen um eine Antwort, aber erklärt dann mit knappen Worten, dass eben ein paar der Alten immer noch so denken wie früher. Ich befrage ihn nach Deutschland. Überraschenderweise fällt ihm nichts dazu ein. Wirklich gar nichts! Auch der Tür-öffner Fußball verfehlt seine Wirkung.

«Ich schaue Premier League und bin Fan von ManU. Und von der brasilianischen Nationalmannschaft.»

Ronny schlägt mir vor, dass ich in der Bar des Hauses doch ein Bier trinken könnte. Ob er denkt, dass ich als Deut-scher Bierliebhaber sein muss? Seine Idee überzeugt mich jedenfalls sofort. Durch eine weitere Glastür mit Turner-kreuz geht es zurück ins Schützenhaus, Richtung Bar. Die Fichtenholzdecke im Flur der Rezeption erinnert an einen muffigen Hobbyraum vergangener Tage. Ein gerahmtes Schwarzweißfoto, es zeigt das Porträt eines Mannes mit Hemd und Fliege. Starrer Blick, kühle Ausstrahlung. Darun-ter in einer alt anmutenden Handschrift:

MAX BRANDENBURG

GRUENDER DES TURNVEREINS

«GUT HEIL 1907»

Turnverein, Knobelklub und Schützenhaus. Langeweile dürfte hier vor hundert Jahren bei all den Vereinen und

Aktivitätsmöglichkeiten nicht geherrscht haben, obwohl Max Brandenburgs Miene das nicht gerade vermuten lässt.

Ronny stoppt vor einer dunklen Flügeltür aus Eichenholz. Überraschenderweise prangen daran nicht die vier F, sondern ein Schild in deutscher und englischer Sprache: Bis hierhin und nicht weiter. Oder tatsächlich:

PRIVAT

GÄSTE UND MITGLIEDER

Hinter dieser Tür ist die Bar, signalisiert Ronny mit einer Handbewegung. Ich nicke, drücke die Klinke und trete wie durch eine Zeitschleuse hinein in eine andere Welt. Mit jedem Schritt wächst das Gefühl, zurück in mein Heimatdorf in der hessischen Provinz der frühen 80er katapultiert worden zu sein. Dieser mir unbekannte Ort in Namibia gleicht auf den ersten Blick etwas Vertrautem, das in meinem Gedächtnis unter dem Begriff urdeutsche Dorfkneipe abgespeichert sein könnte. Das Inventar und die Anwesenden: alles wie aus einer vergangenen Zeit, in der Kneipen noch von Wirten und nicht von Innenarchitekten eingerichtet wurden. Ein gefülltes Regal mit Weinen und Spirituosen. Dazwischen kleine Metalltafeln. Auf denen steht Underberg, CASH ONLY oder Our house wine is Jägermeister.

An der Bar sitzen zwei Männergruppen. Alle hier sind weiß, man kennt sich. Mein nickender Gruß in die Runde bleibt unbeantwortet. Die Leichtigkeit des Nachmittags ist urplötzlich verschwunden, mir schnürt es ein wenig die Luft ab. Ruhig bleiben, erst mal ankommen und mit der neuen Situation warmwerden. Nur nicht von der Ignoranz der Herren irritieren lassen, es gilt dranzubleiben, zu handeln: Ran an die Theke!

Über dem gesamten Tresen thront die abgesetzte, mit Eichenholzplatten vertäfelte Decke. Hier und da strahlen eingelassene Halogenspots aus dem Holz. Die Lichtkegel zerschneiden die verrauchte Luft. An der Stirnseite des hölzernen Konstrukts hängt mitten über der Bar eine Deutschlandfahne mit dem Bundesadler. Zwei Sachen gehen mir beim Anblick der Flagge durch den Kopf. Gibt es Deutschlandfahnen auch in DIN-Normgrößen? Und: Wenn ich mich beim Wirt und seinen offenbar befreundeten Gästen als Deutscher zu erkennen gebe, sammele ich dann vielleicht Pluspunkte? Unter anderen Umständen würde ich mich zurückhalten, aber als reisender Reporter scheint es einen Versuch wert. Mit Hust- und Räusperlauten versuche ich, auf mich aufmerksam zu machen. Ich scheitere und beschließe, in die Offensive zu gehen.

Mit «Entschuldigung!» und «Hallo!» will ich den Wirt locken. Der, ein Mann Mitte sechzig, mit grauem, gepflegtem Vollbart und schmalem Haarkranz, lehnt mit verschränkten Armen drei Meter weiter lässig an der massiven Theke. Er redet mit den Gästen Afrikaans und lässt sich nicht aus der Ruhe bringen. Schon gar nicht von einem unbekannten Deutschen. Ich brauche noch einige Bestellversuche auf Englisch, bis sich der Chef des Hauses erbarmt und aus dem Bierhahn ein großes Hansa Draught zapft.

Seine Konversation ist knapp: «Zwanzig Dollar.»

Schon ist er wieder in seiner Ecke. Ich will mich nicht so einfach geschlagen geben und lege nach, ich muss geradezu, weil jeder Hocker am Tresen belegt ist und ich ziemlich verloren rumstehe. Ich wäre in diesem Moment gerne Raucher, denn dann könnte ich mich wenigstens auf eine Kippenlänge beschäftigen. Aber ich muss den bitteren Moment der

Erkenntnis des Ich-bin-hier-total-fehl-am-Platz so überstehen, immerhin mit einem Krug Bier in der Hand. Ich nippe.
Sekunden, die verdammt langsam rumgehen. Mein Glas ist
immer noch randvoll, die Stimmung unverändert, nur das
Unwohlsein in meinem Bauch wächst. Kurz finde ich Gefallen an der Idee, mich einfach umzudrehen, mit meinem
Bier aus der Tür zu spazieren und wieder im Jetzt zu landen. Draußen bei Ronny wäre mir wohler, aber da will ich
jetzt durch. Ich reiße mich zusammen, nur die Flucht nach
vorne scheint akzeptabel. Also noch eins drauflegen: Ungefragt erzähle ich in Richtung Wirt und der anderen, dass
ich aus Deutschland komme und zu gerne wissen würde, ob
hier in der Bar, es gibt ja zwei Fernseher, später vielleicht
das DFB-Pokalspiel zu sehen sein wird. Schweigen.

Kein Blick zu mir. Der Wirt gibt eine sehr beiläufige Antwort auf Englisch, ich könne das Spiel in meinem Zimmer
verfolgen, «ZDF» und «Sportschau» waren seine einzigen
deutschen Worte. Was er wirklich sagt, ist unmissverständlich klar: «Nerv nicht rum, Junge!» Ein letzter Versuch
eines Gesprächs scheitert kläglich. Der Eindringling wird
hier irgendwie toleriert, aber nicht akzeptiert. Ich bin heute
zwar Gast des Hauses, aber Mitglied der Runde werde ich
nie und nimmer. Doch davon lasse ich mir nicht länger den
Nachmittag versauen, und ich finde fast ein wenig Gefallen
daran, wie Luft behandelt zu werden. Und Bier kann man
auch hervorragend alleine trinken. Das Hansa vom Fass
schmeckt mir auf einmal köstlich. Nach dem ersten richtigen ein schneller zweiter Schluck. Dann noch einer, und
meine Laune wird besser. Es gibt hier immerhin vier unbe-
setzte Tischgruppen, freie Auswahl für mich. Mein Glas ist
halbvoll! Ich steuere den einzigen Ecktisch an. Der Raum

lässt sich hervorragend überblicken, und mein Sinneswandel und der Perspektivwechsel auf das Geschehen und die Bar zahlt sich aus. Vielleicht ist es aber auch nur die Distanz zum Wirt. Verteilt um den Tresen hocken rund ein Dutzend Männer, bis auf wenige Ausnahmen alle um die sechzig Jahre alt.

Die Herren zur linken Thekenseite würfeln, werden wohl einige Mitglieder des Knobelklubs 1907 sein. Mit jedem Wurf donnert der Würfelbecher mit mächtigem Karacho auf die Bar nieder. Bam! Danach übertriebenes Gelächter, gefolgt von Zuprosten. Die Gruppe auf der rechten Seite unter der Deutschlandfahne ist ruhiger und beschränkt sich auf das Wesentliche: saufen und rauchen. Was die beiden Gesellschaften augenscheinlich verbindet, sind ihre kurzen Hosen und braungebrannten Beine. Ich rede mir ein, dass ich nur wegen meiner langen Jeans der Außenseiter bin.

Mein Blick schweift vom Glas in die Tiefe des Raumes. Die Wände sind zu drei Vierteln ihrer Höhe holzvertäfelt. Darüber vergilbter Putz, wie an der Decke. Durch das vergitterte Milchglasfenster erkenne ich, dass es draußen fast dunkel ist, um kurz nach siebzehn Uhr. Hier drin fühlt es sich an, als sei späte Nacht. Meine Gedanken schweifen ab, sie wollen aus dem Schützenhaus ausbrechen, aber die beiden Neonröhren an der Decke halten mich am Ecktisch und ersticken mit ihrem kühlen Licht jede Illusion im Keim. Selbst das eigentlich schöne Fischgrätenparkett unter meinen Füßen wirkt in diesem Licht schäbig. An der Wand, zwischen den zahllosen Wimpeln mit Stickereien wie Gruß aus Düsseldorf und der Flagge des Turnvereins Gut Heil mit dem vertrauten Turnerkreuz, entdecke ich das gruseligste Fundstück des Tages. In einer nikotinverfärbten

Plastikschutzhülle hängt die schwarz-weiß-rote Reichskriegsflagge, die an allen vier Seiten von goldenen Fransen
verziert ist. Sie ist viel größer als die Modelle, die Safariland Holtz in Windhoek verkauft. Zudem unterscheidet sie
sich durch ihren Aufdruck. Auf ihr ist groß «Krieger-Verein
Keetmanshoop» zu lesen. In der Mitte das Eiserne Kreuz
mit einer weiteren Inschrift: Mit Gott für Kaiser und Reich.
Drum herum Eichenlaubstickereien. Die Fahne wirkt alt.
Ich starre das Ding eine ganze Weile an. Zu gerne würde ich
wissen, was dieses Stück Stoff dem Wirt und seinen Gästen
bedeutet. Sie danach fragen? Es wäre zwecklos. Eigentlich
ist dieses Relikt in einer Bar voll Ewiggestriger keine Überraschung. Aber ich merke, wie das Unwohlsein in mir ins
Unermessliche anschwillt, immer weiter hochkommt und
ein Ventil sucht. Dem einzigen Deutschen in der Mitgliederkneipe reichen für heute die Erinnerungen an die deutsche
Geschichte. Nur noch einen Gedanken will ich in meinem
schwarzem Notizbuch festhalten: «In der Kneipe läuft keine
Musik.»

Während ich den Satz schreibe, stellt der Wirt die Ste-
reoanlage an. Kann er meine Gedanken lesen? Was ich nun
höre, kann ich kaum glauben: Volksmusik. Volksmusik, mit
deutschsprachigen Texten. Eine Frauenstimme kräht:

Herz der Heimat

Wenn ich deine Wärme spüre, zieht es mich in die Berge

Erst wenn du wiederkommst, weine ich nicht mehr

Eine Szene in Moll, trotz Dur-Gedudel. Mich zieht es
jetzt hinaus, ins Jetzt, auf die andere Seite der braunen Tür.
Nur weg von hier. Ich kippe den Rest Bier auf ex und verlasse unbeachtet und ohne zum Abschied leise Servus zu
sagen, den Raum.

Beherzt steige ich nach kurzem Zögern in die Eisen, lege den Rückwärtsgang ein und tippe ans Gaspedal. Auf der Höhe des Trampers, an dem ich eben vorbeifuhr, einem sonnenverbrannten Endfünfziger mit leichtem Rucksack und Zelttasche, kommt der Toyota zum Stehen. Mehr als dreihundert Kilometer müssen bis Lüderitz abgerissen werden, und mir ist nach Gesellschaft. Phil, mein neuer Begleiter, kommt aus Großbritannien und nimmt die Mitfahrgelegenheit aus Keetmanshoop dankend an.

Via Autostopp bewegt Phil sich seit zwei Monaten durch Afrika. Um die fünfundsiebzig Länder hat er auf diese Art bereist. Seine Route startete in Äthiopien, und in vier Wochen soll die Reise in Namibias Nachbarland Südafrika ihr Ende finden. Besondere Vorkommnisse: Auf einer seiner wenigen Busfahrten klaute ihm jemand das Portemonnaie. That's it. Weil uns schneller als erhofft der Gesprächsstoff ausgeht, nerve ich ihn mit Fragen. Über die Deutschen zum Beispiel. Anders als die Briten, meint mein Beifahrer, hätten es die Deutschen nicht so mit Humor. Er beginnt, mir einen Witz zu erzählen. Er dauert, und den Anfang habe ich vergessen, als Phil die Pointe raushaut, die somit wie ein Rohrkrepierer verreckt. Danach einvernehmliches Schweigen. Das Land wird von Kilometer zu Kilometer staubiger. Heiße Luft tanzt nervös über dem Asphalt, die Sonne knallt. Schilder zeigen von der Hauptstraße auf Wege über Schotterpisten ins Landesinnere. Die Ziele heißen Maltahöhe, Helmeringhausen oder Bethanien. Parallel zur geteerten B4 verläuft eine intakte Bahntrasse. Das Dörfchen mit Namen Aus sehe ich zu meiner Linken vor dem Fenster vorbeirauschen, bald müssten wir laut Straßenkarte im Diamantensperrgebiet mitten in der Namibwüste sein. Alleine die Bundesstraße und Lüderitz sind auf einer Fläche, die so groß ist wie Mecklenburg-Vorpommern, für den Verkehr freigegeben. Hinter einer langen Kurve erscheinen am Rand der Fahrbahn einer Fata Morgana gleich Wildpferde. Reglos stehen sie in der Landschaft. Ich bremse. Keine zwanzig Meter vor dem Wagen stehen sie da, in der Wüste. Ungläubig blättert Phil in seinem zerfledderten Reiseführer: Es sind die Pferde von Garub. Die kleine Herde vor uns sind Nachfahren der Pferde der Schutztruppe. Sie büxten wahrscheinlich aus, als die Deutschen Anfang 1915 den Rückzug vor den südafrikanischen Streitkräften antraten. Wirklich sicher, so der Engländer, sei dies alles aber nicht. Fest steht, dass es vor der Ankunft der Europäer keine Pferde im südlichen Afrika gab. Im Schritttempo fahren wir an den Tieren vorbei, weiter durch die öde Sandlandschaft, die sich bis zur südatlantischen Küste nicht mehr verändert.

Im westlichen Teil von Lüderitz steige ich ab. Die Namen der unbefestigten Sand- und Schotterwege auf dem Hügel orientieren sich in dieser Nachbarschaft am geographischen Norden Deutschlands: Hamburger, Kieler, Lübecker und Bremer Straße, in der sich das Gästehaus Zur Waterkant befindet. Der Wind bläst stramm. Seit Tagen zum ersten Mal keine drückende Hitze. Von der Terrasse herrscht freier Blick auf den kleinen Hafen und die Bucht. Den Tipp mit der Pension gab mir im Flieger von Johannesburg nach Windhoek ein Schweizer Pilot. Die Besitzer, Hartmut und Marlene Hälbich, sollen mit der Geschichte von Deutsch-Südwest bestens vertraut sein. Hartmut Hälbich wurde in Lüderitz geboren und führt auch gelegentlich Touristen durch den Ort. Entsprechend enttäuscht bin ich, als ich erfahre, dass ich die Hälbichs nicht kennenlernen werde. Das Seniorenpaar weilt wegen einer Schäferhund-Meisterschaft im Augenblick in Namibias Hauptstadt.

Dass der Vierbeiner in ihrem Haus eine wichtige Rolle spielt, wird auf dem Weg zur Rezeption klar. Neben zahlreichen Medaillen und Ehrenurkunden für jahrelange Treue im Verein für Deutsche Schäferhunde in Windhoek sind die Wände mit Tierfotos tapeziert. Darunter auch ein richtig großes Schäferhundpuzzleposter. In meinem Zimmer sind keine Schäferhunde. Nur zwei kleine Bilder mit klischeehaftem Alpenpanorama in bester Heimatfilmmanier. Auf dem rustikalen Nachttisch liegt die Bibel. Die laminierte Hausordnung, auf Deutsch und Englisch, klebt an der Zimmertür. Alles hat hier seine Ordnung. Verboten ist im Gästehaus Zur Waterkant unter anderem das Mitnehmen von Lebensmitteln aus dem Frühstücksraum und das Waschen der Kleidung im Badezimmer, das besonders kuschelig dekoriert ist. Vor der Toilettenschüssel im zarten Grün liegt ein Plüschläufer auf dem Kachelboden. Passend dazu der fellige Klodeckelbezug. An der Wand ein Klopapierhalter, farblich abgestimmt mit dem restlichen Interieur. Selbst die Häkelhaube für die frische Toilettenpapierrolle auf dem Spülkasten passt zum Rest wie der sprichwörtliche Arsch auf Eimer.

Lüderitz, so heißt es, vermittelt auf Besucher den Eindruck, als sei hier die Zeit stehengeblieben. An jeder Ecke lässt sich wilhelminische Architektur finden. In Hafennähe steht das alte Krankenhaus, hinter Palmen versteckt das prunkvolle Pfarrhaus, um die Ecke auf einer Felserhöhung der Prachtbau von Goerke, der als Leutnant um die Jahrhundertwende ins Land kam und nach seinem Ausscheiden aus dem Militärdienst Leiter der Diamantengesellschaft wurde. Zu welchem Zweck die Häuser erbaut wurden, ist immer noch auf den Fassaden zu lesen: Turnhalle, Konzert- und Ballsaal, Lesehalle oder Kegelbahn. Einhunderteinund- neunzig solcher Gebäude gibt es, wie ich aus der englisch- sprachigen «Lüderitz Historical Buildings»-Karte weiß, die im Frühstücksraum auslag. Erbaut meist zwischen 1909 und 1914. Knapp die Hälfte davon befindet sich noch in einem guten Zustand.

Doch alleine wegen der vertrauten Architektur stellt sich bei mir nicht das Gefühl von Zeitreise ein. Im Gegenteil. Die leuchtend gelben, blauen und roten Gebäude erschei- nen wie Theaterkulissen. Sie wirken surreal, beinahe schon grotesk. Erst Anfassen überzeugt von der Echtheit des Gemäuers. Weiter stadtauswärts, auf der Bismarckstraße, biege ich ab in kleinere Wege, die Richtung Wüste führen. Nur wenige hundert Meter vom Zentrum entfernt wird das Zwölftausend-Seelen-Städtchen, darunter angeblich noch rund hundert bis hundertfünfzig Deutschsprachige, voll- ends austauschbar. Einfache Neubauten prägen das Bild. Kein Hauch von Geschichte, keine Spur von Deutschland oder deutschem Einfluss.

Bis ich auf dem Friedhof vor denen stehe, die bis in alle Ewigkeit hier liegen. Ihre Namen: Wilhelm Meckel, Franz Jung, Martin Schulz oder Anna Luise Reuter. «Hier ruht in Frieden fern von der Heimat mein lieber Sohn WERNER HAHLWEG», lese ich beim Weitergehen auf einer dunklen Steinplatte. Viele der Gräber sind über die Jahre auf dem sandigen Untergrund abgerutscht, einige verwittert. Am Rand von Lüderitz ruhen zwischen dürren Büschen und Sträuchern überwiegend Auswanderer, die in den 1880ern in Deutschland das Licht der Welt erblickten und von denen viele schon zu Beginn der zehner Jahre in Lüderitz und Umgebung starben. Oder sie sind im Namen des Kaisers gefallen. So wie die Männer der 3. Reservekompanie. Nicht alleine der Dienst im gleichen Bataillon schafft zwischen ihnen eine Verbindung, sondern auch der 26. September 1914: der Tag, den die meisten von ihnen nicht überlebten. Auf einem hellen Steinsockel sind die Ruhestätten der Kameraden vereint. Ihre Grabsteine sind einheitlich weiß und im exakten Abstand nebeneinander aufgereiht, in Reih und Glied bis in den Tod.

Das gastronomische Angebot in Lüderitz ist durchaus deutsch und – überschaubar. Ecke Nachtigall und Bismarck sitze ich im Diaz Coffee Point bei Schwarzwälder Kirschtorte und Cappuccino. Auf einem schlichten Porzellanteller liegt vor mir ein Stück dieses Kuchens. Je länger ich es betrachte, umso mehr dient es mir als Sinnbild – für den Wandel in Lüderitz, der sich an diesem Stück Kulturgut bemerkbar macht. Oder anders: Zeit frisst Tradition. Denn nur im entferntesten hat der Kuchen mit einer Schwarzwälder Torte Ähnlichkeit. Das Kirschwasser lässt sich nicht rausschmecken, die Grundzutaten scheinen ansonsten halbwegs beisammen. An die dekorative Kirsche wurde auch gedacht. Nur sieht das Ding auf dem Teller wie eine Donauwelle aus.

Ich versuche, mich auf etwas anderes zu konzentrieren. Am Nachbartisch spricht eine Frau im Alter meiner Mutter deutsch, und ich höre ihr ungewollt beim Telefonieren zu. Die Dame wirkt sympathisch, eine Brille steckt in ihrer Kurzhaarfrisur. Ein alter Knochen von Mobiltelefon verschwindet in ihrer ausgebeulten Jackentasche, nachdem das

Telefonat beendet ist. Wir kommen ins Gespräch. Ursula ist Deutsche, seit mehr als zehn Jahren lebt sie in Namibia. In Lüderitz besucht sie Freunde. Neben ihrem Job als Therapeutin engagiert sie sich ehrenamtlich als Sozialarbeiterin in Windhoeks Township Katutura. Wir reden über ihre Arbeit, und sie klingt euphorisch. Einige Patenschaften für Kinder konnte sie arrangieren. So wissen die Spender in Deutschland, dass das Geld ankommt, denn Ursula hält Kontakt mit den Familien und schickt regelmäßig Fotos.

Je länger und ausführlicher sie berichtet, umso deutlicher höre ich aber auch ihre Zweifel, was man tatsächlich in den Armenvierteln ändern kann. Frustrierend sei der Status quo, die dortige HIV-Infektionsrate, Korruption und Alkoholprobleme. Aber auch die Opferhaltung einiger Betroffener. «Manche von ihnen werden schon mit der offenen Hand zum Betteln geboren», sagt sie desillusioniert. «Sie versuchen nicht mal, etwas aus ihrem Leben zu machen.» Ihre Stirn runzelt sich für einen Moment, um ihre Augen haben sich über die Jahre hinweg aber vor allem Lachfalten in das braungebrannte Gesicht gegraben. Wir plaudern noch ein wenig, und ich frage sie irgendwann, ob sie eventuell etwas vom Hitlergeburtstag in Lüderitz gehört hat.

«Es würde mich nicht wundern, gerade hier im Süden. Aber ich habe davon noch nie erzählt bekommen. Ich war einmal bei einer Geburtstagsfeier für den Kaiser, den Tag kennen alle im Land, und er wird von vielen gefeiert. Sie haben ihr Südwesterlied gesungen, und mir wurde beigebracht, wie ich ‹Scheiß Kaffer›, das übliche Schimpfwort für Schwarze, richtig auszusprechen habe.» Sie schüttelt den Kopf. «Ich habe danach nie wieder an so einer Geburtstagsfeier teilgenommen.»

Auch Deo und James aus Windhoek sprachen vom Südwesterlied, das zum Wiegenfest von Kaiser Wilhelm II.
am Reiterdenkmal zum Besten gegeben würde. Ob sie sich
den widerlichen Rest dazudenken können? Ursula ist nicht
überrascht, als ich ihr von den Geschichten der beiden
erzähle.

«Ich habe schwarze und weiße Freunde. Wenn ich
meinen Geburtstag feiere, lade ich natürlich alle ein. Aber
ich bin auch schon gefragt worden, ob Schwarze kommen.
Ja, klar, habe ich da gesagt. Manche Weiße lehnten dann
die Einladung ab. Manchmal verstehe ich selbst nicht, wie
ich es hier aushalte.» Umgekehrt gebe es aber gerade auf
politischer Ebene einen Rassismus gegen Weiße, lässt mich
Ursula wissen. Seit es in Simbabwe zu staatlichen Enteignungen kam, fürchtet manch weißer namibischer Kolo-
nialnachfahre um seine Farm. Nach Deutschland zurück-
zukehren war für die Sozialarbeiterin lange eine seltsame
Vorstellung, mittlerweile denkt sie häufiger darüber nach.
Egal ob Zugezogener oder Ururenkel eines Kolonialisten,
Weiße, diesen Eindruck gewinne ich langsam, werden
trotz der namibischen Staatsbürgerschaft auf ihre deutsche Herkunft reduziert. Deutschsein erscheint fast wie
ein Makel. Deutsch zu sein in Namibia, das fühlt sich vielleicht ähnlich an, wie als Gastarbeiterkind in dritter oder
vierter Generation in der Bundesrepublik zu leben. Es
klingt anstrengend.

Ein Dreivierteljahr nach der Begegnung mit Ursula
werde ich eine Mail bekommen. Ursula schreibt mir, dass
sie seit einigen Wochen wieder in Deutschland lebt. Ein
Einbruch in ihre Wohnung, eine spürbar wachsende Ableh-
nung von Weißen und eine angespannte Stimmung im Land

listet sie als Gründe auf, weshalb sie Afrika verließ. Trotz ihres Idealismus.

Das Ungleichgewicht lastet dennoch zuungunsten der Schwarzen. Arbeiter schwarzer Hautfarbe verdienen häufig um die drei bis vier Namibia-Dollar pro Stunde, nicht mal dreißig Cent. Forderungen nach einem Mindestlohn von sechs bis sieben Namibia-Dollar nehmen zu. Als ich nach dem Gespräch mit Ursula das eiserne Hoftor der Pension in der Bremer Straße hinter mir ins Schloss fallen lasse, lache ich dem schwarzen Mädchen zu, das die Blumen wässert. Sie macht einen Knicks in meine Richtung und grüßt mit den Worten «Hello, Sir». Ich fühle mich plötzlich sehr unwohl. Vielleicht auch wegen des Datums. Heute ist der 20. April 2013, der hundertvierundzwanzigste Geburtstag von Adolf Hitler, und in Lüderitz passiert: nichts. Es ist an der Zeit, von diesem Ort zu verschwinden.

Mitten in Swakopmund. Ich will noch etwas tiefer in die Geschichte eintauchen, und zwar direkt vor Ort. Mein Name und meine Adresse stehen in der Besucherliste der Sam-Cohen-Bibliothek, und als ich das Blatt der älteren Dame hinterm Tresen zugeschoben habe, beginnt sie zu lesen. Als sie feststellt, dass ich aus Berlin komme, erzählt sie von ihrem einzigen Deutschlandbesuch. Und ich muss dann ziemlich schnell an Tarantinos «Inglourious Basterds» denken. Im Film wird Lieutenant Hicox, der die Uniform eines deutschen Hauptmanns trägt, von einem SS-Mann als Blender enttarnt. Als der Lieutenant dem Wirt zuvor drei Whiskygläser signalisierte, war dem Nazi klar, dass die dubiose Gestalt mit dem Akzent kein Kamerad sein kann. Bevor das Blut spritzt, klärt der SS-Mann den Engländer auf, mit welchen Fingern ein echter Deutscher die Zahl drei zeigt: Daumen, Zeige- und Mittelfinger. Hicox wählte Zeige-, Mittel- und Ringfinger. Genau wie die Dame vor mir. Ihre dreiwöchige Deutschlandrundreise führte sie damals zuerst nach Frankfurt (Ring-), danach in den Schwarzwald (Mittel-) und nach München (Zeigefinger). Dabei macht schon ihr Deutsch klar: Sie ist keine Muttersprachlerin. Zu behutsam in der Aussprache, zu langsam der Wortfluss und zu viele Anglizismen. Geboren wurde die Frau in Lüderitz. Das r rollt sie ein wenig: «Lüderritz.» Ich versichere, sie später noch einmal aufzusuchen, erst mal wolle ich ein wenig in alten Zeitungen stöbern. «Errstes Regal, rrechte Seite», lässt sie mich kurz und knapp wissen. Mit einem Stapel Zeitungen steure ich einen freien Tisch an. Ich durchblättere alte Anzeigen, in denen Schützen- oder Kriegervereine auf ihre nächsten Vereinsversammlungen hinweisen. Andere werben für ihr kulinarisches Angebot.

«Deutsches Haus»

Hotel u. Restaurant nebst Kegelbahn.

Kalte und warme Speisen zu jeder Tageszeit.

12 Münchener und Pilsener Biere,

hochfeine Schnäpse und Liqueure.

Egal welche Publikation ich in die Hände nehme, ein Fahrplan der Woermann-Linie nach Deutsch-Südwest ist früher oder später zu finden.

Hauptlinie.

Abfahrt von Hamburg am 30. jeden Monats.

Ankunft in Swakopmund am 26. nächsten Monats.

Wie viel so eine Schifffsreise gekostet hätte, kann aus der Werbung nicht in Erfahrung gebracht werden. Auf einer anderen Seite bekomme ich einen unverzerrten Eindruck von der Denke, wie sie unter weißen Männern 1899 offenbar üblich war. Im «Windhoeker Anzeiger» wird im Artikel «Deutsche Mädchen in Südwestafrika» über den Mangel an Frauen aus der Heimat geklagt. Die Mädchen, so die Forderung, benötigen einen Anreiz, um nach Afrika zu kommen. Es wurde bereits folgende Festsetzung formuliert:

«Das Mädchen verpflichtet sich, bei N. N. in X. als Mädchen für Alles in den Gesindedienst zu treten. Sie verpflichtet sich, sämtliche ihr auferlegte Dienste zu leisten, auch wenn sie an sich nicht unter die Thätigkeit eines Mädchen für Alles fallen. Stellt sich heraus, dass das Mädchen für den Dienst völlig unbrauchbar ist, oder macht sie sich einer groben Vernachlässigung des Dienstes schuldig, oder treten sonstige Vorkommnisse ein, welche das Verbleiben der Genannten im Dienste nicht angängig erscheinen lassen, so kann der Genannten der Dienstvertrag mit einmonatlicher Frist gekündigt werden. Ob einer der Fälle eingetreten ist, welche die monatliche Aufkündigung zulassen, entscheidet das Kaiserliche Gouvernement, dessen Entscheidung die Genannte unter Verzicht auf alle Rechtsmittel anzuerkennen hat. Erfolgt die im § 2 vorgesehene einmonatliche Kündigung nach der Entscheidung des Kaiserlichen Gouvernements zu Recht, so ist die Genannte verpflichtet, jeden anderen Gesindedienst zu übernehmen, den ihr das Kaiserliche Gouvernement überweisen sollte.»

Wenig überraschend, dass diese Art des Dienstverhältnisses zu Hause im Reich «als eine Art weißer Sklaverei» bezeichnet wurde. Scharen von Mädchen machten sich jedenfalls nie auf den Weg nach Südwestafrika. Um was es in dem Text eigentlich geht, ist nach der akribischen Auflistung, welche Zahl von deutschen Soldaten und Siedlern bereits im Land ist, klar: «So ist es denn gekommen, dass schon verschiedene Ehen zwischen Weissen und Bastard-mädchen geschlossen sind. Niemand wird bestreiten, dass eine Häufung dieser Fälle vom volkswirtschaftlichen Stand-punkt aus nicht zu wünschen ist, und dass es in hohem Grade im Interesse der Kolonie liegt, dass deutsche Mädchen ins Land kommen, die Frauen der Ansiedler werden können.» Artikel wie diese lassen sich zur Genüge finden. Lieber ver-suche ich, doch noch einmal mit der Frau am Empfang ins Gespräch zu kommen. Sie ist die erste Deutschnamibierin, mit der ich bis jetzt mehr als zwei Worte sprechen konnte. Und sie ist die erste, die mich nicht duzt.

«Könnten Sie sich vorstellen, in Deutschland zu leben?»

«Ich glaube nicht. Mein Bruder war in den Siebzigern zum Studium dort und konnte sich nicht einleben. Wir haben andere Bedürfnisse, deshalb kehrte er zurück nach Namibia.»

Welche Bedürfnisse sie anspricht, kann oder will sie mir nicht weiter erklären. Ob sie das aktuelle Geschehen in Deutschland interessiert?

«Nein, ehrlich gesagt nicht. Im eigenen Land passiert genug.»

«Was hat sich in Namibia geändert, seit das Land unab-hängig ist?»

«Die Kriminalität hat zugenommen. All die Mauern und Zäune, die Sie sehen können, sind notwendig.»

Sie deutet auf meinen Rucksack. «Passen Sie auf, die erkennen Sie so als Tourist!»

«Wer sind denn die?»

«Die Schwarzen.»

Die Stadt schläft, obwohl die Sonne hoch am Himmel steht. Irgendwo habe ich aufgeschnappt, dass Swakopmund das Florida von Namibia sei. Hierher soll es überwiegend Rentner aus Deutschland verschlagen, die bei angenehmem Klima den Lebensabend genießen wollen. Und tatsächlich, abgesehen von den Outdoor-Look-Armeen sieht man größtenteils Senioren in den Straßen. Vor dem Hotel Europa Hof schleicht eine einsame Omi mit blauem Rollator vorbei. Im Swakopmunder Brauhaus sitzt eine Gruppe älterer Silberrücken, die im reinsten Hochdeutsch zotige Sprüche auf Kosten der jungen Bedienung klopfen und halbvolle Krüge stemmen. Gepflegter benehmen sich die reiferen Damen bei einem Kännchen Kaffee und irgendwelchen Kuchenstücken in der Bäckerei Putensens an der Sam Nujoma Ave. An einer Hauswand hängt ein Schild mit dem alten Namen der schnurgeraden Piste: Kaiser Wilhelm Straße.

Swakopmund erinnert vom Aussehen ein wenig an das Ostseebad Binz auf Rügen und liegt wie Lüderitz direkt am Atlantik. Allerdings ist hier alles eine Ecke teurer, nördlich der Namib ist das Wetter in der Regel das ganze Jahr über besser. Am Strand stampfen Spaziergänger durch den trockenen Sand, einige Hartgesottene trauen sich mit den Füßen ins eiskalte Nass. Die Promenade belagern einheimische Händler, die Schnitzereien und andere Souvenirs verkaufen. Das kleine Stück erstreckt sich vom Leuchtturm bis zur Jetty. Eine in die Jahre gekommene Brücke führt gute zweihundertfünfzig Meter ins Meer. Sie ging als Landungsbrücke in Bau, aber mit Beginn des Ersten Weltkriegs wurde sie nie mehr fertiggestellt. Obwohl gerade noch fünf Prozent der Bewohner deutscher Abstammung sein sollen, sind die Spuren ihrer Vorfahren allerorts zu finden. Doch

je mehr ich sehe, umso weniger überraschen mich die Zeit-
zeugen aus Stein, Stahl und Holz.

Was mir dagegen neu scheint: In der viertgrößten Stadt
des Landes pflegen die Bewohner das deutsche Erbe nicht
nur aus nostalgischen Gründen, sondern vielmehr deshalb,
weil es auch das Geschäft ankurbelt. Peter's Antiques ist
in altdeutscher Schrift groß an die Wand über die Schaufenster gepinselt. Schon der Blick in die Auslage lässt
keinen Zweifel daran, dass das gelbe Eckhaus in zentraler
Lage wegen der Unmengen an Erinnerungsstücken aus
allen Nähten zu platzen droht. Drei Zimmer, der über-
wiegende Teil von Peter's, sind überladen mit Holzmasken,
Figuren und anderen afrikanischen Handarbeiten. Ein weiterer Raum, der kleinste, wirkt wie eine Höhle. Die Fenster
sind zugestellt. Nur wenige Sonnenstrahlen dringen durch
die schmale Tür. Eine Neonröhre flackert unruhig an der
Decke.

Alles voll gutbestückter Regale und Vitrinen. Ich atme
tief ein. Der Geruch pendelt zwischen Secondhandbou-
tique und Antiquariat. Dort, wo Postkarten mit Soldaten
an Maschinengewehren, Bücher zur Kolonialgeschichte
und Plakate lagern, riecht es nach altem Papier, nach Floh-
markt, nach Unibibliothek. In der Ecke, wo die Fahnen und
T-Shirts hängen, kommt eine leicht muffige Note hinzu.
Die typische Secondhandladen-Luft eben. Alte Uniformen
kommen mir beim Stöbern nicht zwischen die Finger. Dafür
jede Menge Deutsch-Südwestafrika-Literatur. In einem
Glasschaukasten entdecke ich Orden, die separat in kleine
Plastiktüten verpackt daliegen. Diverse Eiserne Kreuze
am Band für umgerechnet hundertfünfzig bis zweihundert
Euro. Für denselben Preis werden auch Naziabzeichen

offeriert, auf denen ein fliegender Adler nach dem Hakenkreuz greift; Flugzeugbeobachterabzeichen.

Und es kommt noch dicker. Ich hatte hier schon mit
Adolf Hitler abgeschlossen, nachdem ich in Lüderitz niemanden fand, der den Führergeburtstag zu feiern pflegte.
Es war ein kurzer Moment der Enttäuschung, aber im
Grunde überwog die Erleichterung. Und jetzt, jetzt stehe
ich mit «Mein Kampf» in den Händen da, sehe seine Fotos
und muss mich doch noch mit ihm auseinandersetzen. Ich
stelle das Buch zurück ins Regal und gehe auf die sehr alte
Frau zu, die hinter einer noch älteren Registrierkasse steht.
Ihr Deutsch ist tadellos. Das Buch soll 180 Euro kosten und
ist gerade nur in Englisch vorhanden, lässt sie mich wissen.
Die Käufer, so sagt sie, seien meist junge Leute, die sich für
die Geschichte zwischen 1933 und 1945 interessieren.

«Dürfte ich das Buch nach Deutschland einführen?»

«Die meisten packen es in eine Tüte und legen es so in
den Koffer. Dann geht das schon.»

«Warum verkaufen Sie überhaupt solch ein Buch?»

«Es gibt genügend Interessenten, die gutes Geld dafür
zahlen.»

Von «Mein Kampf» kommen wir zu ihrem Leben. Sie ist
in Westfalen geboren und aufgewachsen, nun lebt sie seit
mehr als fünfzig Jahren in Namibia.

«Vermissen Sie Deutschland?»

«Wissen Sie, Deutschland ist immer noch das schönste
Land der Welt. Aber die Mentalität der Menschen dort, die
ertrage ich nicht. Ich habe vor einigen Jahren eine Bus-
tour durch das Land gemacht. Am besten verstanden habe
ich mich mit den Ostdeutschen. Mit den Leuten aus dem
Westen kam ich überhaupt nicht zurecht. Ich kann es Ihnen

nicht erklären, aber wir haben damals noch gescherzt, dass ich als Kolonialdeutsche mich nur mit den Ostdeutschen verstehe.»

Eine kurze Pause. Dann sagt sie: «Einmal will ich noch nach Deutschland. Um mich zu verabschieden.» Sterben und beerdigt werden möchte sie zu Hause, in Swakopmund.

Von fünf bis zehn Uhr gibt es Frühstück im Hotel Deutsches Haus. Ich werde von drei äußerst motivierten Angestellten gleichzeitig bedient. Ein Endfünfziger mit grauem Vokuhila kontrolliert die Arbeit der fleißigen, uniformierten Mädchen von der Bar aus. Er kann nur der Chef sein. Wenige Minuten später tritt der Mann zu mir an den Tisch und erkundigt sich, ob alles recht sei. Wir smalltalken. Als ich erwähne, dass ich mehrere Jahre in Köln gelebt habe, nimmt Andreas, wie ich mittlerweile weiß, Platz. «Isch bin in Kölle jeboren!» Das Eis ist gebrochen. Seit mehr als dreißig Jahren lebt er in Namibia. Sein letzter Deutschlandbesuch liegt ungefähr fünf Jahre zurück. Es gibt nichts, sagt er, was ihm aus Deutschland hier zum Leben fehlt. Verheiratet ist Andreas mit einer Südafrikanerin, sie haben drei Kinder, ein Sohn heißt Fritz. Der Rheinländer baute zunächst in Windhoek ein Brauhaus auf. Nach Swakopmund siedelte er später über, weil ihm das Hotel, in dem wir gerade sitzen, günstig zum Kauf angeboten wurde. Als ich ihn nach der Beziehung zwischen den Deutschen, die so wie er in erster Generation nach Namibia kamen, und den alten Deutschnamibiern, den Südwestlern, die hier geboren und aufgewachsen sind, frage, holt er erst mal tief Luft.

«Von denen lässt sich keiner in meinem Laden blicken, und wenn ich in eine Bar gehe, rutschen die eher weg als zu mir rüber.» Er lacht und zeigt seinen Stinkefinger in die Leere des Raums. Fuck Off! «Warum ich so reagiere? Ich habe eine schwarze Frau, die Deutschnamibier leben im Kopf noch zu Kaisers Zeiten.» Andreas springt auf, steht stramm, beginnt roboterhafte Bewegungen zu machen und betont jede Silbe zackig: «Man erkennt sie schon an ihrer Sprache und Haltung.» Da ist er, der hässliche Klischee-deutsche, mit dem niemand befreundet sein möchte. Diese Rolle beherrscht Andreas außerordentlich gut. «Wenn sie dann mal nach Deutschland fahren, kommt keiner dort klar.»

«Aber warum?», will ich wissen. «Konservativ denkende Leute gibt es in Deutschland doch auch zur Genüge.»

«Weil sie einen Kohlensack brauchen, der ihnen den Arsch abwischt! Die wissen nicht, was Arbeit ist, denn jeder von denen hatte eine schwarze Nanny.»

Der Hotelier redet sich in Rage. Ohne Frage der Typ Mensch, der sagt, was er denkt, egal ob er sich damit Freunde macht. In Deutschland hätte man über die Jahre gelernt, mit den Zuwanderern aus der Türkei und anderen Ländern zu leben, meint Andreas. In Namibia sieht das anders aus. Die Namibier mit deutschen Wurzeln seien Dinosaurier, aus einer anderen Zeit und einer fremden Welt. Ihnen sei noch nicht bewusst, dass sie alle bald aussterben. Und dann kommt er wieder zu seiner Geschichte und den Scherereien, die das Leben in Swakopmund mit sich bringt: «Man lebt hier in völliger Isolation. Einmal im Monat fahre ich die dreihundertfünfzig Kilometer nach Windhoek, um ein paar Tage Kultur und Input zu tanken. Wenn ich das nicht machen könnte, würde ich zum Massenmörder wer-den.»

«Was bedeutet Heimat für dich?»

«Heimat ist da, wo ich mich wohl fühle.» Er tippt dabei mit seinem Zeigefinder zweimal auf die Tischplatte.

«Könntest du dir vorstellen, irgendwann wieder in Deutschland zu leben?»

«Nein, ich will nicht mehr in Deutschland wohnen. Zum einen wegen des Wetters, zum anderen wegen der Enge. Mir sind da zu viele Menschen auf zu wenig Raum unterwegs, ständig wird man irgendwo angerempelt. Und es gibt einfach zu viele Regeln. Hier kann ich im Grunde tun und lassen, was und wie ich will. Außerdem brauche ich im Supermarkt keine dreißig Sorten Joghurt zur Auswahl.» Er lacht ein wenig über seinen Spruch und bestellt bei den in Lauerhaltung harrenden Mädchen noch zwei Kaffee.

Völlig orientierungslos gurke ich seit nunmehr einer halben Stunde durch die Abenddämmerung im Süden der Stadt. Irrtümlicherweise lasse ich mich von einem vollen Parkplatz anlocken und steige aus. Einmal ums Clubhaus gebogen, finde ich mich bei einem Softballspiel wieder. Falsche Veranstaltung. Zurück im Wagen, die Suche geht weiter. Nächster außerplanmäßiger Halt: die Anlage des Vereins für Deutsche Schäferhunde. Hier haben die Hälbichs aus Lüderitz in den letzten Jahren mit ihrem Bello Furore gemacht. Ein Kreis schließt sich. Und ein weiterer fünf Minuten später, als mir klarwird, dass ich verdammt noch mal im Kreis fahre. Aber irgendwo in diesem Viertel muss der Sport Klub Windhoek doch liegen! Dort findet heute das große Finale der diesjährigen Karnevalssaison statt, der Internationale Abend. Das Motto: «Es läuft alles wie geschmiert.» Bleibt die Frage, ob es auch für mich wie geschmiert laufen wird, ob ich dabei sein werde oder nicht. Mir fehlt eine Eintrittskarte für die ausverkaufte Veranstaltung. Ich fahre einem Schild nach, dessen Logo sich nicht entziffern lässt, aber verheißungsvoll aussieht. Über einen Schlaglochweg steure ich behutsam auf einen Parkplatz zu. Es stinkt nach Zweitaktergemisch, gelbe Laternen ertränken die ausgeleuchtete Umgebung, die Grillen zirpen. Auf der einen Seite sehe ich hinter einem Zaun eine kleine Kartbahn im Flutlicht. Ein Rennen ist nicht im Gange. Auf meiner Zaunseite erkenne ich ein Grüppchen aufgedonnerter junger Frauen. So richtig zusammenpassen will das nicht. Einer der PKW-Wächter eilt neben das Auto und möchte wissen, ob er darauf aufpassen soll. Ich nicke unsicher, weil ich nicht sagen kann, ob ich überhaupt richtig bin. Es reicht ihm als Aufforderung, und ohne weiter Zeit zu verlieren, packt er auf der Fahrerseite einen roten Papierstreifen zwischen Wischblatt und Scheibe.

«Wird hier irgendwo Karneval gefeiert?», frage ich auf Englisch.

Er zeigt in die Richtung einer Treppe aus dem Parkplatz nach oben: «This way.»

Oben angekommen, stehe ich an einem Fußballplatz und mehreren Tennisplätzen. Ganz hinten thront ein einziges Gebäude, groß wie eine Mehrzweckhalle. Beim Näherkommen beweist das mit Luftschlangen und bunten Ballons geschmückte Innere, dass ich richtig bin. Um mich herum sind zahlreiche Gartenschirme aufgespannt, unter denen sich die wachsende Menge tummelt. Ich stelle mich unauffällig dazu. Es wird geraucht, getrunken, gelacht und geredet, auf Afrikaans, Englisch und Deutsch. Vorfreude liegt in der Luft und jede Menge Moschus, blumige Frische und eine zu schwere Süße, die mir Kopfschmerzen verursacht. Die einzelnen Parfüms vermischen sich in meiner Nase zum Duft der Masse, bis ich gar nichts mehr rieche. Immer mehr Menschen trudeln ein. Je länger ich sie studiere, umso deutlicher werden zwei Dinge.

Erstens die Garderobe: So wie es gerade ausschaut, könnte ich mit Jeans, Karohemd und ausgelatschten Stoffturnschuhen tatsächlich ausgerechnet am letzten Abend doch noch in mein Verderben rennen. Die feierwütige Gesellschaft ist nämlich ziemlich herausgeputzt, als würde es zu einem Ball oder einer äußerst formellen Veranstaltung gehen. Fast alle Herren tragen dunkle Anzüge, weiße Hemden und Krawatten, die keineswegs abgeschnitten sind. Die Frauen überwiegend hohe Hacken und schwarze Abendkleider von kurz bis lang. Ein mutiges junges Pärchen wagt es, sich die Ohren von Micky und Mini Maus ins Haar zu stecken. Ein anderes Paar versucht sich im verruchten Zwanziger-Jahre-Look, sie mit leichter Wasserwelle, er mit Al-Capone-Hut. Zwei Burschen im Wiesn-Outfit mit Lederhosen. Bei ihnen bin ich mir nicht sicher, ob ihr Aufzug als Kostüm durchgehen soll oder doch eher als schick gemeint ist. Verglichen mit dem Kölner Karneval ist der Anblick enttäuschend. Bis auf das kollektive Gesaufe ist die Schnittmenge vom Karnevalsverständnis der Windhoeker und Kölner äußerst gering, aber wenigstens der Prinz schaut wie ein rheinischer Karnevalsprinz aus. Hektisch stolziert er in seinen weißen Robin-Hood-Strumpfhosen umher, raucht, begrüßt hier und da Neuankömmlinge und Mitglieder des Elferrats, die sich durch ihre Prunkmützen verraten. Bei jeder seiner hastigen Bewegungen wippen die langen Pfauenfedern unruhig an seiner rot-weißen Mütze.

Zweitens verbindet fast alle Gäste des Internationalen Abends ihre Hautfarbe, sie ist weiß, ich zähle fünf Schwarze unter den Feiernden. Beim Personal verhält es sich umgekehrt. Von den Securities über die Putzleute und Caterer bis zum Service hinter der Bar sind alle schwarz.

Der offizielle Beginn des Abends ist auf 19 Uhr 33 angesetzt. Warum nicht 19 Uhr 11 oder 19 Uhr 19, beides wäre beim Karneval irgendwie naheliegender, werde ich nicht erfahren. Die Live-Band spielt drinnen jedenfalls pünktlich um drei Minuten nach halb das erste Lied an:

«Echte Fründe ston zesamme,

ston zesamme su wie eine Jott un Pott.»

Die Coverversion des Höhner-Hits zieht die Leute hinein. Mich, den Kartenlosen, nicht. Keine Chance, noch reinzukommen. Durch die vergitterten Scheiben beobachte ich, wie sich der geschmückte Saal rasch füllt. Plötzlich sehe ich aber noch drei weitere Gestalten auf die Halle zukommen, die sich mit ihren Kostümen von allen anderen unterscheiden. Zwei junge Frauen und ein Kerl. Die drei tragen bunte, schürzenartige Gewänder: jeder eine Art weites Lumpenkleid mit kurzen Ärmeln, und darunter schwarze, eng anliegende Longsleeves und Handschuhe. Man sieht an ihren Armen, dass sie schlank sind, also müssen ihre voluminösen Bäuche aus dicken, unters Gewand gestopften Kissen bestehen. Die Gesichter sind pechschwarz geschminkt, roter Lippenstift und die weißen Zähne verstärken den Kontrast des Blackfacing noch einmal gewaltig; krause Afroperücken runden das Outfit ab.

Jetzt kommen die drei bei einer Gruppe in feiner Abendgarderobe an. Manche lachen sich beim Anblick der Schwarzgeschminkten halb tot, die meisten anderen wirken gleichgültig, aber kein einziger irritierter oder auch nur fragender Blick.

Bis auf eine Ausnahme. Ein Mann um die vierzig in beigem Anzug, weißem Hemd und Krawatte. Er schaut. Er starrt sie an. Kann seinen Blick nicht von ihnen lösen, starrt fassungslos, gerade noch beherrscht. Er ist einer der fünf schwarzen Gäste des Internationalen Abends. Von drinnen schallt der Refrain heraus: «Echte Fründe ston zesamme.»

BRASILIEN   Oktoberfest in Santa Catarina

Mein erstes Oktoberfest. Nicht in München, sondern im brasilianischen Blumenau im Bundesstaat Santa Catarina, circa sechshundertfünfzig Kilometer südlich von São Paulo. Mit rund sechshunderttausend Besuchern soll es laut den Veranstaltern nach dem Original eines der größten seiner Art auf der Welt sein und in Brasilien neben dem Karneval in Rio sogar das zweitgrößte Volksfest überhaupt. Die Stadt hat sich für die kommenden Tage rausgeputzt. Das Zentrum ist geschmückt.

Zu meiner Überraschung aber nicht mit den weiß-blauen Rautenfahnen Bayerns. Die drei Farben, welche die hiesigen Schaufenster, Luftballonketten und Bierhumpen zieren, sind Schwarz-Rot-Gold. Das hier scheint kein bayerisches, sondern vor allem ein sehr deutsch anmutendes Fest. So, wie sich die Dreihundertausend-Einwohner-Stadt präsentiert, erinnert sie an Deutschland im Sommer 2006, als nahezu die komplette Nation dem WM-Fieber verfiel und man sich nirgendwo der fröhlichen, ganz unchauvinistischen Deutschlandbegeisterung entziehen konnte. Fast hat das hier etwas von einem Déjà-vu – allein das Erscheinungsbild der Menschen um mich herum verrät, dass ich doch ganz woanders bin. Zwar sind in der vollen Fußgängerzone zwei, drei Deutschlandtrikots auszumachen, doch die meisten Frauen, Mädchen, Männer und Jungs tragen Dirndl oder Tracht. Wenigstens eine Art Seppelhut mit Deutschlandfarben-Banderole. Je mehr Trachten meinen Weg kreuzen, umso klarer wird mir, dass das, was normal aus Leder sein sollte, hier brauner Stoff ist. Die Hornknöpfe sind vermutlich aus Plastik, auch die Hemden, Blusen und Röcke scheinen aus wenig edlem Material zu sein. Bei näherem Betrachten ähneln die Sachen einfachen Karnevalskostümen, die ja sowieso nur ein paar Tage überstehen müssen. Überhaupt erinnert das Treiben an einen Rosenmontagszug bei mildem Sommerwetter, bloß ohne Kamelle.

In Jeans-Shirt-Turnschuh-Montur stehe ich im Gedränge. An einem Laternenpfahl ist auf einem braunen, angerosteten Straßenschild Rua XV de Novembro zu lesen und etwas kleiner darunter: Antiga Wurststrasse. Vor mir liegt die noch freie Strecke der Wurststraße, durch die bald der Umzug gehen wird. Hinter einer Absperrung warten Menschen, die aus metallenen Krügen trinken. Chöre ertönen: «Chopp! Chopp! Chopp!» Bier heißt das, wie mir ein Mittzwanziger mit fester Zahnspange übersetzt, der weiße Kniestrümpfe, eine kurze dunkelbraune Fake-Lederhose und ein kariertes Hemd trägt. Günther heißt er, Deutsch spricht er nicht, aber er hat deutsche Wurzeln und mag das Oktoberfest. Gutes Bier brauen sie in Blumenau, meint er, und seine Freunde stimmen zu. Ich will das gepriesene Getränk selbst probieren, doch das ist schwieriger als erwartet, weil um mich herum nicht ein einziger Stand auszumachen ist, wo man es bekommen könnte.

Mehrmals fragen mich andere Besucher, woher ich komme, und jedes Mal ruft meine Antwort, dass ich Deutscher bin, die gleiche Begeisterung hervor. Vereinzelt wehen hier und da Deutschlandfahnen über der Menge. Und dann kommt der Zug, an dessen ebenfalls schwarz-rot-gold geschmückten Wagen Schriftzüge in meiner Muttersprache prangen: «Schnapswagen», «Kegelwagen», «Pisswagen». Dazwischen Volkstanzgruppen und Kapellen, die Blasmusik spielen. «Ein Prosit der Gemütlichkeit» ertönt, ringsherum wird undeutlich mitgebrummt.

Auch die Quellen des Bieres werden mir nun klar: Es schäumt aus Fässern und Hähnen auf den gemächlich rollenden Fahrzeugen in die Becher, die die Besucher mitgebracht haben. Die Stimmung steigt mit jedem der originell geschmückten Gefährte. Der Promillepegel der Zuschauer auch. Auf einem Hänger tuckern zwei große Bierhumpen aus Styropor vorbei. Die Gläser stoßen aneinander, der Schaumspritzer bildet über den beiden Krügen die Zahl 30. Schwarz-rot-gold die 3, grün-gelb die 0. Das Symbol für das dreißigjährige Jubiläum des Festes, das gerade gefeiert wird. Eine Trachtengruppe mit Bollenhüten marschiert vorbei, ihre Kleider scheinen besser, ja auch authentischer zu sein als die des kostümierten Publikums. Auf einem der folgenden Wagen thront die noch amtierende Oktoberfestkönigin. Sie sitzt nahezu bewegungslos vor einem Miniaturfachwerkhaus, zu ihren Füßen liegen Blumengedecke. Drei Stufen unter der Königin stehen zwei weitere Damen auf einem roten Teppich – vermutlich die Vize- und Vize-Vize-Königin. Nur an den Farben ihrer prunkvollen Kleider kann man die jungen Frauen unterscheiden, die fast völlig identisch aussehen, so wie die diversen Verflossenen von

Franz Beckenbauer. Alle haben blondes, zu Hochsteckfrisuren betoniertes Haar, blaue Augen, und ihre knallroten Lippen lächeln starr und auch sehr stolz. Dabei winken sie fortwährend der immer euphorischer jubelnden Masse zu. Wieder erklingt «Ein Prosit der Gemütlichkeit», danach «Zickezacke, zickezacke...».

Die Antwort der Menschen hat immer mehr Druck: «Hoi, hoi, hoi!»

Vielleicht ist es das brasilianische Temperament, das die Stimmung anheizt. Der Alkohol besorgt den Rest. Mir gelingt es aber nicht, durch die Menge an einen der Bierwagen zu kommen. Auf der vergeblichen Suche nach einem Ausschank laufe ich, noch ohne einen Tropfen getrunken zu haben, an Fachwerkhäusern vorbei, vor denen Palmen wachsen. Ein ungewohnter Anblick. Genau wie der all jener Trachtenträger in Brasilien.

Ein Dunkelhaariger mit Sonnenbrille, dessen Hände eine Bierflasche und eine Bierdose zugleich umklammern, stolpert in mich hinein. Er wird wissen, welche Richtung für Durstige die richtige ist. Ich will ihn auf Deutsch ansprechen, denn er trägt ein grünes Trikot des DFB, den Auswärtsdress der EM 2012. Die Frage, ob er Deutscher ist, verneint er – auf Deutsch. Er sei Brasilianer, aber sein Großvater sprach Plattdeutsch. Den Dialekt spreche er allerdings nicht, reden könne er nur ein bisschen Hochdeutsch. Und das kann er beim Oktoberfest endlich mal wieder rauskramen. Glücklich zeigt er auf das Bier in seinen Händen: «Deutsches Bier, gutes Bier!» Hier konkurriert offenbar der brasilianisch-deutsch-deutsche Nationalstolz, welches Bier das bessere ist.

Neben der Feierei zu Blasmusik ist der flüssige Stoff offenbar auch hier Grund, warum die meisten die Parade besuchen. Erst als ich weitergegangen bin und mich noch einmal umdrehe, erkenne ich die Rückennummer auf dem Deutschlandtrikot. Es ist die 88, darüber steht STOLZ. Möglicherweise heißt dieser Kerl einfach nur Stolz und wurde 1988 geboren. Andererseits könnte dahinter auch düstere Absicht stehen. Oder liegt es an mir, dass ich hier unbedingt einen getarnten Hitlergruß erkennen will? Die 88 als gängiger Code der rechtsextremen Szene, sie steht für die Dopplung des achten Buchstaben im Alphabet: HH, eine recht bekannte Abkürzung für «Heil Hitler». Zählt man im Alphabet acht Buchstaben von hinten ab, lautet das Ergebnis SS, auch nicht besser. Soll ich kehrtmachen und nachfragen, bei dem mutmaßlichen Herrn Stolz? Ich zögere und entscheide mich dagegen. Nicht weil es mir vor einer unbehaglichen Antwort graut oder ich die Konfrontation fürchte. Sondern weil ich, anders als in Namibia, kein zweites Mal einer Hitler-Nazi-Sache hinterherrennen will. Nicht in Südamerika, wo ich erst seit ein paar Stunden bin. Ich glaube ohnehin, dass ich gerade hier noch früh genug bei diesem Thema landen werde. Es ist zum Heulen mit uns Deutschen und den Nazis: Entweder bilden wir uns ein, überall welche zu sehen, oder wir übersehen sie da, wo sie tatsächlich sind.

Der Weg zur Vila Germânica, dem Veranstaltungssaal, wo das Oktoberfest einen guten halben Monat lang täglich gefeiert wird, ist in ganz Blumenau bestens ausgeschildert. Beim Spaziergang durch die Straßen treffe ich an mehreren Stellen auf Spuren der Stadtgeschichte. Vielerorts sind braune Metalltafeln angebracht, die auf Portugiesisch und Deutsch darüber informieren, was sich dort zugetragen hat. An einem kleinen Platz in unmittelbarer Nähe der Antiga

Wurststrasse und des Rio Itajaí, der die Stadt durchfließt, wird von einer häufig drohenden Gefahr erzählt: «Das erste große Hochwasser nach Ankunft der Kolonisten geschah 1852. Im Laufe ihrer Geschichte wurde die Stadt von vielen anderen Hochwassern heimgesucht; beim größten, im Jahre 1880, wurden 16,80 Meter über dem normalen Wasserspiegel des Flusses registriert.» Kaum waren die Deutschen da, so wirkt es, wurde alles für die Nachwelt aufgezeichnet. Kurz darauf gelange ich zu einer Allee mit hohen Palmen. Sie stehen in exaktem Abstand parallel zueinander, dazwischen gepflegte Blumenbete und ein paar Parkbänke auf einem schmalen Gehweg.

Am Ende der Allee funkelt eine Art Obelisk mit strahlenden Chromschildern: «Das ist die erste Straße der Stadt Blumenau. An dieser Stelle hat die Errichtung der Stadt begonnen.» 1876 pflanzte man hier die brasilianischen Jerivá-Palmen, weshalb der Volksmund den Weg Palmenallee nannte. Bis er 1881 offiziell den Namen «Boulevard Wendeburg» bekam, zu Ehren von Hermann Wendeburg, dem ersten Buchhalter der Kolonie. Im Zuge des Zweiten Weltkriegs wurde sie 1942 allerdings in Alameda Duque de Caxias umbenannt. Ein Foto auf einer der Tafeln zeigt die Szenerie, in der ich stehe. Weil die Palmen noch fehlen, wirkt das Bild, als wäre es Ende des neunzehnten Jahrhunderts in einem Dorf irgendwo in Deutschland aufgenommen worden. Ich drehe mich um und vergleiche die Abbildung mit der heutigen Wirklichkeit. Bis auf ein kleines Ziegelsteingebäude mit rot gedecktem Dach und der Jahreszahl 1858 im Giebel sind die Spuren der Deutschen in dieser Ecke Blumenaus verblasst. Nur die akkurat gepflanzten Palmen und die Tafeln erinnern an sie.

Des Gründervaters der Stadt, dem Apotheker Hermann Bruno Otto Blumenau, wird auf dem Straßenschild der Duque de Caxias gedacht. Das Schild erinnert an den Mann, der 1846 «Sehnsucht nach der unbekannten Ferne» verspürt und nach Brasilien reist. Im Unterschied zu vielen anderen deutschen Emigranten, die aufgrund der Perspektivlosigkeit in Deutschland vor allem ab den 1820ern ihre Heimat verlassen und sich unter anderem hier, im Süden Brasiliens, niederlassen, treibt den promovierten Chemiker keineswegs die Existenznot um. Sein Fernweh entflammt, als er die weltreisenden Naturforscher Alexander von Humboldt und Carl Friedrich Philipp von Martius kennenlernt. Ihre Erzählungen über das Land sind es, die den Siebenundzwanzigjährigen aus Hasselfelde im Harz nach seinem Studium bestärken, zwei Jahre lang Brasilien zu bereisen. Schon in dieser Zeit bemüht sich Blumenau um den Aufbau einer deutschen Kolonie. Er erwirbt Land, doch er hat keinerlei Unterstützung – bis die Hamburger Gesellschaft zum Schutz der deutschen Auswanderer beschließt, eine Kolonie unter seiner Leitung zu gründen.

Ende 1848 kehrt Blumenau dann für zwei Jahre nach Deutschland zurück. Er kauft Gerätschaften und Kulturpflanzen, wirbt für die Auswanderungen nach Brasilien. Wieder in Südamerika, kann Blumenau am 2. September 1850 in seiner eigenen Kolonie in der Provinz Santa Catarina die ersten siebzehn deutschen Einwanderer willkommen heißen. Doch die Entwicklung der Gemeinde verläuft mühselig. Die Unterstützung deutscher Behörden, um die Blumenau bittet, bleibt aus. Aufgrund beständiger finanzieller Engpässe übergibt Hermann Blumenau seine dennoch langsam gedeihende Kolonie am 13. Januar 1860 dem brasilianischen Kaiserreich. Fortan fungiert er als Direktor der Siedlung und wird 1880, als Blumenau zur Stadt ernannt wird, ihr erster Bürgermeister. Mittlerweile leben rund vierzehntausend Menschen in Blumenau, darunter Familien aus Pommern, Holstein, Hannover, Braunschweig und Sachsen. Vier Jahre später geht der Pionier Blumenau mit seiner Frau und den Kindern zurück nach Deutschland, sie lassen sich in Braunschweig nieder, wo dieser wahrhafte Gründervater im Herbst 1899 stirbt.

Das Epizentrum des Oktoberfestes kommt näher. Die volkstümliche Musik wird lauter. Am landesweit bekannten Casa Moellmann, einer überdimensionierten Replik des Rathauses von Michelstadt im Odenwald, bin ich schon vorbei. Dann ein weiteres Fachwerkhaus, es ist noch größer. Die Tafeln davor verraten: Prefeitura Municipal de Blumenau, das Rathaus. Außerdem erfährt man, dass das Gebäude entgegen allem Anschein erst Anfang der 1980er erbaut wurde. Auf dem Platz davor spielt eine achtköpfige Kapelle in voller Trachtenmontur, bestehend aus zwei schleppenden Trommlern, einem kaum zu hörenden Akkordeonspieler und fünf Bläsern. Außer ihnen ist weit und breit kein Mensch zu sehen, geschweige denn Publikum. Die Männer hält das nicht vom Musizieren ab. Wieder so ein schräger Anblick.

Ich muss mir das kurz klarmachen: Rund zehntausend Kilometer von Deutschland entfernt spielt eine brasilianische Blaskapelle in Fake-Lederhosen, neben ihr steht eine hundert Jahre alte deutsche Lokomotive, und im Hintergrund erhebt sich dieses mächtige Fachwerkhaus. Und überall Palmen. Einmal mehr ertönt ein «Prosit der Gemütlichkeit», was sonst. All das passt nicht so recht zusammen, oder ich verstehe nicht, wie, aber es weckt Neugierde auf die Vila Germânica und was da noch kommen mag. Einer der Bläser, ein Herr jenseits der siebzig, spricht gutes Deutsch.

«Waren Sie schon einmal in Deutschland?»

«Nein, weiter als Nordamerika bin ich noch nie gereist. Ich würde aber sehr gerne einmal Deutschland besuchen.»

«Was würden Sie dort anschauen wollen?»

«Den Schwarzwald. Und Bayern.»

«Ist der Süden, also das traditionelle Deutschland mit Trachten und Bergen, das Deutschland, wie es sich viele Brasilianer vorstellen?»

«Überhaupt nicht. Deutschland ist für uns ein sehr kosmopolitisches Land.»

Seine Kollegen setzen wieder ein, er muss zurück auf seinen Platz und lässt mich überrascht zurück. Mit dieser Antwort habe ich nicht gerechnet.

Ich gehe durch das Drehkreuz für nicht in Tracht gekleidete Besucher, und sofort macht sich ein klein wenig Ernüchterung breit. Denn nach Volksfest fühlt sich zumindest der Eingangsbereich noch lange nicht an. Das Oktoberfestgelände hier erinnert mehr an einen Themenpark. Wohin also? Zu meiner Rechten ist das mobile TV-Studio eines brasilianischen Senders aufgebaut, etwas entfernt stehen einige Fachwerkhäuschen, ein Maibaum mit der brasilianischen und der deutschen Flagge und etliche Souvenirgeschäfte. Das typisch deutsche Stadtbild eben, ist klar. Mir direkt gegenüber eine mächtige Halle mit einer eines Sportstadions würdigen Dachkonstruktion. Neben dem pittoresken, auf alt getrimmten Fachwerk wirkt der Bau wie ein Ufo, ein völliger Fremdkörper. In blauer Schrift steht über der verspiegelten Eingangsfront «Bem-vindo Willkommen». Menschen strömen in den Gebäudekomplex, wo vermutlich das Herz der Veranstaltung schlägt. Zur Linken entdecke ich das einzige Bierzelt, in dem eine Band Dicke-Backen-Musik spielt und Feierwillige in Dirndln und Trachten ausgelassen tanzen. Außerdem – und das beschleunigt meine Entscheidung hineinzugehen – erspähe ich Buden, die Essen und Getränke verkaufen. Das kulinarische Angebot besteht aus Fleisch, Fleisch und Fleisch in allen Variationen, als Eisbein, Kassler, Bockwurst, Currywurst, Gulasch oder Hackepeter. Dazu landet auf den Plastiktellern höchstens ein Klecks Kartoffelpüree und Rotkohl.

Als Vegetarier konzentriere ich mich also besser auf das Biersortiment. Von Starkbier über Weinbier bis zum Kölsch sind die phantastischsten Sorten zu haben, bei der Namensgebung zeigen sich die meisten Brauereien dagegen wenig originell: Wunderbier, Das Bier, Bierland. Hauptsache der Name ist deutsch und beinhaltet das Wort Bier. Eine Kombination, die offenbar Qualität suggeriert. Spontan vertraue ich meinen Durst der Brauerei Eisenbahn an. Zu meiner Überraschung gibt es beim Blumenauer Oktoberfest keine Maßkrüge, die goldgelbe Flüssigkeit wird stattdessen in einem Null-Komma-vier-Plastikbecher über den Tresen geschoben. Die erste Eisenbahn, ein Pils, rauscht in mich hinein, ich werde gleich auf eine Bimmelbahn umsteigen. Wie gut man dieses Eisenbahn-Sortiment vermarkten könnte. Auf das Level der meisten Besucher akklimatisiert, fühle ich mich bereit für die verspiegelte Ufo-Halle. Das Innere ist nicht nur noch größer als erwartet, es hat wunderlicherweise tatsächlich etwas von einem Bierzelt. Die Decke verkleidet mit roten und weißen Girlanden, in der

Mitte ein fetter grüner Kranz voll gelber Blumen. Darunter schunkelt recht steif eine Volkstanzgruppe, weiter hinten sind Bierbänke und Tische aufgereiht. Die Buden der einzelnen Brauereien sind mit Fachwerkattrappen oder rustikalem Holz verkleidet. Zwei weitere Hallen dieser Art gibt es noch, in der kleineren nebenan bläst eine Alphorngruppe in ihre Instrumente. Egal was in der letzten Halle gerade vor sich geht, es kann nur aufregender sein. Und ja, so ist es! In diesem Saal schlägt Blumenaus Oktoberfestherz heute Abend am schnellsten und garantiert auch am lautesten, kein Zweifel. In Portugiesisch gefärbtem Deutsch donnert es in die Halle:

«Sigge sagge, sigge sagge!»

Darauf die allen bekannte Antwort: «Hoi, hoi, hoi!»

Dreimal geht das so, dann zählt ein Bandmitglied: «Eins, zwei, drei, vier!» Auf vier setzt die verzerrte Gitarre ein, das «Highway to Hell»-Intro von AC/DC wabert aus den Boxen. In den ersten Reihen vor der Bühne: halbstarke Teenager, eine Oma, Besucher in Trachten, Fußballtrikots oder einfach in zivilen Klamotten, sie alle gehen kollektiv steil. Luftgitarren werden umgeschnallt und malträtiert, Arme in Richtung Decke gerissen, andere liegen sich in den Armen und tanzen, und einige glotzen einfach nur, besoffen oder begeistert. Sie wollen nichts von dem verpassen, was auf dem anderthalb Meter hohen Bretterboden passiert.

Da oben ackern Banda Fridas aus Blumenau, neun junge Frauen in ihren schwarz-pinken Trachten, für die das hier ein Heimspiel ist:

«Goin' down, party time

My friends are gonna be there too»,

röhrt eine der beiden Sängerinnen. Nach kürzester Zeit

haben sie das Publikum in der Hand, spätestens mit dem einsetzenden Chorus sind die letzten Zweifler mit im Boot oder drüben in der Halle mit den Alphörnern.

«I'm on the highway to hell
On the highway to hell
Highway to hell
I'm on the highway to hell.»

Ein frisches Eisenbahn in der einen Hand, die andere an der Schulter des Vordermannes, lasse ich mich mit dem Feiermob durch den Saal schleifen. Die anfänglichen Bedenken sind vergessen. Hier bin ich Mensch, hier darf ich's sein. Nur auf den Beinen gilt es zu bleiben, denn ölige Bierpfützen bringen einzelne Glieder der Polonaisekette permanent gefährlich ins Schlittern. Nach zwei volkstümlichen Stücken covern die Frauen «Psycho Killer» von den Talking Heads, es folgt «Ein Prosit der Gemütlichkeit», dann brechen Drafi Deutschers «Marmor, Stein und Eisen». Bevor meine Schranke endgültig fällt, nutze ich nach dem Ende des Konzerts die Gelegenheit, mit einer der Sängerinnen zu sprechen. Sie heißt Alice Vogel, hat deutsche Vorfahren, spricht aber nur gebrochen Deutsch.

«Warum spielt ihr auch diese deutschen, volkstümlichen Trinklieder?»

«Für uns ist es ganz egal, ob wir deutsche Lieder singen oder englische Songs von Iron Maiden oder AC/DC.»

«Musik aus Deutschland scheint für die Brasilianer hier vor allem Blasmusik zu sein. Kennt ihr auch andere, neue Musik aus Deutschland?»

«Klar! Helene Fischer und Mickie Krause. Und Rammstein.»

Alice verschwindet mit ihrer Band, und eine neue

Gruppe betritt die Bühne, die es deutlich ruhiger angehen lässt. Es ist nach Mitternacht, die Stimmung bleibt ausgelassen, doch mir reicht es für heute. Auch deshalb, weil ich in zwölf Stunden zum Mittagessen eingeladen bin, zu Hause bei der Familie der einundzwanzig Jahre alten Susan Tiefensee – einer der Bewerberinnen um den Titel der Oktoberfestkönigin, die am Ende des laufenden Festes gewählt und gekrönt wird.

Am Stadtrand Blumenaus. Im Viertel Badenfurt führt ein kleiner Schotterweg zu einem aufgeräumten Grundstück, das vor einer grünen Kulisse aus zahllosen Bananenstauden, Palmen und einigen Mangobäumen liegt. Zwei Katzen spielen auf dem Hof vor der Doppelgarage und dem Schuppen. Im Hintergrund huscht ein kleiner Hund um die Ecke des einstöckigen Wohnhauses mit Schindeldach. Susan, eine große Frau mit blonden Haaren, ausladendem Dekolleté und weißer Haut wie Porzellan, kommt in engen Jeans und T-Shirt aus dem Haus und heißt den Besuch fröhlich willkommen.

«Schain, du bist da!» Mit ihrer portugiesischen Betonung klingt «schön» wie der Name Shane. Wir gehen Richtung Wohnbereich, doch zuerst präsentiert Susan die Werkstatt, die sich im vorderen Teil des Hauses befindet. Dort produziert der kleine Familienbetrieb, in dem auch sie arbeitet, unterschiedliche Arten von traditionellen Möbeln. Trotz des starken Holzgeruchs duftet das Essen bereits über den Hof. Vorbei an einem kleinen Hasenstall gelangen wir ins Wohnhaus. «Das ist unsere Stube.»

Stube. Schmunzelnd erkläre ich Susan, dass Stube ein sehr alter, nicht mehr gebräuchlicher Ausdruck für unsere moderne Bezeichnung Wohnzimmer ist – und bin baff, dass Susan dieses Wort gerade zum ersten Mal hört. Viele Deutschbrasilianer, meint sie, sprechen noch wie ihre Vorfahren, die vor hundertfünfzig Jahren nach Südamerika kamen. Als das geklärt ist, gehen wir in den ersten Stock. Genau wie im Wohnzimmer, oder eben der Stube, sind auch hier Andenken an das kleine Land jenseits des Atlantik zu bestaunen: Bierkrüge aus bemaltem Ton mit Zinndeckeln, Teller mit der Widmung «Zur Silberhochzeit», kleine Kuhglocken und vieles mehr. Aber eigentlich will Susan ihre Tracht vorführen. Sie liegt ausgebreitet auf dem Bett: eine schwarze Samtweste verziert mit goldenen Blütenstickereien, dazu eine lange schwarze Schürze, überzogen mit einem grau-grünen Muster. Am Kleiderschrank hängt eine kurzärmlige Bluse mit Puffärmeln und ein blauer, knöchellanger Rock. Schwarze Schuhe mit flachem Absatz und weiße Häkelstrümpfe runden das volkstümliche Gewand ab.

«So sehen auch die Trachten aus Simonswald im Schwarzwald aus. Die dienten als Vorlage», erklärt sie. Das Modell ist eine Anfertigung für neunhundert Reais, etwa dreihundert Euro.

Es scheint mir ungewöhnlich, dass die junge Frau sich so an der traditionellen Kleidung erfreut, deshalb frage ich sie: «Wie fühlst du dich, wenn du deine Tracht trägst?»

«Erst dann bin ich eine richtige Frau!», lautet die überraschende Antwort.

«Warum willst du die neue Oktoberfestkönigin werden?»

«Alle Mädchen in Blumenau träumen davon. Oktoberfestkönigin zu sein ist eine große Ehre.»

Einige Wochen nachdem ich wieder in Berlin bin, werde ich erfahren, dass Susan bei der Wahl am Ende des Fests nichts reißen konnte. Auch zum zweiten und dritten Platz, der Position der beiden Winkemädchen links und rechts auf dem Wagen neben der Königin, sollte es für sie nicht langen.

Von unten ruft jemand nachdrücklich: «Essen ist fertig!» Frau Tiefensee hantiert in der Küche mit mehreren Töpfen und Pfannen herum. Dampf steigt vom Herd in ihr Gesicht. Wir setzen uns an den festlich gedeckten Tisch. Ich zeige mich beeindruckt von den üppig gefüllten Schalen, und Mutter Tiefensee erklärt, dass ihr Mann sonntags immer ein besonderes Gericht erwartet. Der Hausherr, am Kopf der Tafel thronend, strahlt bis über beide Ohren. Ente, Rotkohl, Reis, Kartoffelpüree, Sauerkraut mit Würstchen, Kopfsalat und Rote-Bete-Salat scheinen dem Wunsch des Gatten zu entsprechen.

«Typisch deutsche Gerichte», lacht Susan. Bevor gegessen wird, schenkt ihre Mutter einen Likör in ein Schnapsglas. Der Fingerhut dreht die Runde am Mittagstisch, jeder nippt einmal am Aperitif. «So machen wir das in Brasilien, um etwas Appetit zu bekommen», folgt die Aufklärung. Frau Tiefensee ist eine ausgezeichnete Köchin.

«Muss man eigentlich Deutsch sprechen oder so ein Festmahl kochen können, wenn man Oktoberfestkönigin von Blumenau werden möchte?»

«Nein, ich bin dieses Jahr die einzige Bewerberin, die Deutsch spricht.»

«Bist du stolz auf deine deutschen Wurzeln?»

«Ja! Ich bin Brasilianerin, aber mein Herz ist deutsch! Wir sind anders als die anderen Brasilianer, wir nennen uns Deutschbrasilianer.» Die Eltern nicken zustimmend.

«Warum begeistert dich die deutsche Sprache, Deutschland und das Brauchtum so sehr?»

«Meine Oma hat früher immer mit mir Deutsch gesprochen. Sie hat von Deutschland geträumt, und ich träume auch davon.»

Der Vater klinkt sich ein. Sein Deutsch ist, genau wie das seiner Frau, besser als das der Tochter. Der Wortschatz ist reicher, die Betonung treffender und der Satzaufbau meist richtig. Er selbst nennt die Sprache, die sie pflegen, Brasilianerdeutsch. Beiläufig fällt der Begriff Kartoffeldeutsche. Ein Schimpfwort, mit dem ihn einige Brasilianer zu Schulzeiten oft verspotteten.

«Bis in die Sechziger und frühen Siebziger war es teilweise noch verpönt, Deutsch zu sprechen. In der eigenen Familie haben wir das gemacht, aber nicht öffentlich. Und davor war Deutsch in Brasilien verboten, meine Eltern haben noch von diesen Zeiten erzählt. Wer die Sprache redete und dabei erwischt oder von einem Nachbarn verraten wurde, den nahm die Polizei in Arrest.»

Herr Tiefensee geht ein paar Jahrzehnte zurück, in eine Zeit, in der er selbst noch nicht geboren war. Getúlio Vargas, der von 1937 bis 1954 erst als Diktator und später als gewählter Präsident das Land regiert, ist ein großer Verfechter des Nationalismus. Alle Deutschbrasilianer müssen unter seiner Regierung nach und nach Portugiesisch lernen und sprechen. Ob in Schulen oder Kirchen, Deutsch und sämtliche seiner in Brasilien gesprochenen Dialekte, wie das Riograndenser Hunsrückisch oder Platt, werden aus dem öffentlichen Leben verdrängt. Als Brasilien 1942 an der Seite der Alliierten in den Krieg gegen Hitlerdeutschland eingreift, wird Deutsch sogar unter Androhung von Gefängnisstrafen verboten. Auch wenn die Sprache in der Öffentlichkeit nicht mehr zu hören ist, die Sehnsucht nach

Deutschland bleibt lebendig, hinter verschlossenen Türen spricht man die Sprache und pflegt die Kultur.

Susans Vater erklärt begeistert: «Wenn man damals gute Rasierklingen suchte, gab es nur die aus Solingen. Und jeder, der es sich leisten konnte, kaufte sich einen Volkswagen. Made in Germany musste es sein!» Darüber freut er sich so wie über den Entenbraten, sein rechter Daumen klappt senkrecht nach oben. Diese Familie liebt Deutschland, die Tochter träumt sogar davon. Vielleicht kommt mir daher Heinrich Heines Gedicht «Nachtgedanken» in den Sinn, das der Dichter im Pariser Exil schrieb. Der Eingangsvers wurde zur Phrase: «Denk ich an Deutschland in der Nacht, dann bin ich um den Schlaf gebracht.» Die Sehnsucht nach Deutschland in der Ferne. Das Land, das die Identität der Vorfahren der Familie Tiefensee prägte, wird von den Nachkommen glorifiziert und nicht in Frage gestellt. Für die meisten Deutschen wohl unvorstellbar. Der Heilige Gral Deutschland, der Anker in der Not. Weit weg von der Heimat, entdeckte selbst Heine eine gewisse Liebe mit all ihren süßen Schrecken und sehnsüchtigen Kümmernissen. So ähnlich scheinen es die Tiefensees mit dem Patriotismus zu halten. Obwohl nur Susans Mutter ein einziges Mal Deutschland besuchte, schwärmt die brasilianerdeutschsprachige Runde ununterbrochen von dem Land, in dem ich lebe und das sie, wie ich glaube, sich ein wenig anders vorstellen, als ich es kenne. Aber kann ich als einer, dessen Vorfahren nicht ihre Heimat verließen, das überhaupt nachvollziehen, beurteilen oder verstehen? Zu oft weiß man den Wert von Kostbarem doch erst zu schätzen, wenn es verloren ist.

Eine Person am Tisch kann der Unterhaltung auf Deutsch kaum folgen, doch gewiss wird auch sie eine Meinung über das Deutsche, die Menschen und das Land haben. Die Cousine von Susan lacht, druckst ein wenig rum und bemüht sich um eine diplomatische Antwort. Kurz und knapp die Erklärung: All die deutschen Tugenden und auch die meisten Leute, die in Brasilien danach streben, finde sie recht langweilig. Deutsch sein wirkt für sie ein bisschen öde und gerade. Die Sprache ist ihr zu streng vom Klang her. Die erste kritische Äußerung, seit ich in Brasilien bin. Zur Abwechslung ist das irgendwie erfrischend, genau wie der einsetzende Regenschauer.

Das Highlight des noch jungen Tages: Im Hotel Schroeder werden zum Frühstück selbstgebackene Weihnachtsplätzchen angeboten, und das auch schon Mitte Oktober. Und nicht nur dann. Wie Frau Schroeder auf Deutsch erzählt, sind ihre saisonalen Kekse bei den Gästen des Hauses das ganze Jahr über beliebt. Solange die rüstige alte Dame noch kann, will sie der Nachfrage nachkommen und eifrig weiterbacken, wie sie es all die vergangenen Jahre auch getan hat. Seit 1970 gibt es das Gasthaus. Eine massive Holzschnitzerei zum fünfundzwanzigjährigen Bestehen, die an der Wand hinter dem Buffet hängt, verrät das Gründungsjahr. In einer Ecke des klimatisierten Raumes steht eine klassische Bauernkommode, darauf ein Stapel CDs. Die Auswahl beschränkt sich auf Volksmusik aus Deutschland («Die wunderbare Blasmusik I – III» oder «Das Beste aus Deutschland») und Sammlungen deutschsprachiger Weihnachtslieder. Und damit der Stille-Nacht-Romantik noch nicht genug, am holzverkleideten Dachgiebel und den Balkonen der Herberge brennen dreihundertfünfundsechzig Tage im Jahr weihnachtliche Lichterketten.

Das also sind meine ersten Eindrücke von der Kleinstadt Pomerode, dreißig Kilometer entfernt von Blumenau, inmitten gebirgiger Landschaft. Unweit vom Hotel Schroeder liegt die Touristeninformation. Entlang an einem kleinen Park sind es nur wenige hundert Meter über die Kopfsteinpflasterhauptstraße, auf der zwei alte Käfer und ein VW Bulli stadtauswärts knattern. Ein Fachwerkhaus reiht sich an das andere. Ein jüngerer Mann hockt im Schatten auf einer Parkbank, er trägt ein weißes Deutschlandtrikot – Modell WM 2006. Diesmal muss ich unbedingt gleich auf Nummer und Spielername achten. Als Erstes kann ich auf seiner rechten Brust eine abgeblätterte 13 erkennen. Ballack müsste demnach auf dem Rücken aufgedruckt sein. Als ich vor ihm stehe und durchatme, wird mir klar: Der kurze weiße Glimmstängel in der Hand des Ballack-Fans ist keine selbstgedrehte Kippe, und seine geweiteten Pupillen sprechen Bände. Ein kleiner Junge kommt vom Spielplatz herbeigerannt, sein Sohn, und er spricht wie Papa Stoned ein bisschen Deutsch. Eine Frage an den Vater: «Wenn die Seleção gegen die DFB-Auswahl spielt, wer soll gewinnen?»

Die Antwort kommt wie aus der Pistole geschossen: «Deutschland!»

Das Gebäude mit der Touristeninfo könnte der Vila Germânica in Blumenau nachempfunden sein: Es ist ein roter Backsteinbau mit dunkelbraunem Fachwerk. Dahinter lugt eine Palmenkrone hervor, das Dach wird von zwei starren Metallfahnen geschmückt. Anders als erwartet zeigen die Flaggen nicht das Wappen Pomerodes, sondern einen angriffslustigen Greif. Das Hoheitszeichen einer Region, die im Nordosten Deutschlands und Nordwesten Polens liegt: Pommern, wie auf der Gravur unter dem Greif zu lesen ist. Drinnen hängt hinter dem Tresen nicht zu übersehen eine gerahmte Karte von Pommern. Ein deutlich kleinerer Pomerode-Faltplan klebt an der Tür zu den Toiletten. Am Schreibtisch der Info tippt eine zierliche junge Frau mit blonden, gelockten Haaren und Haarreif auf einem Laptop. Ihre Tracht ist hellblau, Blumenmuster schmücken die Bluse. So alt wie Susan könnte sie sein, möglicherweise etwas jünger. Und auch sie spricht Deutsch. Pomerode, so sagt sie, sei die deutscheste Stadt Brasiliens. 1861 wurde der Ort von Siedlern gegründet, die aus Deutschland kamen, darunter viele Pommern. Über neunzig Prozent der Bevölkerung sollen heute deutschstämmig sein.

«Stammt deine Familie ursprünglich auch aus Pommern?»

«Ja, die Großeltern von meiner Mutter und die von meinem Vater kamen da her.»

«Könntest du dir vorstellen, in einer anderen Stadt in Brasilien zu leben, in der nicht ganz so viele oder gar keine Deutschbrasilianer zu Hause sind?»

«Nein. Mir gefällt es in Pomerode sehr.»

«Auch deshalb, weil es irgendwie Deutsch ist?»

«Ja, ich glaube, das Deutsche ist in meiner DNA, weißt du?»

Ehrlich gesagt weiß ich nicht so recht, obwohl ich zögerlich nicke. Ich würde selbst keine klare Aussage treffen wollen, wie sich Deutschsein eigentlich definieren lässt. Zum Abschluss eine zeitgemäßere Frage:

«Interessierst du dich für das aktuelle Deutschland? Was fällt dir spontan dazu ein?»

«Über die Politik und so weiß ich nicht viel, aber aus Deutschland liebe ich Sissi. Der Film ist wunderschön.»

Wo zur Hölle bin ich hier bitte gelandet? Das glaubt mir alles doch kein Mensch. Ich verzichte darauf, sie aufzuklären, dass Sissi wesentlich mehr mit Österreich als mit Deutschland zu tun hat.

Wieder auf der Straße, unter der erbarmungslosen Mittagssonne. In Gedanken vertieft, trotte ich planlos in die Richtung, in der ich das Zentrum vermute. Abermals sehe ich schwarz-rot-gold geschmückte Schaufenster. Dazwischen Parkbänke aus Beton, auf denen Mosaiksteinchen kleine Figuren bilden, die Frauen und Männer mit blonden Haaren und Trachten zeigen. Sie stemmen Bierkrüge, essen Würste oder schwenken die brasilianische und die deutsche Flagge. Vorbei am Torten Paradies in der Rua Hermann Schwanke. Ein Stück weiter ragt ein weiß-blau geschmückter Maibaum in den Himmel. Die daran angebrachten Bilder von Schützen, Nussknackern, Weihnachtsplätzchen oder Fachwerkhäusern könnten kaum kitschiger sein. Dann kommen viele ordentliche Blumenbeete, die Brauerei Schornstein und die Praça Marlene Dietrich.

An einer Werbetafel des Restaurants Wunderwald halte ich inne und studiere die Speisekarte. Die Auswahl der fleischigen Gerichte gleicht der auf dem Oktoberfest. Einzig durch die angebotenen Maniokgerichte – eine Knolle, die der Kartoffel ähnelt – kommt ein wenig regionale Farbe im Wunderwald auf den Teller. Aber um das Hiesige geht es sowieso kaum in Pomerode, der Stadt, die eher dörflich wirkt und in der Kuckucksuhren den Takt angeben. Es ist so sauber und bieder wie in kaum einem Provinznest in der Heimat. Pomerode erscheint wie die Blaupause eines Fünfziger-Jahre-Deutschlands, das ich so nur aus Heinz-Erhardt-Filmen kenne.

Da fällt mein Blick auf ein seltsames Schild: Erwin Curt Teichmann Museum ist in eine Holzplatte gefräst, die neben dem Eingang an der Wand hängt. Noch ehe ich anklopfen kann, tritt ein älterer Herr mit Schlapphut heraus, deutet auf den Namen und sagt in perfektem Hochdeutsch: «Das war mein Vater. Er war Bildhauer, und ich verwalte seinen Nachlass. Kommen Sie ruhig herein.» Im Haus ist es angenehm kühl. Die Rollos sind fast komplett herabgelassen, nur einzelne Sonnenstrahlen dringen durch die schmalen Ritzen. Der Sohn des längst verstorbenen Künstlers, Arno Hercílio Teichmann, führt durch die Räume und erzählt, welche Ideen und Geschichten sich hinter den Büsten und Schnitzereien verbergen. Eingeflochten wird die Familienhistorie: 1913, noch vor dem Ersten Weltkrieg, verlässt sein Vater als sechs Jahre alter Knabe mit seinen Eltern die Heimatstadt Kiel. Nach mehrwöchiger Schifffahrt erreichen die Emigranten Brasilien und lassen sich in Pomerode nieder. Die Stadt galt damals schon als äußerst deutsch, weil sich bereits seit Jahren Familien von «drüben», wie Teichmann sagt, in dem Landstrich niederließen. Daran hat sich bis heute wenig geändert.

«Die Kolonisten in Pomerode sind alle deutschstämmig, deshalb mussten sich die Brasilianer, die hier wohnen, an die Sitten der Deutschen anpassen. Sie wären hier sonst nicht zurechtgekommen. Ich weiß von einem Schwarzen, der mit Bruchsteinen gearbeitet hat – der konnte Deutsch, er wäre hier sonst verhungert.»

Alter Schwede. Das muss man sich mal überlegen: Die Brasilianer waren gezwungen, sich im eigenen Land an die deutschen Einwanderer anzupassen.

«Fühlen Sie sich in gewisser Weise auch als Deutscher?»

«Bestimmt. Ich bin ein Brasilianer aus Pomerode, also deutschstämmig.»

«Waren Sie schon einmal in Deutschland?»

«Nein.»

«Ist man als Deutschstämmiger vielleicht etwas Besseres in Brasilien?»

Herr Teichmann zögert.

«Oder anders gefragt: Worin unterscheiden sich Deutschbrasilianer von Brasilianern?»

«Den Deutschen wurde an und für sich von klein auf beigebracht, sparsam zu sein. Das ist gegen die brasilianische Kultur. Wir hatten in den Neunzigern eine furchtbare Inflation im Land. Wenn das Gehalt kam, musste direkt eingekauft werden, sonst hätte man am Ende des Monats gehungert. Das war kein Problem für die Deutschen, denn das Sparen ist in ihnen drin. Umgekehrt geben die Brasilianer mehr aus, als sie einnehmen, das ist ihr Problem.»

Ahnt Herr Teichmann, dass es in Deutschland viele Menschen gibt, die es mit dem Sparen auch nicht so haben? Offensichtlich nicht.

«Sie haben die Zeit miterlebt, als Deutsch reden in Brasilien verboten war. Was können Sie davon erzählen?»

«Bon», beginnt er den Satz auf Französisch, schweift ab und erzählt kurz über das Herkunftsland seiner Ehefrau. «Ich bin Jahrgang 1942, und bis ich sieben Jahre war, konnte ich nur Deutsch. Es gab damals Verfolgungen durch den Staat, die Polizei hat Deutsche festgenommen. Das war nicht einfach.»

«Was macht das mit einem kleinen Jungen? Will man seine deutsche Identität dann umso mehr ausleben, oder geht etwas verloren?»

«Es geht etwas verloren, bestimmt. Aber hier in Pomerode haben wir die Schützenvereine und Volksfeste, das hilft dabei, die Tradition weiter lebendig zu halten.»

Aber fängt es das auf? Diese Art der Deutschlandfolklore, ein wenig Deutschtümelei vermischt mit dem Hegen und Pflegen von Werten, die gemeinhin als sehr Deutsch verstanden werden, kenne ich auch vom Oktoberfest in Blumenau. An diesem Punkt meiner Reise wird es mir mit den Klischees über ein Phantasiedeutschland zu bunt. Geschichten über tüchtige Deutsche, die den ach so temperamentvollen Brasilianern den Weg zu einem anständigen, strukturierten Leben zeigten, möchte ich nicht wieder und wieder hören. Je mehr diese Eigenschaften angepriesen werden, desto abgenutzter klingen sie. Das zur Realität gewordene deutsche Heimatfilmszenario in Pomerode erdrückt mich. Das andere, aktuellere Brasilien mit seinen Deutschbrasilianern ist interessanter, das steht fest. Doch einmal noch muss ich mich nach dem Gestern erkundigen. Zahlreichen NS-Verbrechern gelang es, sich nach Südamerika abzusetzen. In die Region um Pomerode, so beteuert Anton Hercílio Teichmann, verschlug es sie aber nicht.

Downtown Curitiba. Der Kontrast zu den Ortschaften der letzten Tage könnte kaum größer sein. Allerorts reges Treiben. Baulärm, dichter Verkehr, höhere Häuser und Mülleimer, die auch mal überquellen. In den eigenwilligen Bushaltestellen – gläserne Röhren mit Türen an den Enden – herrscht Hochbetrieb. Und auch sonst: Leben überall. Auf einer winzigen Grünfläche, die man kaum Park nennen kann, dösen Obdachlose im Schatten der Bäume. Die wenigen Bänke nehmen die Anzugträger in Beschlag, die mitgebrachtes Essen hektisch verspeisen. Möglicherweise arbeiten einige von ihnen im angrenzenden Rathaus der Millionenstadt. So unterschiedlich wie die Besucher der kleinen Grünanlage, so verschieden sind die beiden Eingänge des Rathauses. An der östlichen Pforte zeigt sich das alte Gebäude von seiner Schokoladenseite. Zwei dunkelgrüne Laternen mit Schnörkeleien stehen auf dem weißgrau gemusterten Gehweg. Ein cremefarbener Bau mit eigelbem Sockel, zwei bulligen Säulen und einer Marmortreppe, die hinauf zu drei mächtigen weißen Türen führt. Wegen Renovierungsarbeiten sind diese verschlossen. An der Ecke Avenida Visconde De Guarapuava vor dem nördlichen Eingang sieht es anders aus: ein grauer Betonklotz, vor dem zwei gerupfte Palmen ihr trostloses Dasein fristen. Hinter der getönten Glastür werden meine Personalien aufgenommen, danach bekomme ich eine Besucherkarte ausgehändigt. Nun heißt es warten.

Warten auf den Deutschbrasilianer Paulo Rink, der einige Jahre für Bayer 04 Leverkusen spielte, später auch für den 1. FC Nürnberg und Energie Cottbus auf dem Platz stand. Außerdem war der Stürmer von 1998 bis 2000 unter Trainer Erich Ribbeck deutscher Nationalspieler. Weil Rinks Urgroßvater kurz nach 1900 aus Heidelberg nach Brasilien gekommen war, konnte sein Urenkel die deutsche Staatsbürgerschaft beantragen. Heute ist Rink Politiker und sitzt im Stadtrat von Curitiba. Ein paar Minuten vergehen, bis eine junge Frau mit lautem Absatzgeklacker auf mich zukommt. Sie stellt sich als Giovanna vor, die Assistentin des einstigen Nationalspielers. Sie spricht Englisch mit amerikanischem Akzent. «Er wird sich etwas verspäten», entschuldigt sie Rink. Der Verkehr zur Mittagszeit sei katastrophal. «Normalerweise ist er pünktlich, das muss an seinen deutschen Wurzeln liegen.» Sie lacht.

Wir warten gemeinsam. Fünf Minuten, weitere zehn, noch eine Viertelstunde.

Eines von Giovannas Telefonen klingelt. «Das war er! Er wird jeden Moment eintreffen. Er hat sich den ganzen Nachmittag freigehalten, weil er für Leute aus Deutschland immer Zeit hat.» Eine halbe Stunde später trifft Paulo Rink ein. Dunkelblauer Anzug, hellblaues Hemd, Krawatte. An seinem Revers funkelt eine goldene Ansteckmadel mit den gekreuzten Flaggen von Brasilien und Deutschland. Irgendwie erinnert er mich an Jean-Paul Belmondo. Sein Händedruck ist der eines Holzfällers. Er grinst breit, entschuldigt seine Verspätung und gibt sich sofort kumpelig. Er duzt, ich sieze. Wir drehen eine Runde durch das Gebäude, werfen einen Blick in sein kleines Büro und plaudern zum Warmwerden über die Bundesliga und aktuelle Spieler.

Apropos Fußball: «Herr Rink, ich habe einen Ball dabei. Hätten Sie Lust, ein bisschen mit mir zu kicken?» Er willigt ein. Da ich mit ihm vor allem über seine Verbindung zu Deutschland reden möchte, will Paulo Rink zu einem besonderen Ort fahren. Ich solle mich mal überraschen lassen. Langsam rollen wir in einem schwarzen VW Amarok mit getönten Scheiben vom Parkplatz des Rathauses. Mit diebischer Freude deutet der Politiker auf den Monitor am Armaturenbrett: «Den habe ich freischalten lassen, jetzt kann man auch beim Fahren Fernsehen gucken», lacht er und fädelt sich in den dichten Verkehr ein. An seinem linken Handgelenk blitzt eine dicke Uhr. Ein Sondermodell des DFB, limitiert auf fünfhundert Stück, wie er stolz erklärt.

«Hand aufs Herz: Wären Sie als gebürtiger Brasilianer damals eigentlich nicht viel lieber für die Seleção aufgelaufen als für die deutsche Nationalmannschaft?»

«Das war mein Traum als Kind, aber ich muss sagen, nicht jeder Traum lässt sich erfüllen.»

«Fühlten Sie sich auf dem Platz als Deutscher?»

«Ja!»

«Auch beim Confederations Cup 1999, als Deutschland gegen Brasilien ranmusste? Brasilen gewann vier zu null. Wie war das für Sie?»

«Schwer, aber es war auch schön, dabei zu sein, da mir beide Länder sehr viel bedeuten. Es machte mich stolz, auflaufen zu dürfen. Die brasilianischen Medien sahen in mir einen Verräter. Das war in der Tat hart.»

Zu gerne hätte ich Rink nach dem historischen Siebenzu-eins-WM-Sieg von Deutschland gegen Brasilien gesprochen. Aber zum Zeitpunkt unseres Treffens hätte niemand mit gesundem Verstand je an so ein Ergebnis denken können. Je länger wir reden, umso besser kommt dieser etwas modernere Deutschbrasilianer mit der Grammatik klar. Er scheint es zu genießen, mal wieder eine Unterhaltung auf Deutsch zu führen. Er erzählt und erzählt. Die Sprache lernte er, als ihn Bayer unter Vertrag nahm. Mit seinem Teamkameraden Emerson teilte er sich nicht nur einen Koch, sondern auch den Deutschlehrer. Schnell wurde der Mann zu Rinks Privatlehrer, da Emerson den Kurs nach wenigen Wochen abbrach. Den Koch beschäftigten sie bis zum Vereinswechsel weiter. Dann die nächste Geschichte. Sein ältester Sohn kam in Deutschland zur Welt. Der Junge spricht fließend Deutsch, erst kürzlich war er bei einem Freund in Langenfeld zu Besuch, wo die Familie Rink früher lebte. Zudem wird er sein Abitur an einer deutschen Schule machen, das sei viel wert in Brasilien. Zum Fußballprofi würde sein Talent locker reichen, doch dem Teenager fehle die Motivation, bedauert der Vater. Dann macht er mich auf die Straßennamen aufmerksam: Rua Richard Vagner (sic!), Rua Wolfgang Mozart, Rua Mendelssohn, Rua Schubert und Rua Beethoven.

«Hier leben auch noch einige Deutsche. Ich wollte mir das Haus dort drüben kaufen.» Der Arm mit der DFB-Uhr zeigt auf ein Grundstück, die hohe Mauer davor lässt beim Vorbeifahren nur einen vagen Blick auf die Dachspitze zu. Die Betuchten schotten sich von der Nachbarschaft ab, ein Bild, das an die Wohnanlagen in Windhoek erinnert.

«Das Haus ist für meine Familie und mich leider etwas zu klein. Aber es liegt ganz in der Nähe vom Parque Bosque Alemão, einer meiner Lieblingsplätze in der Stadt. Es gibt dort auch ein Tor, genau wie in Berlin. Da fahren wir jetzt hin.»

Das Tor auf der gemähten Wiese im Park Deutscher Wald hält dem Vergleich mit dem Brandenburger Tor nicht ganz stand. Es ist die stehengebliebene Fassade eines einstöckigen Jugendstilgebäudes, die ein wenig deplatziert in der Mitte der Anlage vor einem kleinen Waldstück steht. An das wuselige Treiben von Downtown Curitiba erinnert nach der zwanzigminütigen Autofahrt jedenfalls nichts mehr.

«Viele Leute, mit denen ich in Brasilen sprach, schwärmten in den höchsten Tönen von Deutschland. Woher kommt das? Deutschland ist ja nicht das Paradies, das Klima ist zum Beispiel ziemlich rau im Vergleich zu Brasilien.»

«Doch, Paradies ist nicht verkehrt. Denn Deutschland ist

organisiert. Das Land funktioniert, und ihr habt vernünftige Krankenhäuser. In Deutschland gibt es gute Straßen, da kannste Gas geben.» Rink lacht, besinnt sich und spricht als der Politiker weiter.

«Wir haben Firmen wegen Kunstrasenplätzen kontaktiert. Brasilianer geben drei Jahre Garantie, Deutsche zwölf. Das kann sonst keiner.»

«Welche Vorteile haben Sie als Deutschbrasilianer?»

«Für mich als Politiker ist es ein Pluspunkt. Ich versuche, das Image zu behalten.»

«Sind Sie glaubwürdiger als die brasilianischen Politiker?»

«Sicher. Warum das so ist, ich weiß es nicht. Es ist einfach so.»

Die doppelte Kultur und Staatsbürgerschaft ist für Paulo Rink eine Win-win-Situation: Als Fußballer in Deutschland hatte er den Ruf eines brasilianischen Ballkünstlers, als Politiker in Brasilien gilt er als deutschgefärbter Ehrenmann, dem ein Vertrauensvorschuss zugutekommt, weil er die deutschen Sekundärtugenden mit der Muttermilch eingesogen hat.

«Warum sind Sie eigentlich in die Politik gegangen?»

«Politik ist im Grunde wie Fußball. Es geht um viel Geld, und wer mitspielen will, muss die Regeln kennen.»

Und weil nach dem Gespräch vor dem Gespräch ist, muss die Wahrheit irgendwo auf dem Platz liegen. Paulo Rink rollt mir den Ball rüber, krempelt seine Hemdsärmel hoch, lockert den Schlips und stellt sich ins Tor. Genauer gesagt zwischen zwei Bäume. Jeder drei Schuss, der Gast aus Berlin muss beginnen. Die Regeln macht der Deutschbrasilianer, er ist der Boss. Ein paar knackige Sprüche schießt er ganz locker aus der Hüfte in meine Richtung. Schnell noch eine Ladung Unsicherheit zum Gegner rüberschieben. Fünf Minuten später ist das Spiel vorbei. Der Ex-Profi ruft: «Scheiße!»

Der DFB-Kicker unterliegt trotz seiner Mörderschusskraft dem Besucher mit den zwei linken Füßen zwei zu drei.

Keine Stunde Flugzeit von Curitiba nordwestlich ins Landesinnere setzt die Maschine zur Landung an. Willkommen in Londrina, einer Stadt mit einer halben Million Einwohnern im Bundesstaat Paraná. Im Westen grenzt das Gebiet beinahe an die Ortschaft Rolândia. Eine Provinz, die Anfang der 1930er Jahre von deutschen Siedlern erschlossen wurde. Zuerst kamen vor allem jüdische Familien, die vor dem aufflammenden Nationalsozialismus aus Europa flüchteten. Nach Ende des Zweiten Weltkriegs suchten dann auch Nazis in Rolândia Unterschlupf. Welch böse Ironie der Geschichte. Doch ich bleibe in Londrina.

Der bekannteste Sohn der Stadt ist Giovane Élber, lange Jahre Stürmer des FC Bayern und einer der erfolgreichsten Torschützen der Bundesligageschichte. Aber um ihn oder Fußball geht es nicht. Obwohl Élber auch schon mal eben die Leute besucht hat, zu denen ich gerade auf dem Weg bin, darauf hat man mich bereits aufmerksam gemacht. Auf einem Hügel am Rande von Londrina liegt mein beschauliches Ziel, es hat die Hausnummer 116. Ein alter Käfer parkt vor dem grünen Eisentor, in der Auffahrt steht ein neuer Benz. Es ist Viertel vor drei, fünfzehn Minuten vor der abgemachten Zeit. Ich klingle einmal, trete durch die erste Pforte mit Kameraüberwachung und muss dann kurz vor der eigentlichen Haustür warten. Ein alter Mann mit

großer Knollennase öffnet. Noch mächtiger ist der Gams-
bart an seinem grünen Jägerhut.

«Servus, bist du der junge Mann aus Deutschland?»,
donnert es im tiefsten Bayerisch aus ihm heraus.

Ich bejahe die Frage.

«Siehst gar nicht wie ein richtiger Deutscher aus!»

Ehe ich antworten kann, hat sich der Knollennasige
schon umgedreht. Die Garderobe der Herrschaften, die ich
im Flur antreffe, erklärt jedoch einiges. Viele tragen eine
komplette Tracht, die anderen mindestens Jägerhut oder
Lodenjanker. Auf dieser Reise ein mittlerweile äußerst vertrautes Bild. Die mit dreiundachtzig Jahren älteste Dame
heißt Inge. Das halblange graue Haar klemmt hinter ihren
Ohren, eine Brille hängt an einer silbernen Kette von ihrem
Nacken herab, sie spricht Hochdeutsch.

An diesem Nachmittag hat Inge in ihrem Haus zum
Zusammenkommen des Club Germânico geladen. Eine lose
Runde von überwiegend Deutschsprachigen, die begeistert
sind von Deutschland, der Sprache und der Kultur. Dementsprechend stolzerfüllt präsentiert die Hausherrin als
Erstes ihren selbstgebackenen Apfelstrudel. Das Personal, eine jüngere Brasilianerin, füllt derweil Kaffee in
bunte Thermoskannen. Sie und ich sind die Einzigen, die
in puncto Dresscode nicht hierhergehören. Den Strudel,
darauf legt die alte Dame Wert, müsse ich nachher unbedingt probieren, aber nun sei es an der Zeit anzufangen.
Im Untergeschoss geht es vorbei an einer Tür mit festge-
tackerter Deutschlandfahne. Ein weitläufiger Raum mit
niedriger Holzdecke öffnet sich. Zur linken eine Kaffeetafel,
zur rechten einige Sessel, ein Sofa und ein Kamin aus rotem
Backstein. An einer Wand hängen alte Fotografien und eine

Reproduktion von Carl Spitzwegs «Armem Poeten». Ein schwerer Perserteppich liegt auf dem dunkelbraunen Holzboden. Darauf stehen rund zwanzig Frauen und Männer im Halbkreis. Nur der Mann am Keyboard sitzt. Die Runde mir gegenüber mustert mich. Ich mustere die Runde. Einzig und allein ein junges Paar und der Keyboarder scheinen von der Schallmauer zum sechzigsten Lebensjahr noch weit entfernt zu sein und drücken den Altersdurchschnitt erheblich. Die letzten Liederbücher werden verteilt, dann gibt Inge dem Burschen am Keyboard und dem Herrn an der Violine ein Signal. Die Sause beginnt.

«Eine Seefahrt, die ist lustig,
Eine Seefahrt, die ist schön,
Denn da kann man fremde Länder
Und noch manches andre sehn.
Hol-la-hi, hol-la-ha, Hol-la-hi-a hi-a hi-a, hol-la-ho.»

Das anfängliche Herumeiern der Instrumentalfraktion legt sich bald. Viele der Sänger sind des Deutschen nicht mächtig, schmettern aber dennoch lauthals mit, wie sie es für richtig halten. Nach dem ersten Volkslied geht es gleich mit einem anderen weiter:

«Die Gedanken sind frei, wer kann sie erraten?
Sie fliegen vorbei, wie nächtliche Schatten.
Kein Mensch kann sie wissen, kein Jäger erschießen
mit Pulver und Blei: Die Gedanken sind frei!»

Noch eine Nummer wird angestimmt, nun ein brasilianisches Stück mit portugiesischem Text. Danach löst sich der Halbkreis auf, und die Chorsänger begeben sich zur Kaffeetafel.

«Wie hat es Ihnen gefallen?», möchte die Gastgeberin wissen.

«Sehr gut!», ich sehe mich gezwungen, die alte Dame ungalant anzuflunkern. Inge führt mich zu einem freien Platz, Kaffee und Apfelstrudel mit Sahne sind bereits aufgetischt. Auf die Frage, ob mir der Strudel schmecke, kann ich zum Glück ehrlich sein: Das Gebäck ist eine Offenbarung!

«Inge, was ist typisch deutsch?»

«Die Gemütlichkeit. Eine schöne Kaffeerunde oder ein Glas Wein am Kamin. Brasilianer kennen das nicht, es gibt nicht mal eine passende Übersetzung für das Wort Gemütlichkeit. Aconchego könnte man sagen, aber die Menschen hier wissen nicht, was das sein soll.»

«Will der Club Germânico also Gemütlichkeit zelebrieren und kultivieren?»

«Ja, wir versuchen das. Und wir versuchen, die Deutschen hier zusammenzuhalten, damit unsere Sprache nicht verloren geht. Die meisten unserer Mitglieder sind Deutsche, Österreicher oder Schweizer. Es gibt allerdings auch Brasilianer in unserem Club und ein japanisches Paar. Uns macht es Freude, wenn wir über die Heimat reden können und darüber, warum es einen nach Brasilien verschlagen hat.»

Inge hat eine bewegte Geschichte. Sie erzählt ruhig, doch ihr zu folgen ist schwierig, denn sie springt abrupt zwischen Jahrzehnten und Ländern hin und her. Ihr Vater wurde in Hamburg-Altona geboren, die Mutter in Siebenbürgen. In den Dreißigern lebt die kleine Inge mal in der Heimatstadt des Vaters, mal in der Heimat der Mutter und zudem noch in Brasilien. Am Ende des Jahrzehnts siedelt die Familie zurück nach Hamburg, weil sich in der Region keine Schule mehr finden lässt, die noch auf Deutsch unterrichten darf. Den Vater verschlägt es bald darauf nach Warschau, dort besucht Inge ein Internat. Dann geht es wieder zurück nach Hamburg, wo Inge unter größter Not, vier Tage und Nächte in einem Keller kauernd, die Bomben der Alliierten überlebt. Einige Monate nach Kriegsende verlässt die junge Frau über ein Auffanglager in Dänemark Europa erneut Richtung Brasilien. Aber fünfzig Jahre in Südamerika, die Geburt der eigenen Kinder hier und eine langjährige Tätigkeit als Schwester an einem internationalen Krankenhaus in Rio de Janeiro reichen nicht aus, um ihr Brasilien zur Heimat werden zu lassen. Die Sehnsucht nach Deutschland, ihrer einzig wahren Heimat, das betont die alte Dame an diesem Nachmittag häufiger, nahm im Alter immer mehr zu. Zurück möchte sie allerdings auch nicht mehr. Als das Gespräch eigentlich schon vorbei ist, sagt sie ganz unvermittelt und wie nebenbei:

«Ich gewöhne mich sogar langsam an die brasilianische Hymne. Doch wenn ich die deutsche höre, wird mir ganz warm ums Herz. Aber die alte ist mir lieber, die jetzige hat sehr komische Verse. Darf ich das sagen?»

Dann lacht Inge herzhaft. Das eben gesungene «Die Gedanken sind frei» bekommt plötzlich eine andere Farbe.

«Mein Vater war Nationalsozialist, auch in Brasilien. Ich bin eben noch typisch deutsch.»

«Heißt typisch deutsch...»

«Von früher eben.»

«So von 1933 bis 1945?»

«Genau. Jetzt wird Deutschland durchsetzt, alles wird vermischt. Richtig Deutsche wird es nicht mehr geben, weil das Land alle aufnimmt, zum Studieren und Lernen und sonst was.»

«Ist das denn falsch?»

«Sind Sie dafür, dass die Welt global ist?»

«Ja, finde ich gut. Sie nicht? Sie haben doch auch recht global gelebt.»

«Ich finde es nicht gut, dass alles durcheinandergeht. Nachher gibt es nur noch eins. In meinem tiefsten Inneren bin ich eben noch eine richtige Deutsche.»

«Und ich wohl ein falscher Deutscher.»

«Nein, Sie sind ein futuristischer Deutscher, der vorwärtsdenkt. Wahrscheinlich müsste ich mehr in der Welt rumkommen, um das zu verstehen. Vielleicht ist es ja auch nötig.»

Nazi-Inge, denke ich sofort. Und im nächsten Augenblick bin ich mir schon nicht mehr sicher, denn Inge wirkt ein bisschen naiv, als ob sie fast gar nicht wüsste, was sie da gesagt hat. Ich will sie keineswegs in Schutz nehmen, doch es wäre wohl zu einfach, ihr diesen schlimmen Stempel aufzudrücken – obwohl sie ständig betont, eine richtige Deutsche von früher zu sein und obwohl ihr Vater ein Nazi war, bestimmt ein richtiger. In den Ohren eines 1979 geborenen Deutschen, der von Schulen, Universitäten und Gesellschaft der Bundesrepublik sozialisiert wurde, klingen ihre Äußerungen nach dem schlimmsten braunen Gewäsch. Aber: Inge findet es auch gut, dass Schwarze in Brasilien nicht länger Neger genannt werden dürfen. In der Runde an ihrem Kaffeetisch sitzt auch ein schwarzer Brasilianer. In Tracht. Und dann gibt es auch noch das asiatische Paar im Club Germânico. Würde ein Nazi sich nicht gegen solche Mitglieder sperren?

Die Hausherrin, das ist klar, hat vom heutigen Deutschland keinen Schimmer. Dennoch ist sie ganz sicher eine

Patriotin, die ihre Herkunft mit Stolz erfüllt. Ein Gefühl, das in mir nicht erwacht, auch wenn ich mein Heimatland durchaus schätze. Doch trotz Inges Deutschtümelei, ihres Pochens auf den Erhalt der deutschen Sprache und Kultur, redet sie nicht von Dingen wie Rassentheorien oder anderem üblen rechten Gedankengut. Inge geht es im Grunde um das Aufrechterhalten der Tradition, sie verpackt es nur einfach ziemlich, ja sogar ziemlich blöd. Und dazu einigermaßen naiv und offenbar, ohne sich je mit den verbrecherischen Seiten der «deutschen Tradition» auseinandergesetzt zu haben.

Dann erhebt sich die kleine Frau und holt ein Päckchen hervor. Ein Geschenk des Vereins an mich: Als Erinnerung an meinen Besuch erhalte ich einen Kugelschreiber und einen Notizblock mit der Silhouette von Londrina. Außerdem ein dünnes Magazin, eine Ausgabe der unregelmäßig erscheinenden Germânico News. Bis auf einen Artikel über den Rücktritt von Papst Benedikt beinhaltet das Blatt ausschließlich portugiesische Texte.

Es klingelt an der Tür. Zwei neue Gäste kommen die Treppe hinab. Ein Paar, beide Mitte fünfzig, beide nicht in Tracht. Wie sich herausstellt, sind es Adrian von Treuenfels und seine Frau. Mit ihm, dem deutschen Honorarkonsul der Nachbargemeinde Rolândia, bin ich lose verabredet. Weil er kein Freund von Vereinen wie dem Club Germânico ist, die stets das gestrige Deutschland zelebrieren und vom gegenwärtigen nichts wissen, war unklar, ob er überhaupt auftauchen würde. Hauptberuflich arbeitet der gelernte Landwirt für ein deutsches Pharmaunternehmen, ehrenamtlich kümmert er sich um die fünftausend Doppelstaatsbürger, die in seinem Zuständigkeitsgebiet zu Hause sind.

Adrian von Treuenfels ist ein eloquenter Mann. In Brasilien geboren, wächst er deutschsprachig auf, erst als Teenager lernt er Portugiesisch. Seine brasilianische Frau spricht Deutsch mit Akzent. Ihre drei Kinder haben sie bilingual erzogen, später konnten sie deshalb leicht in Deutschland studieren, heute leben sie in der Megametropole São Paulo. Als die verspätet eingetroffenen Gäste mitbekommen, dass die Singerei bereits vorüber ist, wirkt vor allem er sichtlich erleichtert. An Inges leckerem Apfelstrudel führt dagegen für die beiden kein Weg vorbei. Warum die Deutschen in Brasilien so beliebt sind, beantwortet auch von Treuenfels mit den immer gleichen Standardantworten: Deutschland, das Land der Denker und Dichter, in dem Disziplin und Pünktlichkeit ganz groß geschrieben werden, das alles imponiere den Südamerikanern sehr. Und so weiter und so weiter. Damit möchte ich mich nicht abspeisen lassen, es gilt ein wenig Öl ins Feuer zu gießen.

«Wie kann man ein Land so toll finden, von dem vor siebzig Jahren eines der abartigsten Verbrechen an der Menschheit ausging?»

«Was im Zweiten Weltkrieg passierte, interessiert die Menschen hier gar nicht so sehr. Die Brasilianer empfinden Hochachtung für die Deutschen.»

Frau von Treuenfels ergänzt: «Man kennt die europäische Geschichten als Brasilianer gar nicht so genau. Durch Filme weiß man davon, aber in der Schule lernt man hier nur ganz wenig darüber. Außerdem hatten wir nie einen Krieg im eigenen Land. Es ist kaum möglich, sich das vorzustellen.»

«Die Leute glauben es auch gar nicht so ganz. Es ist einfach so entsetzlich, dass man sich das tatsächlich überhaupt nicht vorstellen kann.»

Abseits der Gruppe sitzen wir an einem kleinen Tisch und unterhalten uns über das düsterste Kapitel der deutschen Geschichte. Ein Kapitel, das auch einen Schatten auf Brasilien wirft, wenn der Name Josef Mengele fällt. Einer der übelsten Verbrecher des Nazi-Regimes, dem die Flucht nach Südamerika gelang, auch in Brasilien konnte er unbehelligt leben. 1979 starb er unweit von São Paulo. Adrian von Treuenfels erinnert sich an das Aufwachsen im Brasilien der späten fünfziger und frühen sechziger Jahre:

«Ich bin mit vielen Kindern jüdischer Emigranten zur Schule gegangen, die am Anfang des Zweiten Weltkrieges nach Brasilien geflüchtet sind. Das war sehr harmonisch. Meine Eltern sind 1952 ausgewandert, mein Vater war Soldat an der russischen Front und wurde in Brasilien von der jüdischen Gemeinde aufgenommen. Ein jüdischer Flüchtling sagte ihm sogar: ‹Sie haben Ihr Vaterland verteidigt, das kann ich gut verstehen. Ich habe das auch gemacht, im Ersten Weltkrieg.› Phantastisch, so eine Größe zu haben. Auf dem Land in Rolândia waren wir aufeinander angewiesen und mussten uns gegenseitig helfen. Damit war das Thema erledigt, es wurde nach vorne geschaut.»

Die Taten der Eltern und Großeltern lassen sich in Brasilien, das trotz Apfelstrudel, Oktoberfest und irgendwelcher Trachten in vielerlei Hinsicht eben doch ganz schön weit weg ist von Deutschland und seiner Historie, offenbar so leicht ablegen wie ein zu eng gewordenes Jackett. Nach vorne schauen – das kann man in Südamerika deutlich unverkrampfter. Doch nach vorn zu schauen und sich gleichzeitig der Geschichte seines Landes bewusst zu werden und sich daran zu erinnern, selbst wenn es schmerzt, was spricht eigentlich dagegen? Eben, überhaupt nichts. Sollten die verkrampften Deutschen, die schon Schuldgefühle empfinden, wenn nur die Flagge irgendwo weht, sich vielleicht eine Scheibe von den Brasilianern abschneiden? Der als futuristischer Deutscher bezeichnete Reporter denkt an diesem Nachmittag bei all dem Gerede über Heimatverbundenheit an seinen Opa, der an der Front kämpfen musste. Würde er noch leben, wäre er jetzt zweiundneunzig Jahre alt. Von früher, vom Krieg, erzählte er sehr selten. Aber dass er hoffe, wir Jüngeren müssten nie einen Krieg erleben, das hat er bei jeder sich bietenden Gelegenheit geäußert. Vielleicht konnte der alte Deutsche gleichzeitig zurück- und nach vorn schauen, so wie die überlegteren der Deutschbrasilianer es auch tun.

Am Nachbartisch steigt der Lärmpegel. «Ein Prosit der Gemütlichkeit» ertönt, Inge erhebt ihre Kaffeetasse, einige in der Runde auch. Kein anderes Lied wurde auf meiner Reise in Brasilien so häufig angestimmt wie dieses; der Punkt ist erreicht, an dem ich es wirklich oft genug gehört habe.

TSCHECHIEN   Reichenberg vs. Liberec –
und am Ende gewinnt die
Natur

Einundzwanzig Grad. Viel zu warm für Ende Oktober. Mit
herabgelassenem Fenster rauscht der Fiesta von der Autobahn. Ausfahrt Bautzen-Ost. Ab hier, rund fünfzig Kilometer noch bis zum Dreiländereck Deutschland–Polen–
Tschechien, weisen die meisten Ortsschilder neben dem
deutschen auch den tschechischen Namen der Gemeinden
und Flüsse aus, die ich passiere. Oder ist das vielleicht doch
Polnisch? Auf dem nächsten gelben Schild steht in großen
Buchstaben «Bautzen», etwas kleiner darunter «Budyšin».
Eine Brücke führt über die Spree oder die Sprijewja, wie ich
nun weiß. Dann wird zum ersten Mal Reichenberg ange-
zeigt, das Ziel. «Liberec» kleiner in Klammern dahinter.
Noch siebenunddreißig Kilometer.

Die ersten Ausläufer von Zittau tauchen auf, der letzten
Stadt vor der Grenze. Hier im äußersten Südosten Sachsens
trennt nur eine Brücke und das Flüsschen Mandau Deutschland von Polen. Westlich das bekannte Land, vertraute
Straßen, neugeteerte Fahrbahnen und Bäume im schöns-
ten Herbstgewand. Richtung Osten ändert sich das Bild
schlagartig, nur die Bäume bleiben gleich. Die Straße wird

schmaler, die Markierungen fehlen. Ein Flickenteppich aus hellem und dunklerem Teer. Auf der rechten Straßenseite blinken an Holzhütten und Metallschuppen Leuchtschriften mit dem Wortlaut «ZIGARETTEN» oder «BILLIG TANKEN». Auf selbstgebastelten Kartonplakaten wird in großen Filzstiftbuchstaben «PARFUM» angeboten. Zwei ältere Frauen verkaufen Blumen und Kartoffeln.

Sieniawka wirkt wie ein Drive-through-Dorf für deutschsprachige Kundschaft. Doch der Andrang hält sich an diesem Mittwochvormittag in Grenzen. Geld lässt sich in dieser recht trostlosen Gegend nicht nur ausgeben, man kann auch zu welchem kommen. Ein Haus mit bröckelndem Putz, davor eine Tafel: «WIR KAUFEN AUTO». Schon nach wenigen Minuten erreicht man die nächste Grenze, die polnisch-tschechische. Erneut ändert sich die Szenerie. Unverändert leuchtet zwar der farbenfrohe Herbstwald, doch die Landstraße wird wieder von Mittel- und Seitenstreifen geziert. Schuppen, an deren Wänden günstige Zigaretten oder Parfum beworben werden, sucht man hier vergebens. Nach den zwei- und dreisprachigen Schildern in Deutschland und Polen beschränken sich die Tschechen auf ihre Muttersprache. Reichenberg im Isergebirge heißt fortan nur noch Liberec.

Das «Praha Liberec» im Zentrum soll es sein. Auf der Tafel neben dem Haupteingang des Drei-Sterne-Hotels werden Zimmer für umgerechnet weniger als vierzig Euro pro Nacht angeboten. Im Vergleich zu den teureren Buden in der Nachbarschaft klingt das nach einem Deal. Der Gast betritt die Lobby des Jugendstilgebäudes durch eine dunkle Schwingtür mit kleinen Fenstern und Messingbeschlägen.

Dahinter empfängt ihn ein bestimmt fünf Meter hoher Raum. An der Decke ein wuchtiger Kronleuchter mit Glasperlen, braunrote Holzkassetten verkleiden den unteren Teil der Wände, den oberen ziert eine ranzige Tapete mit verblasstem Muster. Während die mit zwei hochgewachsenen Yuccapalmen dekorierten Sitzinseln entlang der Fensterfront nach Achtziger-Jahre-Porno-Set aussehen, könnte die Rezeption einem alten tschechischen Märchenfilm entstammen. Ein dunkles Gemälde, das einen schwarzen Hahn zeigt, hängt neben einem riesigen Spiegel. Davor, auf einem Sockel, steht eine schwere Schnitzerei, eine Frau mit einer überdimensionierten Muschel im rechten Arm. Die Rezeption gleicht einem zu groß geratenen Setzkasten, in den Holzfächern baumeln diese altmodischen, unförmigen Messinganhänger mit den Zimmerschlüsseln, die in keine Hosentasche der Welt passen. Der massive dunkle Tresen davor hat über die Jahrzehnte und unter den Händen unzähliger Gäste eine herrliche Patina angenommen.

Vor allem dort, wo die Hände der Gäste immerzu aufliegen. Auch ich stütze mich hier ab, mein Blick fällt in den eingelassenen Glasschaukasten. Darin Slivovice-Fläschchen, Kondome, Chips und Zahnbürsten. Eine Frau, vielleicht Ende dreißig, mit blassem Gesicht, kurzen blonden Haaren und Nickelbrille kommt aus dem Hinterzimmer zum Tresen gelaufen. Ein wacher Blick. «Ahoj!», grüße ich sie auf Tschechisch und erkundige mich vorsichtig, ob sie Deutsch spricht. Sie nickt. Was mich in ihre Stadt führt, möchte sie wissen. Ich erzähle von meinem Vorhaben, sie gibt währenddessen meine Personalien in den Rechner ein.

«Sprechen eigentlich noch viele Menschen in der Stadt Deutsch?»

«Nein, und wenn doch, dann nicht so gut wie ich.»

Ich schmunzele, sie keine Sekunde.

«Was für Leute leben hier?»

«Leute mit zwei Ohren und zwei Händen – also genau wie in Deutschland.»

Touché. Für den Moment reicht es mit der Fragerei. Der alte Eisenaufzug bringt mich ächzend in den vierten Stock. Als die Gittertür des Fahrstuhls hinter mir zufällt, entdecke ich im oberen Teil der Liftkonstruktion das Wort «Aufzug». Ansonsten kann ich im Haus keine weiteren Sprachspuren entdecken, die an das Nachbarland im Westen erinnern.

Wenige Tage zuvor in Berlin. Ich wähle eine neunstellige Nummer, die mir eine tschechische Kollegin gegeben hat. Es könne sein, hat sie mich gewarnt, dass der Mann am anderen Ende des Hörers in Reichenberg etwas ruppig reagiere. Davon solle ich mich aber nicht weiter verunsichern lassen, denn das werde sich rasch legen und sei nicht weiter außergewöhnlich bei dieser Persönlichkeit. Seine Lebensgeschichte habe es jedenfalls in sich, sie sei genau das, was mir weiterhelfen würde. Mein Anruf werde erwartet. Es tutet zweimal.

«Šolc.»

Ich stelle mich vor und fange an, mein Anliegen zu schildern – doch schon während der ersten Sätze werde ich knurrend unterbrochen.

«Jetzt rufen Sie an?! Gerade habe ich überhaupt keine Zeit, melden Sie sich nach siebzehn Uhr! Servus.»

Dann legt er auf.

Bei meinem zweiten Versuch kommt immerhin ein kurzes Gespräch zustande. Herr Šolc ist redseliger als am

Vormittag, bleibt aber doch distanziert und lässt sich erst mal nicht überzeugen, dass es sich für mich lohnen würde, ihn zu besuchen. In den kurzen Pausen zwischen unseren Sätzen höre ich im Hintergrund deutschsprachiges Radio. Wenn ich denn unbedingt wolle, gibt er irgendwann nach, könne er sich die Zeit nehmen. Die Verabredung steht.

Und nun steht die Begegnung kurz bevor. Das Haus habe ich leicht gefunden: Der Betonklotz auf dem Hügel am Rand der Stadt, ein monströser Plattenbau aus einer vergangenen Zeit, ist das größte Gebäude in ganz Nordböhmen, wie Herr Šolc betonte, als er mir den Weg beschrieb. In der Tat wäre es ein Ding der Unmöglichkeit, den Komplex zu übersehen. Eine freie Parklücke finde ich vor dem Eingang mit der in Stein gemeißelten Hausnummer 666, hoffentlich kein böses Omen. Ich gehe ein paar Minuten an dem sozialistischen Relikt entlang, bis ich die Tür mit der Nummer 654 erreiche. Es dauert eine Weile, ehe ich unter den vielen Namen auf dem Klingelschild rechts unten «Šolc» finde.

«Herr Möglich, sind Sie es?», tönt eine knarzige Stimme aus der Gegensprechanlage. «Nehmen Sie den Fahrstuhl in den zehnten Stock.»

Oben angekommen, wartet im Flur vor der Wohnungstür schon ein alter Herr, der mir die Hand schüttelt, sich als Erwin Scholz vorstellt und mir als Erstes erzählt, dass er sich Deutschen in der Regel mit der deutschen Variante seines Nachnamens vorstellt. Scholz trägt ein gestreiftes Hemd, die dunkelbraune Hose halten Träger mit Edelweißstickereien. Die wenigen Haare über den Ohren sind schneeweiß, auf der Stirn und an den Schläfen hat das Alter seine Spuren hinterlassen. Die hagere Gestalt schlurft in Filzpantoffeln in die kleine Wohnung. Für einen Sechsundachtzigjährigen macht er dennoch einen recht agilen Eindruck.

«Gehen Sie ins Wohnzimmer durch, ich koche schnell einen Kaffee. Sie trinken doch Kaffee?»

Dass der Rentner irgendwie jung geblieben ist, bestätigt ein erster Blick ins Wohnzimmer. Da gibt es nicht nur einen Flatscreen-Fernseher, Handy und Faxgerät, sondern auch einen neuen Computer mit hastig blinkendem WLAN-Router. Das Netz scheint für den Bewohner dieser vier Wände weder Neuland noch ein böhmisches Dorf zu sein. In den Regalen und offenen Schränken lagern Bücher und Lexika in tschechischer und deutscher Sprache. Auch auf den Tischen und Stühlen türmen sie sich. Auf den Buchrücken stehen die Namen von Mozart, Einstein oder Albert Speer. Dazwischen reichlich Literatur mit tschechischen Titeln. Eines der größeren Regale scheint ausschließlich mit Lesestoff zum Thema Sudetendeutsche und Sudetenland gefüllt zu sein.

«Einmal in der Woche fahren wir nach Zittau. Meine Frau ist Mitglied in der Stadtbücherei, dort holen wir uns neue Bücher», ruft er aus der Küche. «Wir kaufen dort auch meist Lebensmittel ein, weil sie in Deutschland billiger sind als bei uns.»

Beindruckend ist allerdings auch der Ausblick von hier oben. Tritt man auf den kleinen Balkon, blickt man rechter Hand auf das Jeschkengebirge. An einem klaren Tag wie heute lässt sich die spitz zulaufende Dachkuppel des Hotels auf dem Jeschken deutlich erkennen. Der Hausberg von Liberec ist mit über tausend Metern die höchste Erhebung in Nordböhmen. Zur Linken das Isergebirge. Und unter uns Liberec, kleinere Platten, ein Spielplatz und weitere Wohnanlagen. Es ist die Stadt, in der Erwin Scholz 1927 geboren wurde und die für ihn nach wie vor einen anderen Namen hat: Reichenberg.

Mit einem Tablett in den Händen tritt der Hausherr langsam in die gute Stube. Wir setzen uns an den Wohnzimmertisch, auf dem eine tschechische Tageszeitung ausgebreitet liegt. Der Gastgeber wählt die äußerste Ecke des grauen Sofas. Hinter ihm an der Wand hängen ein Stillleben und zwei gerahmte Aquarelle, eins zeigt ein Dörfchen, das andere eine Frau. Ich nehme ihm gegenüber in einem roten Sessel mit extra Sitzkissen Platz. Eine Tasse Kaffee und ein Teller mit zwei kleinen Mohnteilchen wandert über die karierte Tischdecke in meine Richtung. Allmählich taut mein Gastgeber auf, so griesgrämig, wie er am Telefon war, ist er heute nicht. Zu meiner Verwunderung möchte Herr Scholz von meiner Namibiareise hören, nachdem ich ihm erzählt habe, wo ich auf meiner Suche nach den Deutschen in der ganzen Welt schon gewesen bin.

«Deutsch-Südwest war das?», vergewissert er sich.

Als ich erwähne, dass es im Städtchen Lüderitz noch immer eine Bismarckstraße gibt, erfüllt schallendes Gelächter das kleine Zimmer. Er lacht so ausgelassen, dass man seine spitzen silbernen Eckzähne funkeln sehen kann.

Erwin Scholz ist Vater, Großvater und Urgroßvater. Seine Kinder, Enkel und Urenkel nötigte er mehr oder weniger, Deutsch zu lernen. Er selbst beherrscht beide Sprachen, wobei er sich als junger Mann das Tschechische erst aneignen musste. Anfang der Neunziger hat Scholz sogar einmal das Dolmetschen für den damaligen Bundespräsidenten Richard von Weizsäcker übernommen, als dieser die Region um Zittau besucht hatte.

«Das waren interessante Jahre, die nach der Revolution 1989», schwärmt er.

Einige seiner Nachkommen gingen auf das bilinguale Gymnasium F. X. Šaldy in Liberec, wo man die tschechische und die deutsche Hochschulreife erlangen kann. Der Wunsch, dass sich auch die jüngeren Familienmitglieder als Deutsche verstehen würden, erfüllte sich für den Mitbegründer, einstigen Präsidenten und heutigen Ehrenvorsitzenden des Verbands der Deutschen in Reichenberg aber nicht. Scholz selbst besitzt seit 1951 nur noch die tschechische Staatsbürgerschaft. Trotzdem betrachtet er sich als Deutscher – «eindeutig», sagt er überzeugt.

Ihm ist bewusst, dass er mit dieser Haltung einer Minderheit in dieser Gegend angehört, einigen wenigen, noch dazu betagten Menschen, die in nicht allzu ferner Zukunft das Zeitliche segnen werden.

«Vierhundert bis fünfhundert sind wir offiziell noch im Gebiet Reichenberg, die sich als Deutsche bezeichnen. Es müssten eigentlich mehr sein, denn damals haben junge Frauen oft Tschechen geheiratet, die tauchen jetzt bei den Volkszählungen nicht mehr als Deutsche auf. Heute sind sie um die siebzig, und die Sprache beherrschen sie noch ausgezeichnet.»

Ich solle ihn doch, schlägt er vor, morgen zum monatlichen Treffen des Verbands der Deutschen begleiten, dort könne ich mir ein Bild machen. Über die Zukunft sprechen wir an diesem Mittag nun kaum noch, stattdessen nimmt der Rentner seinen Besuch mit in die Vergangenheit.

Um die Jahrhundertwende kommt der Großvater aus dem Landesinneren nach Reichenberg. Er will Schneider werden. In seiner neuen Heimat lernt der Bursche eine junge Tschechin kennen, die jedoch ausschließlich Deutsch spricht, und heiratet sie. Sechs Kinder gehen in den darauffolgenden Jahren aus dieser Ehe hervor. Der Nachwuchs wird mit der Sprache der Mutter groß – wie ja in der Regel die Kinder Sprache oder Dialekt von der Mutter übernehmen. Erwins Vater ist das einzige Kind unter den Geschwistern, das sich als Tscheche versteht. In Reichenberg, das bis 1918 zur Habsburgermonarchie Österreich-Ungarn gehörte, «sind die Bürger germanisiert worden. Unsere Leute hören das nicht gerne, denn sie sind immer noch sehr stolze Sudeten. Otfried Preußler beispielsweise war ganz und gar Tscheche. Wir waren befreundet. Er kam wie ich in Reichenberg zur Welt und sprach fließend Deutsch, seine Eltern dagegen kein einziges Wort. Die Sprachgrenze verlief auf dem Kamm. In den Dörfern südlich des Jeschkens redeten die Menschen Tschechisch. Auf der anderen Seite Deutsch.»

Scholz schätzt, dass damals mehr als achtzig Prozent der rund sechsunddreißigtausend Reichenberger deutschsprachig waren. An dieser Stelle unterbreche ich den Redefluss des Grauhaarigen, weil der Name des berühmten Kinderbuchautors Otfried Preußler mich neugierig macht. Die beiden gebürtigen Reichenberger hatten, so erfahre ich, bis zu Preußlers Tod 2013 einen engen, herzlichen Kontakt. Der Rentner erzählt nicht ohne Stolz, dass sein Freund ihm alle seine Werke aus Deutschland schickte, viele mit persönlicher Widmung. Die Bücher könne er mir leider nicht zeigen, da er sie schon vor einer Weile einem Verwandten vermacht habe. «Ich wollte sicher sein, dass die Sachen in gute Hände kommen und nach meinem Tod nicht wegfliegen», erklärt er ruhig und gefasst. Scholz erinnert sich an die Siebziger, als er und der Schriftsteller sich anfreundeten. Preußler recherchierte damals in der Umgebung um Liberec für seinen Roman «Die Flucht nach Ägypten: Königlich böhmischer Teil». Flüchtig kennengelernt hatten sich die zwei schon früher, in der Hitlerjugend. Ein Stichwort, das uns in ein anderes Jahrzehnt bringt.

Direkt nach dem Münchner Abkommen von 1938, mit dem das Ende der Tschechoslowakischen Republik besiegelt wird, besetzte Hitlers Wehrmacht das Sudetenland. Frankreich, Großbritannien, Italien und das Deutsche Reich haben sich ohne tschechische Regierungsvertreter über die Eingliederung des Gebiets ins Dritte Reich verständigt. Die Vertreibung der Tschechen nimmt ihren tragischen Lauf. Sieben Jahre später dreht sich der Spieß um, und drei Millionen Deutsche müssen ihr Zuhause verlassen, auch der Großvater von Erwin Scholz.

«Als Antifaschist konnte er emigrieren, seine Aussiedlung lief daher nicht so rabiat ab wie bei vielen anderen.»

Die Angaben zu den Todesopfern unter den Sudetendeutschen schwanken enorm. Manche reden von zwanzigtausend, andere gehen von rund einer viertel Million Menschen aus.

«Die Vertreibung war ein beinah genauso verbrecherischer und räuberischer Akt wie die Besetzung durch die Nazis. Mein Vater erzählte mir oft, wie schrecklich diese Zeit war und dass ich mich glücklich schätzen könne, damals nicht zu Hause gewesen zu sein.»

Scholz landet 1945 in Kriegsgefangenschaft bei den Amerikanern, erst zwei Jahre später ist er wieder frei. Als Siebzehnjähriger war er von der Hitlerjugend zur Wehrmacht gekommen und hatte bis zur Kapitulation in den Bergen Italiens kämpfen müssen. Als er mir von all dem erzählt, rechtfertigt er sich für seine Wehrmachtzeit, spricht von furchtbarem Druck auf den Einzelnen, von Gruppenzwang und Angst.

«Kein anderes Volk war so dumm wie die Deutschen, die sich von den Nazis vollends verblöden ließen. Es gibt keine andere Nation, die so treu sein kann, selbst wenn sie einem verbrecherischen Regime folgt. Die Deutschen haben nach dem Krieg von den Luftangriffen gesprochen, aber die Bilder von den befreiten Konzentrationslagern, die auf der ganzen Welt für Entsetzen sorgten, die waren kaum ein Thema.»

Die Arme hinter dem Kopf verschränkt, sitzt der Gastgeber in legerer Pose auf dem Sofa. Doch er wirkt angespannt, die Augen wandern unruhig. Er beobachtet sein Gegenüber und liegt förmlich auf der Lauer nach der nächsten Frage. Er will ihr zuvorkommen, die Brisanz der Thematik ist ihm bewusst. Erneut ergreift er das Wort.

«Jedes Volk kann solch grauenvolle Verbrechen begehen. Doch es muss der Zeitpunkt kommen, an dem es sich diese Verbrechen auch eingesteht. Dieses Eingeständnis fehlte mir bei den Deutschen – bei meinen Landsleuten, bei uns!»

Aus einem Papierberg neben der Couch wühlt er eine Ausgabe der «Jungen Freiheit» hervor. Die Zeitung ist ungefragt in das Büro des Verbands geschickt worden, sie soll mit rechtspopulistischen Strömungen wie der Alternative für Deutschland sympathisieren. Scholz winkt verächtlich ab, als er sich weiter über diese Partei echauffiert.

«In einem Artikel lassen sie einen alten General seine Eindrücke von Stalingrad schildern. Der behauptet tatsächlich, dass sie damals nicht für Hitler gekämpft hätten, sondern für das deutsche Volk und Vaterland. So was Dämliches, wie kann man denn so etwas heute noch sagen!», ärgert sich der Ehrenvorsitzende des Verbands. «Goebbels hat es doch eindeutig formuliert: ‹Hitler ist Deutschland, und Deutschland ist Hitler.› Bei den Deutschen ist immer alles gefährlich, denken Sie: ein Land, das die Nazis hervorgebracht hat!»

«Warum bezeichnen Sie sich eigentlich als Deutscher und nicht als Tscheche?», möchte ich wissen.

«Meine Mutter und meine Schwiegermutter haben viel gelitten. Beide sprachen kein Tschechisch, und in ihrem Alltag wurden sie deshalb benachteiligt, oft beschimpft und sogar von Mitbürgern bespuckt. Diese Erfahrungen haben dazu geführt, dass ich mich als Deutscher verstehe.»

«Weshalb sind sie 1947, nach der Entlassung aus der Gefangenschaft, nicht nach Deutschland gegangen?»

«Weil es da nichts zu essen gab und alles kaputt war. Erst haben sie mich ja nach Weitnau in Bayern geschickt. Aber mein Vater überredete mich, nach Hause zu kommen. Ich bin illegal in die sowjetische Besatzungszone gegangen und über Zittau zurück durchs Gebirge. Erwischt wurde ich nicht. Am 23. Juli 1947 war ich in Reichenberg.»

Am Tag nach dieser Rückkehr feiert Erwin Scholz seinen zwanzigsten Geburtstag. Am 25. Juli stellt er sich der Polizei und wird verhaftet. Nach Wochen in Untersuchungshaft folgt die Entlassung, denn der junge Kerl gilt als minderjährig, und sein tschechischer Vater, der sich nie zu Deutschland bekannt hat, ist ein ehrenhafter Staatsbürger der Tschechoslowakischen Republik. Es soll nicht das letzte Mal sein, dass der Sohn dank seines Vaters nicht vollends unter die Räder kommt. Der alte Herr Šolc war seit der ersten Stunde im Jahr 1921 Mitglied der Kommunistischen Partei der Tschechoslowakei und genießt hohes Ansehen.

«Die alte marxistische Soziologie beweist ja ganz eindeutig, dass die Kinder alter Genossen gute neue Genossen werden», lacht Sohn Erwin mit vollem Mund und beißt direkt noch einmal in sein Gebäckstück.

Das Leben des «sturen Hunds», wie er sich selbst rückblickend beschreibt, geht auch in den Fünfzigern und Sechzigern bewegt weiter. Erwin Scholz dient nach seiner Einbürgerung zwei Jahre in der tschechoslowakischen Volksarmee. Doch seine Vergangenheit als Wehrmachtssoldat und HJ-Mitglied holt ihn immer wieder ein. Wie eine Klette haften diese Jahre an ihm, in strittigen Situationen werden sie immer wieder als Druckmittel gegen ihn eingesetzt. Ebenso wie die zweijährige Gefangenschaft, in der ihn die Amerikaner, so wird behauptet, angeblich zum Schläfer ausgebildet haben. Deshalb wird ihm das Studium lange verwehrt, er kann seinen Beruf nicht frei wählen. Er arbeitet als Buchhalter, später beim Kreisamt und irgendwann für eine Produktionsgenossenschaft. Die Staatssicherheit sucht ihn regelmäßig auf. Man holt ihn nach der Arbeit ab und lädt ihn in einen Moskwitsch, wo er auf einer stundenlangen Fahrt durch die Stadt und das Umland befragt wird. Dabei laufen Aufnahmegeräte, und das Schwert der quälenden Ungewissheit kreist über seinem Kopf: Wann, wo und wie wird diese Fahrt bloß enden?

«Manchmal wundere ich mich, dass ich nicht verrückt geworden bin. Ich muss Bundespräsident Joachim Gauck recht geben: Er hat gesagt, dass die individuelle Freiheit das höchste Gut ist. Der Mensch ist einem Regime völlig ausgeliefert, wenn seine Freiheit weg ist.»

Ende der Sechziger will Scholz die Tschechoslowakei verlassen und in den Westen gehen. Die Ausreise wird bewilligt, die Verwandtschaft in Erlangen würde ihn aufnehmen. Allerdings: Erwin Scholz müsste seine kranke Mutter zurücklassen, sie bekommt keine Reiseerlaubnis. Aber das fällt dem Sohn verständlicherweise schwer. Die Gewalt des Staates zeigt sich in dieser Ungleichbehandlung – und so schafft das Regime es doch, ihn zurückzuhalten: Scholz bleibt in seiner Geburtsstadt, die im Land schon lange nur noch Liberec genannt wird.

Der alte Mann ist der deutsche Tscheche geblieben, der stets am Deutschsein festgehalten hat, obwohl es für ihn immer ein Nachteil war. Er lebte ein Leben zwischen zwei Stühlen, ein Leben, das ihm die bewegte Geschichte des zwanzigsten Jahrhunderts diktierte. Obwohl Erwin Scholz auch fließend Tschechisch spricht, ist es die deutsche Sprache, von der er nicht lassen kann, auf ihr gründet seine Identität.

Als ich am Nachmittag vor dem Wohnblock mit den drei Sechsen in den Wagen steige, muss ich mal wieder an meinen zu früh verstorbenen Großvater denken. Er hatte den gleichen Vornamen wie Herr Scholz und war nur ein paar Jahre älter. Opa Erwin hat fast nie über den Krieg und die langen Jahre in russischer Gefangenschaft gesprochen. Wenn er dem nervigen Bohren des Enkels doch einmal nachgab, dann nur mit einigen vagen Sätzen. Die Tschechen, das erwähnte er einmal, seien rabiater gewesen als die Russen. Aber auch in den eigenen Reihen gab es Kameraden, für deren Taten er sich zutiefst schämte. Über seine kargen Worte dachte ich auch Jahre später immer wieder nach. Eines hörte ich von meinem Opa allerdings mehr als nur einmal, einen Satz, den ich jetzt wieder ganz deutlich im Ohr habe: «Mein Junge, ich wünsche dir und deiner Generation von ganzem Herzen, dass ihr nie einen Krieg am eigenen Leib miterleben müsst.»

Am gleichen Platz wie mein Hotel liegt das Rathaus. Ende des neunzehnten Jahrhunderts erbaut, verzückt dieses eindrucksvolle Neorenaissancebauwerk mit viel Stuck und Schnörkeleien. Steht man vor dem Eingang und hebt den Blick, schaut man auf eine imposante Balkonfront mit Geranienkästen. Falls der Fußballverein dieser Stadt mal einen bedeutenden Titel gewinnen sollte, könnte man die Spieler dort oben ganz hervorragend feiern. Über der Balkongalerie erheben sich zu beiden Seiten zwei kleine Türmchen, in ihrer Mitte ein weitaus größerer mit einem stattlichen Ziffernblatt. Die angezeigte Uhrzeit stimmt. Ringsherum Barockfassaden in gedeckten Farben, die in renoviertem Glanz erstrahlen. Dem Rathaus gegenüber steht ein massiver Steinbrunnen, aus dem sich ein grimmig blickender Neptun mit erhobenem Dreizack erhebt. Zwischen seinen Beinen klemmt ein fetter Fisch, das Maul weit geöffnet, wäre das Wasser nicht abgestellt, würde es sicherlich aus dem Schlund des Tieres sprudeln. Das Kopfsteinpflaster reflektiert die letzten Sonnenstrahlen des späten Nachmittags. Eine beinah märchenhafte Kulisse.

Einziger Downer: die Realität, mal wieder. Hier kommt sie in Form der angrenzenden Fußgängerzone daher. An einem ihrer ersten Gebäude ist im Putz über dem Eingang noch der Umriss eines geschwungenen «M» erkennbar. Doch hinter dem verdreckten Schaufenster erinnert nichts mehr an die Fast-Food-Kette. Trostlosigkeit wie in Deutschlands Kleinstädten also auch hier, an diesem gerade noch so malerischen Ort. Überall sehe ich die gleichen Waren, die auf nahezu identische Art und Weise angepriesen werden. Ödnis Galore, auch das kann Globalisierung sein. Egal zu welcher Jahreszeit, irgendein Schluss- oder Räumungsverkauf findet immer statt. Eine Spur Endzeitstimmung geht damit einher. Auch in Liberec. Obwohl es erst kurz vor achtzehn Uhr ist, sind die meisten Geschäfte geschlossen und verrammelt, für heute oder auch für alle Zeit. Ich laufe die abschüssige Gasse weiter hinab, vorbei an einigen Wechselstuben, und lande in einem mächtigen Klotz aus Stahl und Glas. Eine der Shoppingmalls, die gerne «Centrum» oder – wie dieser mehrstöckige Einkaufsbrennpunkt – «Forum» heißen. Tür an Tür reihen sich bekannte, langweilige Markenläden. Dazwischen Erlebnisgastronomie, in der es in der Regel nichts außer schlechtem Essen zu erleben gibt. Ein Pfeil weist den Weg zu einem Kino. Im Untergeschoss ein beinah schon beruhigender Anblick: Zwischen all der vermeintlichen Modernität bleibt wenigstens auf altmodische Eisdielen und ihre jugendliche Kundschaft Verlass. An den Tischen chillen Gruppen von Teenagern. Verlegen löffeln sie ihr Spaghetti-Eis und versuchen sich im Flirten.

Durch einen Seitenausgang komme ich zurück an die Luft. Neben dem opulenten Theater der Stadt stoße ich auf einen zeitgenössischen Bau. Hinter der großen gläsernen Front verbirgt sich allerdings kein weiteres Einkaufszentrum, sondern die im Jahr 2001 eröffnete Bibliothek, die man hier auch als «Bau der Versöhnung» bezeichnet. An der linken Frontseite ist ein zweites Gebäude integriert. Das dreieckige Gemäuer bildet den Umriss der alten Synagoge nach, die in der Reichspogromnacht 1938 niedergebrannt wurde. Ein symbolischer Ort, der mit seiner Inschrift am

Eingang daran erinnert, «dass Menschen verschiedener Glaubenszugehörigkeit, unterschiedlicher Hautfarben und Kulturen immer unter uns gelebt haben, leben und leben werden».

Ich laufe weiter und komme an Häusern vorbei, an denen wohl vor Jahrzehnten das letzte Mal Dachdecker oder Maler am Werk waren. Auf der Masarykova, in deren Asphalt blitzende Schienen eingelassen sind, überholen mich alte Straßenbahnen, die in Richtung Zoo fahren. Ein anthrazitfarbener quadratischer Neubau mit nur wenigen kleinen Fenstern weckt meine Aufmerksamkeit. «Lázně Oblastní Galerie Liberec» lese ich auf einem Schild. Der dunkle Würfel wird von einem Gebäude überragt, das zu ihm kaum einen größeren Kontrast bilden könnte. Ein gelber Backsteinbau, der aus der überzeichneten Phantasiewelt eines Tim-Burton-Films zu stammen scheint. Wie die Inschrift verrät, wurde das Gebäude der heutigen Regionalgalerie im Jahr 1900 errichtet. Ein Schriftzug darunter informiert über seine ursprüngliche Bestimmung:

KAISER FRANZ JOSEPH BAD

Die Wasserspeier und die kleinen Engel auf dem Dach, sie werden angestrahlt und werfen lange Schatten. In die Fassade eingearbeitet sind ein in der Dunkelheit kaum zu deutendes Wappen und Reliefs, die barbusige Frauen, Pferde und einen Neptun zeigen. Eine weitere Schrift in deutscher Sprache lässt sich deutlich entziffern:

ERRICHTET ZUR

ERINNERUNG AN DAS 50. JÄHR.

REGIERUNGSJUBILÄUM

SR MAJESTÄT

KAISER FRANZ JOSEPH I.

1848 wird der achtzehnjährige Franz Joseph Kaiser von Österreich, König von Böhmen und Apostolischer König von Ungarn, ein paar weitere Titel hatte er auch noch. Bis zu seinem Tod 1916 bleibt der Mann aus dem Haus Habsburg-Lothringen an der Macht. Gegen eine Regierungszeit von achtundsechzig Jahren sieht Altkanzler Helmut Kohl mit sechzehn Amtsjahren ziemlich blass aus. Um die Wende zum zwanzigsten Jahrhundert ist der Einfluss der Habsburgermonarchie überall in Böhmen zu spüren. Den Menschen in Reichenberg geht es nicht schlecht. Dank des neuerbauten Rathauses, das dem prunkvollen Wiener Rathaus sehr ähnelt, erhält die Stadt in diesen Jahren den nicht sonderlich einfallsreichen Titel «Wien des Nordens».

Die schwere Pforte zum ehemals kaiserlichen Bad ist um kurz vor neunzehn Uhr bereits versperrt. Vor dem Gebäude schräg gegenüber herrscht noch reges Treiben. Es ist das Nordböhmische Museum. Die Ausstellung hat zwar ebenfalls schon geschlossen, aber es gibt Kuchen, Schmalzbrote mit Zwiebeln und Freibier im Foyer. Ich bin auf einer Überraschungsparty für zwei Neunzigjährige gelandet, und niemand stört sich hier an einem fremden Gast ohne Einladung. Ich sehe mich um, esse und trinke eine Kleinigkeit, alles ist sehr sympathisch, aber trotzdem fühle ich mich wie das fünfte Rad am Wagen.

Eine Stunde später sitze ich in einer Kneipe, nicht weit vom Rathaus. Normalerweise kann man hier am Tresen nach ein paar Bier sicher leicht mit den Einheimischen ins Gespräch kommen – allerdings nicht an einem Abend, an dem Fußball läuft und eine Mannschaft aus Tschechien gegen eine aus Deutschland spielt. Schweigend werde ich Zeuge, wie

Bayern München dem FC Viktoria Plzeň aus dem westböhmischen Pilsen eine gehörige Klatsche verpasst. Fünf zu null geht es aus. In der Bar heißt es da schon lange nicht mehr «Yeah!», wie noch zu Beginn der Partie, allgemeine Meinung ist jetzt: «Scheiß Bayern!» Nur der reisende Reporter sieht das anders.

Überpünktlich schlage ich am Wohnblock von Erwin Scholz auf. Um dreizehn Uhr soll ich ihn abholen, um zehn vor eins sehe ich ihn bereits wartend auf einer Parkbank vor dem Hauseingang sitzen. Er hat sich in Schale geworfen: Hut, Krawatte, Sakko und darüber einen hellen Mantel. Außerhalb seiner Wohnung stützt er sich beim Gehen auf einen Stock.

Wir fahren den Hügel hinab ins Zentrum und hinter einer vollgetaggten Bushaltestelle in eine Hofeinfahrt. Vor uns ein einfaches Haus mit zwei Nummern, so wie ich es in Liberec schon oft gesehen habe. 254 auf einem roten Schild, daneben 119 auf einem blauen. Mein Beifahrer lüftet das Rätsel: Es handele sich um ein Überbleibsel der österreichisch-ungarischen Monarchie. Die roten Ziffern sind Konskriptionsnummern, die auf Grundbucheinträge verweisen. Die Zahlenvergabe scheint äußerst beliebig, es lässt sich keinerlei System erkennen. Die blauen Schilder zeigen die Orientierungsnummern, die Hausnummern. Über den beiden Zahlen hängt an der Fassade eine zweisprachige Tafel:

DEUTSCH-TSCHECHISCHES
BEGEGNUNGSZENTRUM
VERBAND DER DEUTSCHEN
IN DEN REGIONEN REICHENBERG,
LAUSITZ-NORDBÖHMEN

Das Haus wurde Ende der Neunziger von den Mitgliedern restauriert, der Pachtvertrag läuft über fünfundzwanzig Jahre. Herr Scholz zuckt mit den Schultern, als ich ihn frage, was nach Ablauf dieser Zeit mit der Geschäftsstelle und mit dem Verband überhaupt passieren wird. Wie ich den gelernten Rechtsanwaltsgehilfen einschätze, kennt er die Antwort. Gab es 1990, im Jahr der Gründung, mehr als achthundert Mitglieder, sind es heute nur noch gut zweihundertfünfzig. Es liegt auf der Hand, was in ein paar Jahren sein wird, wenn sich niemand mehr genau erinnert.

Im Eingangsbereich informieren Tafeln über relevante Jahreszahlen und Ereignisse der Stadtgeschichte, die bis ins vierzehnte Jahrhundert zurückführt. Der Alte, der den Jungen mittlerweile immer mal wieder duzt, übernimmt die Führung durch die Räumlichkeiten. Im Erdgeschoss befindet sich die Geschäftsstelle. Ein Büro, das mich an das kleine Sekretariat meiner Grundschule in den Achtzigern erinnert. Alles ein wenig in die Jahre gekommen, wild zusammengewürfelt, aber funktionstüchtig. Drei verschiedene Schreibtische, ein PC, Kopierer, Faxtelefon und ein schwerer brauner Tresor. Blickdichte Gardinen hängen vor den Fenstern. Die beiden Damen, die hier ihr Werk tun, sind jünger als mein Begleiter, vielleicht Ende sechzig. Ihr Deutsch ist nicht akzentfrei und stockt gelegentlich, ganz anders als das des Ehrenvorsitzenden.

«Das liegt daran», erklärt dieser mir so laut, dass es alle hören können, «dass sie untereinander Tschechisch reden. Ich bin der Einzige, der hier im Haus immer Deutsch spricht.» Er deutet auf eine noch eingeschweißte Ausgabe von «Das Parlament»: «Ich bin auch der Einzige, der sich die Zeitungen aus Deutschland durchliest.»

Als wir den Raum verlassen, höre ich noch, wie die Frauen im Büro ihre Unterhaltung weiterführen – auf Tschechisch. Nebenan befindet sich die hauseigene Bücherei, zugleich eine Art Mehrzweckraum. Hier sollen in der nächsten Stunde die Mitglieder auf weißen Plastikstühlen an entsprechenden Tischen Platz nehmen. Auf lilafarbenen Tischdecken stehen bunte Sträuße mit frischen Schnittblumen. Auch hier versperren schwere Gardinen den Blick in den Hof. An den Wänden stapeln sich Bücher und Hefte. Die zusammengetragenen Werke sind penibel geordnet, die Buchrücken mit Kürzeln versehen, die Regale nach Genres sortiert: Geschichte, Romane und Sachbücher, Comics, eine Dudenreihe. An Buchspenden, so der Ehrenvorsitzende, mangele es nicht. Die Angehörigen der verstorbenen Deutschsprachigen bringen mehr, als man hier brauchen könne.

In einem Zimmer im Obergeschoss werden Deutschkurse gegeben. Acht kleine Tische stehen für die Schüler zur Verfügung, die leider nur selten alle belegt seien. Und das trotz qualifizierter Lehrer und preiswerter Unterrichtsstunden. Daneben befindet sich ein weitaus größerer Konferenzraum mit Fischgrätenparkett und einer langen Holztafel. An der Wand hängt eine große, in die Jahre gekommene Rollkarte, betitelt mit «Böhmen, Mähren und Sudeten-Schlesien. Die Heimatgebiete der Sudetendeutschen». Am westlichen Rand der Karte taucht Chemnitz noch unter dem Namen Karl-Marx-Stadt auf. An der gegenüberliegenden Wand eine verblasste Collage sämtlicher Sehenswürdigkeiten der Bundesrepublik. Die Bilder zeigen Menschen bei der Arbeit oder in ihrer Freizeit und bestätigen jedes noch so platte Vorurteil, das es über die Deutschen in der Welt gibt. Darunter der Slogan «Lebendigkeit und Witz und Vielfalt».

Nach dem Rundgang landen wir wieder im Mehrzweckraum, wo eine der beiden Frauen aus dem Büro damit beschäftigt ist, frischen Kaffee in Thermoskannen umzufüllen. Ihre Kollegin richtet Mohngebäck auf Tellern an. Ungefragt bekommen wir eine Tasse und ein Stück der süßen Leckerei gereicht. Die ersten Besucher trudeln ein. Eine Handvoll wirklich sehr alter Menschen, die miteinander Tschechisch reden.

«Was passiert heute Nachmittag noch?», frage ich Scholz.

«Es wird einen Vortrag über die Schriftstellerin Karolína Světlá geben.»

«Halten Sie hier auch Vorträge?»

«Ja, aber heute nicht. Ich referiere häufig über die böhmische Geschichte. Aber ich habe auch schon über Willy Brandt, Gandhi oder aktuell den Syrien-Konflikt Vorträge gehalten.»

Der heutige Referent, Herr Turek, ist einer der Ersten, die ankommen. Er setzt sich zu uns und legt seine handschriftlichen Notizen auf den Tisch. Sein Deutsch ist regional gefärbt und erinnert mich an den pommerischen Dialekt, den ich in Brasilien gehört habe. Die Umlaute geben den Ausschlag, vor allem das «ü» und das «ö». Aus «bügeln» wird «biegeln», aus «schön» ein «scheen». Zudem gebraucht der ältere Herr gerne das Adverb «heuer», das man auch im süddeutschen Raum hört. Ich komme nicht dazu, ihn zu seinem Deutsch zu befragen, weil Erwin Scholz die Unterhaltung nach einigen Sätzen hektisch unterbricht. Er hat in den Notizen von Herrn Turek Ausdrucksfehler entdeckt, auf die er den nun sichtlich verunsicherten Redner dringend hinweisen muss. Weil heute ein Reporter aus Berlin die Runde beehrt, wurde der arme Referent kurzfristig vom Ehrenvorsitzenden des Verbandes verdonnert, alles auf Deutsch zu machen. Mein diplomatischer Einwurf, dass ich ohnehin früher aufbrechen müsse und der Vortrag deshalb auch auf Tschechisch gehalten werden könne, beruhigt den einen und verärgert den anderen. Mit der deutschen Sprache ist es dem Tschechen, dessen Herz deutsch schlägt, ernst.

Eine eintreffende Damengruppe entschärft die Situation. «Servus, mein Mädchen!», begrüßt Scholz überschwänglich die Jüngste von ihnen. Sie drückt den Altersdurchschnitt zwar gar nicht so sehr nach unten, aber mit Anfang sechzig ist sie definitiv das Küken im Verein der Deutsch-Tschechen.

«Sind wenige Leute da», sagt das Mädchen zu Erwin.

Exakt fünfzehn zähle ich.

«Da kommen noch welche», erwidert das Gründungsmitglied. «In sechs Minuten ist es erst zwei», vergewissert er sich mit einem Blick auf die Armbanduhr.

Um Schlag vierzehn Uhr haben sich tatsächlich vierundzwanzig Frauen und Männer eingefunden. Mitgerechnet die beiden aus dem Büro, von denen eine Kaffee und Gebäck verteilt, die andere als Schriftführerin ranmuss. Auch zwei Tschechen, die überhaupt kein Deutsch sprechen, sind gekommen. «Sie mögen die Vereinskultur», erklärt mir Scholz, «und sie hören gerne Deutsch.» Dabei kommt mir im Augenblick überwiegend tschechisches Gemurmel zu Ohren, nur hin und wieder gebraucht jemand an den Nachbartischen mal ein Wörtchen, das ich verstehe.

Ich fühle mich fast wie beim Geburtstagskaffee meiner über neunzig Jahre alten Oma. Die Frauen um mich herum haben allesamt diese kurzgeschnittene Frisur, die Omis eben tragen. Und die Männer sitzen in einer Körperhaltung, die sich mit dem Alter unter der Last der stets etwas zu großen und stets beigen Übergangsjacken wahrscheinlich automatisch einstellt. Der Anblick dieses in Kölnischwasser getränkten Kaffeeklatsches ist mir berührend vertraut. Aber der Moment ist zugleich bedrückend und traurig, weil diese Gemütlichkeit so spürbar endlich ist, für alle im Raum. Nur Herr Turek bekommt von alldem gerade gar nichts mit. Nervös hängt er über seinen Unterlagen und nestelt am Saum seines Hemds herum. Dass er seinen Vortrag auf Tschechisch halten kann, weil der Besuch aus Berlin gerade verschwindet, bekommt er gar nicht mit.

Auf der Generála Svobody nordwärts raus aus Reichenberg. Beinahe abrupt endet die Hunderttausend-Einwohner-Stadt. Ab jetzt nur noch die Straße, der olle Ford, Natur und kaum Häuser. Mein Ziel: unbestimmt. In die Umgebung von Frýdlant geht es, so viel ist immerhin klar. Die Gemeinde mit einer frühgotischen Burg und dem deutschen Namen Friedland liegt im Vorland des Isergebirges, wenige Kilometer von der Grenze zu Polen entfernt. Der Bezirk war einst durchweg deutschsprachig. Zu Beginn des zwanzigsten Jahrhunderts gaben fast alle Bewohner, die hier lebten, bei einer Volkszählung als Umgangssprache Deutsch an. Die Vertreibung der Sudetendeutschen ließ allenfalls Spuren zurück, doch noch immer sollen sich Hinweise auf alte Dörfer in den Wäldern und auf Wiesen finden lassen.

Mit vagen Beschreibungen solcher Orte im Kopf rausche ich durch die Landschaft. Weit und breit ist kein Mensch, kein Haus zu sehen. Eine parallel zur Straße verlaufende

Überlandleitung begleitet meine Fahrt, bis uns die ersten scharfen Kurven vor Oldřichov v Hájích trennen. Dort nehme ich an einer Abzweigung einen schmalen Weg, fahre unter einer winzigen Bahnbrücke durch und hoffe, dass kein Gegenverkehr kommt. Nun stehen vereinzelte Häuser am Hang, die Bäume an der hier noch schmaleren Fahrbahn werden dichter. Nach ein paar Kilometern endet die Straße in einer Sackgasse. Vor mir erheben sich die dicht mit herbstlichem Mischwald bedeckten Hänge des Isergebirges.

Zurück durch Buschullersdorf – so heißt der zersprengte Siedlungsflecken, wie ich mittlerweile weiß. Im Netz lassen sich rasch die deutschen Namen der tschechischen Gemeinden finden, durch die ich gekommen bin. Auf den Ortsschildern gibt es dagegen keinerlei Hinweise. Wie mir Erwin Scholz erzählt hat, ist das Ausweisen deutscher Namen nach wie vor verboten. Als Oldřichov v Hájích noch offiziell Buschullersdorf hieß, lebten dort mehr als tausendfünfhundert Menschen. Mit dem Münchner Abkommen wurde der Ort Teil des Deutschen Reichs. Knapp siebzig Jahre nach der Vertreibung der deutschsprachigen Bevölkerung zählt er nur noch einige Hundert Einwohner. Eine typisch nordböhmische Dorfchronik: Ob Haindorf, tschechisch Hejnice, mit seiner Wallfahrtskirche Maria Heimsuchung oder Dětřichov, einst Dittersbach – ihre Geschichten ähneln sich.

Ich klappere weitere Gemeinden ab, bis ich nahe Albrechtice, dem früheren Olbersdorf, auf einer einspurigen Landstraße lande. Vor mir ins Nichts führt eine Allee, die wie mit dem Lineal in die hügelige Landschaft gezogen wurde. Ich folge den in exakt gleichem Abstand zueinanderstehenden

Lindenbäumen bis zu einer Weide; unter ihr steht und liegt eine Herde Kühe und starrt das parkende Auto wiederkäuend an. Die haben keinen Stress. Zu Fuß geht es über einen Schotterpfad, vorbei an einem verlassenen Wohnwagen und einem zusammengefallenen Haus, das so alt noch gar nicht aussieht. An einem Elektrozaun, der die weitläufige Grünfläche in mehrere Koppeln unterteilt, endet der Weg. Ich steige zwischen den Drähten hindurch und bekomme natürlich gleich eine gewischt, dann laufe ich weiter durch das klamme, vom Wind vereinzelt niedergedrückte Gras.

Mein Ziel ist klar, ich will hinauf zur flachen Kuppe auf dem niedrigen Berg vor mir, auf dem Funktürme und sich drehende Windräder mit jedem Schritt mehr zu Riesen anwachsen. Vertieft in die Karte, brauche ich einen Moment, bis ich bemerke, dass ich mich erneut auf einem vielleicht hundert Meter langen Alleestück befinde. Doch anders als entlang der Straße sind die Kronen der Bäume hier verästelt und ineinandergewachsen. Manchmal fehlt ein Laubbaum in der Kette, manchmal steht nur noch ein Stamm, an dessen Wetterseite Moos und Flechten die Rinde überziehen. Doch die verwilderte Allee ist immer noch klar als solche zu erkennen. Die Windmühlenruine, die ich auf dem Kahlberg ausmache, gibt mir die Gewissheit, richtig zu sein.

Früher hieß das Gebiet Hochwald oder Hohenwald oder einfach nur Hoch, und Hohenwald hieß auch das Dorf, in dem vor beinahe zweihundert Jahren eine große Mühle errichtet wurde. Die Preußen zerstörten sie im Deutschen Krieg, Ende des neunzehnten Jahrhunderts wurde sie dann als eine Art Aussichtsturm mit Gastwirtschaft wiederaufgebaut. Damals sollen mehr als vierzig Häuser auf dem Hügel gestanden haben. Ihre Bewohner fühlten sich der deutschen Volksgruppe zugehörig. Nach ihrer Vertreibung ließen sich Tschechoslowaken auf der Kuppel nieder, die das alte Dorf nur noch Vysoký nannten. Allerdings verlief die Wiederbesiedlung des Grenzgebietes äußerst schleppend. Die meisten Neuankömmlinge blieben nicht lange hier, und so lebte seit den Sechzigern kaum noch jemand an diesem Ort. Viele Gebäude fielen irgendwann einfach in sich zusammen, die maroden Trümmer, die noch standen, riss man ab. Den Rest erledigten die Zeit und die Natur. Erde zu Erde, Asche zu Asche, Staub zu Staub. Der Tod einer Siedlung, die Anfang des siebzehnten Jahrhunderts erstmals Erwähnung fand.

Doch es fühlt sich hier nicht wie auf einem Friedhof an. Wie viele Dramen der Boden unter meinen Füßen erlebt hat, lässt die Landschaft nicht erahnen. Die Windräder, die hoch über meinem Kopf surrend endlose Runden drehen, lassen an diesem sonnigen Tag keine bedrückende Stille aufkommen. Dieses schöne Stück Natur weckt keine Trauer in mir, ganz im Gegenteil. Der weite Blick über Gebirgszüge, Wälder, Wiesen und Dörfer in der Ferne beruhigt und lenkt ab. Irgendwo dadrüben, im Westen, muss schon Deutschland sein.

SAMOA   Von Rauschpfeffer und einem
         deutschen Häuptling

Zwanzig Stunden dauerte der Ritt bis Sydney, zweiund-
zwanzig weitere liegen noch vor mir. Zweiundvierzig Stunden also. So lange brauche ich von Deutschland nach Samoa.
Würde ich die Route westwärts über die USA und Neuseeland wählen, käme ich mit allen Stopovers sogar auf über
fünfzig Stunden. Auf dem Papier lesen sich diese Zeiten
absurd, aber die Stundenzahl spiegelt nicht im Geringsten
wider, was es bedeutet, zwei zähe Tage am Stück zu reisen.
   In der Realität fühlt es sich schon jetzt schlimmer an,
als ich es jemals für möglich gehalten hatte. Am Montag-
abend stieg ich in Berlin in einen Flieger, um am Donners-
tagmorgen in der Nähe der samoanischen Hauptstadt Apia
aus einem anderen herauszukriechen. Europa, Asien, Aus-
tralien. Konkreter: Berlin, Abu Dhabi, Sydney, Apia. Drei
Flüge und etliche Zeitzonen gilt es zu bezwingen. Weiter
weg von zu Hause geht nicht. Im Winter beginnt der Tag
im Inselstaat dreizehn Stunden früher als in Deutschland,
seit man dort Ende 2011 von der westlichen auf die östliche
Seite der Datumsgrenze wechselte. Dafür musste lediglich
der 30. Dezember ausfallen. Das kleine Land im Südpazifik

hat ein Faible für eigenwillige Entscheidungen: 2009 hat Samoa sein Verkehrssystem von rechts auf links umgestellt. Das sind Kuriositäten, die es als unterhaltsame Meldungen in unsere Medien schafften. Genau wie das Vorhaben einer samoanischen Airline, teurere Ticketpreise zu verlangen, wenn ein Passagier zu viel auf die Waage bringt.

Warum ich mich auf diese Reise begebe, hat nichts mit solchen Meldungen zu tun, sondern hat historische Gründe. Samoa war von 1900 bis 1914 deutsche Kolonie in der Südsee, Deutsch-Samoa. Im Vergleich zu der wochenlangen Reise in eine unbekannte Welt, die Missionare, Kaufleute, Matrosen und Reichsbürger damals auf sich nahmen, ist mein Trip natürlich der reinste Kindergeburtstag.

Trotzdem bin ich am Ende meiner Kräfte, als ich mich in Sydney in irgendeiner Schlange am Kingsford Smith Airport wiederfinde. Ich reihe mich willenlos ein und warte auf das, was da kommt. Es ist sieben Uhr Ortszeit am frühen Morgen, und es müsste Mittwoch sein. So sicher bin ich nicht, und gefühlt ist es noch tief in der Nacht. Ich versuche, von meinem Körper zu erfahren, ob er Kaffee und Frühstück oder lieber einen Gin Tonic will. Keine Antwort. Wahrscheinlich verlangt er nur Ruhe. Noch vierzehn Stunden Aufenthalt bis zum Weiterflug, ich denke am besten gar nicht darüber nach. Der Strom der Passagiere spült mich durch die «Immigration»-Schalter. Ich komme aber nicht im Transitbereich raus, sondern in der Ankunftshalle. Wollte ich das? Sicher bin ich mir da gerade nicht. Aber auch Raum und Zeit fühlen sich für mich gerade nicht mehr so an, als ob sie durch Naturgesetze geregelt würden. Für kurze Momente schaffe ich es, klar zu denken, doch meine Energie nimmt rapide ab. Nach dem endlosen Sitzen spüre ich meinen Körper, wie ich ihn noch nie spürte: Die bleiernen Beine verkrampfen, der Rücken schmerzt, und das Blut staut sich in den Füßen. Mein Gang ist schwer. Unerklärliche Schweißausbrüche wechseln sich ab mit bohrenden Kopfschmerzen. Ich starre ins Nichts. Vor dem Spiegel in einem der Duschräume des Flughafens gaffe ich mir selbst in die Augen. Das Weiß um meine Pupillen durchziehen rote Äderchen. Augenringe wie die von Horst Tappert im Endstadium. Helle Blitze, sobald ich blinzele. Irgendwie werde ich diesen Tag rumkriegen, auch wenn ich nicht den Tiefschlaf bekomme, den mein Biorhythmus fordert.

Mit einem Abstecher zum Sydney Opera House und dem Ausharren auf Airportbänken habe ich den Aufenthalt irgendwie rumbekommen. Nun liegen sechs weitere Flugstunden hinter mir, es ist halb sieben am zweiten Morgen meines 42-Stunden-Tages. Benommen schleppe ich mich aus der Boeing 737-800 ins Dunkle und pralle gegen eine feuchtwarme Wand. Was für eine unglaubliche Luftfeuchtigkeit! Schweißbäche rinnen binnen kürzester Zeit meinen Rücken herab, ein leichter Regen prasselt auf mein Haupt nieder. Die Haut klebt. Ein paar Meter zu Fuß über das Rollfeld in den Miniflughafen. Drinnen ertönt Musik. Je näher ich komme, desto lauter wird sie. «Talofa», sagt ein Zollbeamter, schaut in meinen Pass und stempelt ihn. Ich erwidere den Gruß, gehe weiter und stehe in einer kleinen Halle neben einem ratternden Gepäckband. In einer Ecke machen vier Männer mit Gitarren und zwei mir unbekannten Instrumenten Musik für die Neuankömmlinge. Sie tragen knielange blaue Wickelröcke, den sogenannten Lavalava, und hellblaue Hemden. Hinter ihren Ohren stecken Orchideen. Aber nicht nur die Musiker tragen den Lavalava, auch die Männer an der Gepäckkontrolle und sogar die Polizisten. Das ist also Samoa. Ich bin tatsächlich am anderen Ende der Welt angekommen. Anders als mein Koffer. Doch gerade ist mir das völlig gleich, denn ich weiß: Jetzt kann ich endlich, endlich in einem Bett schlafen.

Am frühen Nachmittag wache ich auf und laufe einen guten Kilometer vom Hotel den flachen Hügel hinab ins Zentrum, das direkt am Meer liegt. Der Himmel ist wolkenverhangen, mehr grau als blau. Die wenigen Sonnenstrahlen, die trotzdem durchbrechen, verbrennen mir ratzfatz die Haut am Nacken. Keine Spur von Südseefeeling. Meinen Weg kreuzen zahlreiche wilde Hunde. Ein paar liegen herum, manche streunen alleine durch die Gegend und schnuppern nach Fressbarem, andere ziehen in Rudeln umher. Jede Art von Promenadenmischung ist vertreten, von klein bis groß. Nur dürr sind sie alle. Glücklicherweise habe ich den Ratschlag der Rezeptionistin beherzigt und mir vorsorglich ein paar Kieselsteine in die Tasche gesteckt.

«Bisschen übertriebene Vorsichtsmaßnahme», dachte ich da noch. Aber als plötzlich eine giftige Töle in einem Affenzahn auf mich zugerast kommt und auf meine Rufe hin keine Anstalten macht, stehen zu bleiben oder abzudrehen, fällt mir gerade noch ein, was ich zu tun habe: Ich schleudere dem kläffenden Angreifer die Kieselladung entgegen. Treffer. Das kleine Biest flüchtet mit eingezogenem Schwanz, zurück bleibt bei mir ein schlechtes Gewissen, aber keine Bisswunde. Ab sofort, beschließe ich, werde ich sicherheitshalber einen Stock am Körper tragen oder eben ein paar Steine in der Tasche. Meine kürzlich aufgefrischte Tollwutimpfung beruhigt mich gerade ungemein.

Die Vierbeiner werden weniger, je näher das Zentrum rückt. Als Erstes steure ich auf den kleinen weißen Clocktower von Apia zu. Die Uhr inmitten eines Kreisverkehrs lässt zur vollen Stunde eine ähnliche Melodie wie Big Ben in London ertönen. Auf der gegenüberliegenden Straßenseite befindet sich in einem älteren Gebäude mit rot gedecktem Dach ein Supermarkt. Die Fassade schmücken chinesische Schriftzeichen. Dort soll es nicht nur Hygieneartikel und die zwingend notwendige Sonnencreme geben, sondern auch sommerliche Kleidung, hat man mir im Hotel gesagt. Da mein Gepäck frühestens übermorgen eintreffen kann, benötige ich sowohl das eine wie das andere. Der Einkauf der Kleinigkeiten von A wie After-Sun-Lotion bis Z wie Zahnpasta gestaltet sich einfach, es lassen sich auch rasch ein paar Latschen in meiner Größe auftreiben.

Doch schon beim Versuch, ein halbwegs sitzendes T-Shirt zu finden, wird es kniffelig. Nach gründlichem Wühlen finde ich ein einziges blaues in L, das kleinste in der ganzen Herrenmode-Abteilung. Ein wenig schlabberig, aber es geht. Der Rest des Sortiments rangiert zwischen extra groß und dreifach XL, bei den Shorts sieht es ähnlich aus. Mir bleibt die Wahl zwischen einer viel zu weiten Hose oder einem Lavalava. Oder doch besser Shorts aus der Kinderklamottenecke? Die sind alle sehr eng, alle zu bunt, aber eine sitzt dann doch, abgesehen davon, dass sich der obere Knopf nicht schließen lässt. Ich lasse die neuen Sachen direkt an. Dreißig samoanische Tala, weniger als zehn Euro, zahle ich für mein luftiges Outfit. Ich mutmaße natürlich sofort, dass der Name Tala vom deutschen Taler kommt. Benannt ist die samoanische Währung allerdings nach dem neuseeländischen Dollar; ein Überbleibsel aus jenen gut vierzig Jahren, in denen die Kiwis das Sagen auf Samoa hatten.

Links in der Hand eine Tüte mit meinen alten Klamotten, rechts ein Knüppel, den ich in der Nähe des Supermarkts vom Straßenrand aufgehoben habe – in diesem Aufzug ziehe ich ostwärts auf der Beach Road durch die Hafenstadt. Ein paar Meter nach der immerhin mehrstöckigen Zentralbank Samoas gibt es eine Touristeninformation, ein Bungalow im Stil eines traditionellen Fale. Diese typisch samoanischen Hütten bestehen im Grunde nur aus Stelzen, einer Plattform und einem Palmenwedeldach, Außenwände im eigentlichen Sinne gibt es nicht. Auch Fenster setzt man traditionell selten ein. Die Information hat welche, bei anderen Fales dienen geflochtene Matten, die ringsherum herabgelassen werden können, als Schutz vor fremden Blicken oder Unwetter. Vor dem Eingang des kleinen Häuschens wachsen grüne Sträucher, Orchideen und Palmen. Dazwischen sticht ein rot gestrichener Wegweiser hervor. In alle Himmelsrichtungen zeigen seine Pfeile. Keine andere Metropole ist von diesem Ort weiter entfernt als Berlin – 19921 Kilometer.

Fast schon um die Ecke liegt das in östlicher Richtung benachbarte Pago Pago, die Hauptstadt von Amerikanisch-Samoa. Der aus vier Inseln bestehende Staat steht seit 1929 unter US-Mandat. Samoa dagegen ist unabhängig. Die Nation von der Größe des Saarlandes feierte 2012 den fünfzigsten Jahrestag der Loslösung von Neuseeland. Samoa ist ein junges Land mit einer jungen Bevölkerung. Mehr als die Hälfte der Einwohner sind zwischen fünfzehn und vierundsechzig, circa vierzig Prozent sind sogar noch jünger.

Was sich in der längst vergangenen deutschen Kolonial-zeit von 1900 bis 1914 ereignete, darüber findet sich in den Prospekten des Touristenbüros kaum eine Information. Und wenn, dann nur indirekt, etwa in Geschichten über den bekanntesten Wahlinsulaner. Es handelt sich um einen Wei-ßen aus Europa, einen Palagi, wie die Samoaner sagen: Der schottische Schriftsteller Robert Louis Stevenson, Autor von «Die Schatzinsel» und «Der seltsame Fall des Dr. Jekyll und Mr. Hyde», starb Ende des neunzehnten Jahrhunderts in den Bergen unweit von Apia, wo man ihn auch begrub. Nach seinem Tod bewohnte Dr. Wilhelm Solf, der erste deutsche Gouverneur von Samoa, Stevensons Haus. Heute beherbergt das Gebäude ein Museum. Ich markiere auf meinem Faltplan, wo ich dieses und andere Relikte aus ver-gangenen Zeiten finden kann.

Die ausliegenden Broschüren informieren vor allem über das heutige Samoa. Es setzt sich aus zehn Inseln zusammen, mehr als die Hälfte davon sind unbewohnt. Die Einwohner-zahl liegt unter zweihunderttausend, nicht mal ein Viertel davon lebt auf der größten Insel Savai'i. Auf dem Eiland Upolu ist Apia mit knapp vierzigtausend Einwohnern das mit Abstand dichteste Ballungsgebiet. Neben Samoanisch gilt Englisch als Amtssprache. Der Leitspruch der Nation lautet: «Samoa ist gegründet auf Gott.» Ein buntes, über einige Meter langes Graffito an einem Wellblechzaun in Downtown Apia greift das Motto auf.

JESUS IS THE KING OF SAMOA
JESUS IS THE WAY TO HEAVEN
JESUS IS THE ANSWER
SAMOA IS FOUNDED ON GOD
THE FATHER – THE SON – THE HOLYSPIRIT

Drei gesprühte Kreuze und eine weiße Friedenstaube illustrieren den Text. Es ist mein erster Tag auf der Insel, doch eine Erkenntnis verfestigt sich bereits. Gott und Glaube scheinen hier ein wahrhaft wichtiges Thema zu sein. Das fiel mir bereits während der Unterhaltung mit dem Taxifahrer auf, der mich am Morgen vom Flughafen zum Hotel fuhr. Seine erste Frage galt meiner Nationalität, seine zweite: «Geht ihr in Deutschland denn auch am Sonntag alle in die Kirche?» Ich verneinte. Dass Gottesdienste in meiner Heimat für einen Großteil der Gesellschaft nicht mehr von Bedeutung sind, irritierte den jungen Mann sichtlich. Ungläubig schüttelte er den Kopf und hakte nach: «Und gehst du in die Kirche?» Meine knappe Antwort wird ihn enttäuscht haben; ich verschwieg ihm dann lieber, dass ich schon vor Jahren aus der Kirche ausgetreten bin.

Tropische Temperaturen jenseits der dreißig Grad und eine Luftfeuchtigkeit von rund achtzig Prozent diktieren die Kleiderordnung in Apia: luftig und immer kurz. Das gilt auch für die Füße, überall ertönt das unverwechselbare Flipflop-Geräusch, in den kalt klimatisierten Geschäften der Mall, in den schmalen, dunklen Gängen der weitläufigen Markthalle und auf den Straßen rund um die einzige McDonald's-Filiale des Landes. Auch am Busbahnhof. Ob Fahrgäste oder Bauchladenverkäufer, die Snacks und gruselig bunte Getränke in kleinen Plastikbeuteln anbieten, jeder macht alleine durch den Badelatschen-Sound bei jedem Schritt auf sich aufmerksam. Nur die farbenfrohen, röhrenden Vehikel des samoanischen Nahverkehrs, die den gelben Schulbussen in den USA ähneln, übertönen die Geräuschkulisse der Zehentreter auf dem Platz. Bei meinem ziellosen

Streifzug durch das Städtchen komme ich mit zwei kräftigen Männern ins Gespräch. Beide sind Anfang fünfzig und tätowiert. Sie begutachten die Tattoos auf meinen Unterarmen und sagen so etwas wie «very good». Ein großes Lob, denn hier sind die Tattoos zu Hause. Einer der beiden lüftet schließlich ein wenig seinen roten, mit Orchideenmuster geschmückten Lavalava. An seinem Bauch darf ich ein Stück einer traditionellen samoanischen Tätowierung, seines Pe'a, bestaunen. Dieser klassische Körperschmuck war einst ausschließlich Männern vorbehalten, Frauen verzierte ein Malu. Die feinen schwarzen Linien, Punkte und graphischen Muster erstrecken sich von den Knien wie eine Art Hose bis über die Nieren. Mehrere Wochen dauert es, bis ein Pe'a gemäß den rituellen Regeln fertiggestellt ist. Nicht mit Hilfe einer Maschine wird die Farbe unter die Haut gebracht, sondern in – für beide Seiten zäher und schweißtreibender – Handarbeit. Leichtes Hämmern auf die an einem Stock befestigten Nadeln treibt die Farbe ins Fleisch.

Heute signalisiere diese Tätowierung allerdings nicht mehr wie früher, dass es sich bei ihrem Träger um einen Häuptling handele, erklärt der stolz Geschmückte. Umgekehrt sei es mittlerweile auch nicht mehr zwingend erforderlich, sich der quälenden Prozedur auszusetzen, man könne auch ohne zum Matai, zum Chef eines Familienverbands, werden. Die Traditionen scheinen weniger dauerhaft als die Tätowierungen zu sein. Nach Deutschland befragt, fallen den beiden Herren drei Dinge ein: Bier, Berlin und nach kurzem Grübeln der Gouverneur Wilhelm Solf. Er war es, der seinerzeit Infrastruktur und eine gewisse Organisation auf die Insel brachte, von der die Samoaner noch heute profitieren, da sind sich die Herren einig. «Deutschland und Samoa – wir waren ja mal eins», lacht der eine. Aber mehr können sie mir dazu nicht sagen. Stattdessen raten sie mir, die Treasure Box aufzusuchen, ein Geschäft in der Nähe, dort würde sogar Deutsch gesprochen.

Neugierig folge ich ihrer Wegbeschreibung, laufe um den Block und lande auf der Rückseite der großen Mall in der Convent Street. Hier fällt als Erstes ein Kino ins Auge. Im Apollo zeigen sie am Abend «Gravity» mit Sandra Bullock und George Clooney. Dann lese ich, am Schaufenster nebenan unter aufgeklebten Orchideen-Stickern: TREASURE BOX WELCOMES VISITORS. Ketten, Uhren und Ringe funkeln hinter der Scheibe.

Drinnen surrt leise eine Klimaanlage. In Hufeisenform sind drei weiße Vitrinen aufgestellt, prall gefüllt mit unterschiedlichstem Schmuck. Dazwischen liegt ein Buch, «Samoa – mein zweites Leben». Der Raum ist in zartem Rosa gestrichen, an einer Wand hängen ein Dutzend Uhren. Sie alle stehen auf zehn nach zehn. Obwohl wir erst Mitte November haben, ist die Treasure Box bereits weihnachtlich dekoriert. Einer goldenen Winkekatze wurde eine Nikolausmütze mit farbigen Leuchtdioden übergestülpt, wegen des zu großen Kopfschmucks kann sie nun nicht mehr winken. Neben einem Regal hängt ein selbstgebastelter Adventskalender in Tannenbaumform; und in der Ecke strahlt ein üppig geschmückter Plastikweihnachtsbaum, dessen dürre Zweige sich unter der Last der roten Kugeln und goldenen Sterne biegen. Früher war unmöglich mehr Lametta. In der Tiefe des Ladens strahlt grelles Neonlicht aus einem Türrahmen. Es scheint die Goldschmiede des Hauses zu sein, zwei Asiaten haben sich darin in ihr Tun vertieft.

Eine Verkäuferin fragt mich auf Englisch, wie sie helfen kann. Nachdem mein Anliegen klar ist, verschwindet sie Richtung Werkstatt. Einen Moment später steht eine weiße Frau mit blondem Pagenkopf vor mir, sie dürfte Anfang sechzig sein. An ihren Fingern stecken Ringe, ein Exemplar des Colliers, das sie um ihren Hals trägt, liegt auch zum Kauf in einem Schaukasten aus. Etwas unsicher vergewissere ich mich, ob wir Deutsch sprechen können. Christa Szegedi lacht, sie ist Deutsche, ist in Deutschland geboren und hat lange dort gelebt. Einen Augenblick macht sich Enttäuschung in mir breit. Ich hatte die Hoffnung, auf die Enkeltochter eines Deutsch-Samoa-Kolonisten zu stoßen, sie zerplatzt nun wie eine Seifenblase. Doch dann beginnt die Frau, ihre Geschichte zu erzählen.

Es ist das Jahr 1984. Christa Szegedi arbeitet als Einkäuferin einer Warenhauskette. Ihr Mann Stefan ist Croupier an der Spielbank von Bad Homburg. Das Paar plant seit einer Weile einen Neuanfang, irgendwo in Deutschland, vielleicht eine kleine Pension? Als Christa auf die Annonce in der Frankfurter Rundschau stößt, ändern sich die Pläne schlagartig und grundlegend. Denn in der Anzeige wird nach einem Partner für ein Restaurant gesucht – in Apia. Kurz entschlossen reist die junge Familie, die die Szegedis seit kurzem sind, probeweise nach Samoa, fühlt sich rasch auf der Insel wohl und zieht bald darauf mit dem gerade einmal sieben Monate alten Stefan jr. um die halbe Welt.

«Weil wir aus Deutschland sind, hatten wir es nicht leichter. Aber die Deutschen genießen hier eigentlich ein gutes Ansehen, es ist ein Pluspunkt. Wenn man mit Samoanern redet, hört man oft: Mein Urgroßvater war aus Deutschland. Fragt man weiter, wie die Leute heißen, sind das ganz traditionelle Namen wie Schuster, Schmidt oder Meyer. Man muss nur mal einen Blick ins Telefonbuch werfen.» Ironie des Schicksals: Ausgerechnet die Szegedis, das einzige neueingewanderte deutsche Paar auf der ganzen Insel, trägt einen ungarischen Namen. Die meisten deutschsprachigen Familien, die lange nach dem Ende der Kolonie hierherzogen, obwohl keiner von ihnen Wurzeln oder Angehörige auf Samoa hatte, verlassen das Land Anfang der 1990er Jahre. Das lag an der Entscheidung der Hamburger Brauerei Haase, die Herstellung des Vailima-Biers den Insulanern zu überlassen. Die Deutschen, die bei Haase arbeiteten, kehrten damals in ihre Heimat zurück. Nicht so die Szegedis, für die eine Rückkehr in die Bundesrepublik trotz Sechstagewoche und fehlender staatlicher Absicherung ausgeschlossen ist. Das Leben sei relaxter als einst in Hessen. Nach all den Jahren sind sie in dem Inselstaat zudem anerkannt und in die Gesellschaft integriert, sagt der große, schlanke Stefan Szegedi mit den zurückgekämmten Haaren und dem dünnen grauen Schnurrbart. Auch er trägt Schmuck, eine lange Goldkette auf braungebrannter Haut lugt aus dem weit aufgeknöpften Hawaiihemd hervor.

«Ich bin ein samoanischer Häuptling und habe den Titel eines Matai. Die Leute sind hier sehr offen. Wir sind gut mit einer der einflussreichsten Familien auf der Insel befreundet. Sie haben mich zum Häuptling gemacht. Wenn ich meinen Titel nenne, weiß jeder sofort Bescheid.»

Matai zu sein bedeutet mehr als eine prestigeträchtige Anrede: In jedem einzelnen Dorf lebt wenigstens ein Häuptling, der heute noch als eine Art Bürgermeister und Richter die Interessen seiner Gemeinde vertritt und steuert. Häuptling ist in der samoanischen Gesellschaft ein ehrenwerter Titel, der Verantwortung, Macht und Respekt mit sich bringt. Auch jenseits der traditionellen Strukturen öffnet der Rang eines Matai den Zutritt in exklusiven Kreisen. Der Titel ist nicht käuflich, er wird entweder vererbt oder an verdiente Bürger vergeben. In Stefan Szegedis Fall ist die Ernennung eine große Respektbezeugung, nur wenigen Ausländern wird diese Würdigung zuteil. Als Franz Beckenbauer auf weltweiter Promotiontour für die WM im eigenen Land unterwegs war, wollten die Samoaner auch den berühmten Fußballer mit dem Mataititel ehren. Doch dazu kam es nicht. Angeblich hörte der Fußballkaiser davon, dass ein neu ernannter Matai seine Leidenskraft unter Beweis stellen muss, indem er sich ein Pe'a tätowieren lässt. Das sei ihm dann wohl zu viel des Guten gewesen, lacht das Paar. Dabei bestätigt auch Matai Szegedi, was die beiden Herren zuvor auf der Straße sagten: Tätowierungen gehören nicht mehr zwingend zur Ernennungszeremonie dazu. Tja, dumm gelaufen für den Franz.

Differenzen zwischen Samoanern und Europäern sind offenbar auch in der Südsee, dem paradiesischen Traumland der Deutschen, ein Thema:

«Ist das wirklich ein Paradies hier?», stellt Szegedi eine rhetorische Frage. «Ich glaube schon. In Tausenden von Jahren ist hier noch keiner erfroren oder verhungert. Das Klima lässt immer etwas Essbares in den Büschen wachsen, auch wenn nichts gepflanzt wurde. Und im Meer gibt es immer Fische. Zum Überleben reicht es allemal, und das ist doch ziemlich viel.» Die alten Europäer hätten ja genau planen müssen, um den Winter zu überstehen.

Ob die Deutschen aufgrund des lebensfeindlicheren Klimas über Jahrhunderte zu den fleißigen Bienchen wurden, als die sie heute gelten, bezweifle ich. Die Familie Szegedi, der hier ein Schmuckgeschäft und ein Gästehaus gehören, ist davon jedoch überzeugt. Ebenso wie von ihrem Sohn. Der ist mittlerweile neunundzwanzig, studierte Sportmanagement und organisiert die Wettbewerbe im samoanischen Fußballverband. Neben Deutsch spricht er Englisch und Samoanisch, zudem besitzt der junge Mann als Einziger der Szegedis die doppelte Staatsangehörigkeit. Der Junior sei der Deutscheste von den dreien, berichten mir seine Eltern. Mit der Bundesliga und Bundespolitik kenne er sich hervorragend aus.

Berstender Elternstolz. Einen Moment später kommt der herein, um den es dabei geht, ein einen Meter neunzig großer Kerl mit blonder Kurzhaarfrisur und Brille. Er ist Fan von Borussia Dortmund, mag aber auch Schalke 04. Um das nicht sonderlich freundschaftliche Verhältnis der beiden Clubs weiß Stefan der Jüngere. Da das samoanische Fernsehen keine Bundesligaspiele überträgt, schickte die Oma ihrem Enkel früher gelegentlich Videokassetten. In der ersten Partie, die der Bub überhaupt je gesehen hatte, traf der BVB auf Schalke. Seitdem feuert er zwei Mannschaften an. Nach ewiger Bohrerei und einigen Was-wäre-wenn-Fragen ringt sich Stefan zu der Antwort durch, dass ihm Dortmund ein klein wenig mehr bedeute. Ich mache weiter mit den schwierigen Fragen:

«Verstehst du dich als Deutscher oder als Samoaner?»

Nach kurzem Überlegen: «Ich bin irgendwie beides. Ich versuche das Beste beider Nationalitäten zu vereinen und im Leben anzuwenden. Die Deutschen sind sehr ehrlich und direkt, das mag ich. Samoaner sind gelassener, spontaner und wissen, wie man improvisiert. Immer wenn ich in Deutschland bin und sehe, wie aufgeregt und panisch manche Leute reagieren, wenn mal etwas nicht nach Plan läuft, dann kommt der Samoaner in mir durch.»

Das Deutsch von Stefan jr. ist akzentfrei, und nur selten gebraucht er ein englisches Wort, wenn ihm ein deutsches nicht gleich einfällt. So wie er die Sätze betont und manche Laute in die Länge zieht, erinnert er mich total an Olli Kahn. Am auffallendsten aber bleibt Stefans intensive Gestik.

«In jedem Land auf der Welt, auch in Deutschland, gibt es eine bestimmte Bevölkerungsgruppe, die das Erscheinungsbild bestimmt. Wenn man anders aussieht, bekommt man das zu spüren, selbst wenn man die Sprache spricht und in der Kultur des Landes lebt. Ich gehöre hier zur Minderheit, ich bleibe auf Samoa eben der Weiße. Daraus ergeben sich manchmal Vorteile, aber genauso auch Nachteile.»

«An was denken Samoaner in deinem Alter, wenn sie Deutschland hören?»

«An den Zweiten Weltkrieg, wie man ihn aus Hollywood-Filmen kennt. Und an die Deutschen, die als Touristen die Insel besuchen. Die sind bei den Leuten hier als respektvolle, freundliche Besucher abgespeichert.»

«Die Deutschen scheinen hier beliebt zu sein, das merke ich überall. Aber warum? Das konnte mir bis jetzt keiner wirklich beantworten. Alleine an der Kolonialgeschichte kann es nicht liegen. Was glaubst du, weshalb ist das so?»

«Es liegt schon an der Geschichte, die beide Länder verbindet. Das hat man auch bei der Weltmeisterschaft 2006 in Deutschland gemerkt. Damals liebten hier alle Miroslav Klose, denn nach jedem Tor machte er das Kreuzzeichen. Samoa ist ein religiöses Land, und die Menschen fanden das total toll.»

«Was magst du an Deutschland?», frage ich Stefan.

«Dass Politiker zur Rechenschaft gezogen werden, wenn sie Fehler machen. Als Rudolf Scharping vor etlichen Jahren wegen privater Flugreisen auf Staatskosten in die Kritik geriet, war er seinen Posten los. Genau wie der eine, der seine Doktorarbeit abgeschrieben hatte. Wie war sein Name?»

«Karl-Theodor zu Guttenberg.»

«Genau der. Wenn Politiker Mist bauen, werden sie in Deutschland behandelt wie jeder andere und dafür zur Rechenschaft gezogen. Hier ist das leider nicht so.»

«Die Bundestagswahl liegt noch nicht lange zurück. Hast du gewählt?»

«Nein, die Briefwahlunterlagen würden nicht rechtzeitig in Deutschland ankommen.»

Bevor ich aufbreche, frage ich nach dem Buch in der Vitrine. Es handele sich um die Biographie der sechsundachtzigjährigen Lagi Braune. Ihre Mutter kam in Deutsch-Samoa zur Welt und ließ sich nach dem Ende der Kolonialzeit in Ostdeutschland nieder. In den Fünfzigern ging sie zurück in die Südsee. Die Tochter durfte Mitte der Siebziger die DDR verlassen und lebt seitdem in Apia. Wenn ich sie treffen wolle, sollte ich am besten den Honorarkonsul der Bundesrepublik auf Samoa kontaktieren. Er stehe in regem Kontakt mit ihr.

Es regnet Bindfäden. Ich ziehe einige morgendliche Bahnen im kleinen Pool meiner Unterkunft, um dann voller Elan in den Tag zu starten. Carpe diem und so. Aber das lauwarme Wasser, sowohl jenes, das vom Himmel niederprasselt, als auch das, in dem mein müder Körper treibt, bringen den Kreislauf nicht in Schwung. Träge klettere ich aus der großen Badewanne und weiß nicht so recht, was ich mit dem Tag anfangen soll. Große Expeditionen sind im Moment nicht drin. In den Sinn kommt mir das pensionierte Paar aus Wilhelmshaven, das ich auf der Namibiareise in Lüderitz kennenlernte. Auf ihrer Weltumseglung schipperten die beiden auch durch die Südsee. Sollte es mich tatsächlich in dieses abgelegene Stück Welt verschlagen, rieten sie mir, müsse ich unbedingt Kava probieren. Ein traditionelles Getränk, das im ganzen westpazifischen Raum konsumiert wird und um dessen Geschichte sich unterschiedliche Mythen ranken. Am schaurigsten ist eine Sage aus Samoas Nachbarkönigreich Tonga:

Es war eine Zeit, in der die Bewohner des Archipels an einer schweren Hungersnot litten. Der Knecht Feva Anga und seine Frau wollten ein Mahl zu Ehren des großen Häuptlings Loau zubereiten. In ihrer Verzweiflung, dass das Essen nicht reichen könnte, töteten die Eltern ihre leprakranke Tochter und kochten sie. Doch der Häuptling entdeckte das Menschenfleisch in seinem Gericht, weigerte sich, es zu verspeisen, und befahl Feva Anga, sein Kind zu beerdigen. Danach sollten die Eltern ihm die Pflanze bringen, die auf dem Grab wächst. Nach einiger Zeit spross aus dem Schädel des Mädchens ein unbekanntes Gewächs: die Kavapflanze. Daraus ließ sich Loau einen zeremoniellen Trunk zubereiten.

Früher war der Saft des Strauchs den Männern vorbehalten. Auf manchen Inseln wurde Kava nur bei folkloristischen Ritualen oder religiösen Zeremonien zubereitet. Daran erinnere ich mich. Und daran, dass dieses Zeug auch als Rauschpfeffer bekannt ist. Es wirke angeblich besser als jeder Energy Drink. An diesem Morgen also genau das

Richtige für mich, denn heute würde ich nicht nur Flügel, sondern mindestens einen wuchtigen Raketenantrieb brauchen, um überhaupt in die Gänge zu kommen. Die Müdigkeitsglocke, unter der ich seit meiner Ankunft vor mich hin vegetiere, soll endlich zerschlagen werden, und zwar mit Schmackes. An einer Art Kiosk an der Ififi Street, Ecke Salenesa Road bekomme ich den Stoff.

«Bist du krank?», fragt die Verkäuferin verwundert, als ich um Kava bitte.

«Äh, nein», antworte ich ein wenig irritiert.

Sie lacht. Dann greift sie einen Plastikbeutel aus dem Regal und legt das durchsichtige Tütchen auf den Tresen. Hellbraunes Pulver ist darin zu erkennen, es dürfte um die hundertfünfzig Gramm wiegen und soll zur Zubereitung von bis zu fünf Litern Kava reichen. Nicht einmal zehn Tala kostet es mich. Im Hotel organisiere ich eine Schüssel aus der Küche. Als das Wort Kava fällt, kichern die zwei jungen Angestellten. Und als sie merken, dass ich mit der Sache gar nicht vertraut bin, folgt eine Blitzeinweisung in die korrekte Zubereitungsweise. Außerdem eine Warnung: Auf keinen Fall darf man Alkohol mit Kava mixen! Nur Wasser! Ich empfinde den schlagartigen Impuls, genau das zu tun, doch da es erst Vormittag ist und es noch immer regnet, verwerfe ich die Idee, zum Supermarkt zu flitzen, um etwas zum Mischen zu kaufen. Pure Vernunft darf niemals siegen; gerade tut sie es aber.

Mit der Schüssel unterm Arm und der Plastiktüte in der Tasche ziehe ich mich auf mein Zimmer zurück. Auf einem dunkelbraunen Tisch breite ich alle Utensilien aus: Eine weiße Tonschale, eine Tasse, eine Flasche Wasser, ein T-Shirt und natürlich das Pulver. Ich öffne das Tütchen und schütte etwas vom Inhalt in meine Hand. Die grobe Konsistenz gleicht ein wenig der von Kleintierstreu, nur dichter fühlt es sich an. Vereinzelt lassen sich hölzerne Stückchen ausmachen, vermutlich Wurzelteile oder Rinde der Kava-Pflanze. Neutral riecht die sandige Masse, höchstens leicht erdig. Da ich unmöglich fünf Liter auf einmal trinken kann, beschließe ich, den kompletten Beutelinhalt in einem Liter Wasser aufzulösen. Anders kann das mit dem Raketenantrieb doch nicht hinhauen, und überhaupt: YOLO halt.

Ich packe eine erste, etwa kiwigroße Ladung des Rauschpfeffers in die Mitte eines T-Shirts und umschließe ihn mit dem Stoff, sodass ein faustgroßer Sack entsteht. Diesen tauche ich in die Schüssel mit dem noch glasklaren Wasser. Je weiter nach oben sich die Baumwolle vollsaugt, desto dunkler wird nicht nur der Stoff, sondern auch die Flüssigkeit. Immer wieder tunke ich das T-Shirt-Knäuel in die Schüssel wie ein Tee-Ei, wringe es aus und lasse es sich wieder vollsaugen. Zwischendurch pule ich die kaffeesatzartige Masse aus dem Shirt und nehme frisches Rauschpfefferpulver. Die reinste Sauerei. Gute zehn Minuten dauert die Chose, dann ist der ölige Saft meinem Eindruck nach fertig. Appetitlich sieht die bräunliche Brühe nicht aus. Glücklicherweise ist sie völlig geruchsneutral.

Es klopft an der Tür.

Es ist eine der Frauen aus der Küche, aber sie schiebt sofort den Gärtner vor, der mir eine halbe Kokosnussschale entgegenstreckt. «Daraus musst du den Kava trinken!», übersetzt sie die Geste ihres Kollegen, der offenbar in das Vorhaben des Gastes aus Zimmer 101 eingeweiht ist. Er wirft einen kritischen Blick in die Schüssel und gießt dann ein wenig Wasser hinzu. Jetzt sei alles in Ordnung, gibt er

Deo und James verbrachten eine glückliche Jugend in der DDR. Hinter ihnen die Christuskirche von Windhoek von 1907.

Eine Oase des deutschen Schlagers in Namibia: die Bar im «Schützenhaus», Keetmanshoop.

Fachwerk unter Palmen: wilhelminische Villa in Lüderitz, dahinter die Felsenkirche von 1912.

Eine Fata Morgana in der Wüste Namib? Nein, die Einfahrt zu einer Wüstenlodge.

Endstation einer Kolonie: der Bahnhof von Lüderitz, eröffnet im April 1914 – im September wurde die Stadt von südafrikanischen Truppen erobert.

Die Kapelle verrät es: Blumenau in Brasilien, «ein Prosit der Gemütlichkeit» vor dem Rathaus.

Mit Susan in ihrer echten Simsonwälder Tracht, Made in Brazil. Oktoberfestkönigin ist Susan leider trotzdem nicht geworden.

Der Club Germânico bei Inges Kaffeeklatsch. Weit weg von Deutschland, in jeder Hinsicht.

Am 15. November feiert Brasilien seine Unabhängigkeit. In Blumenau möglicherweise mit deutschen Würsten.

Erwin Scholz, einer der letzten deutschen Tschechen von Liberec, dem ehemaligen Reichenberg.

Die Mühlenruine des verlassenen Dorfes Hochwald. Nur der Wind hat heute wie ehedem Konjunktur.

Ein feste Burg am Ostchinesischen Meer: die evangelische Kirche in Tsingtao, 1908 fertiggestellt.

Das Erbe wirkte nach: St. Michael wurde erst Anfang der dreißiger Jahre, nach dem Ende der deutschen Kolonie, erbaut.

Bei «Deutsche Produkte» verkaufen sie auch japanische Motorräder. Deutsch spricht man nicht.

Die Guantao-«Straße im deutschen Stil». Mit »German B«, aber dafür ist Musik drin. Nicht alles ergibt hier Sinn.

Hermannstadt im Herzen Transsilvaniens. Schwarz-rot-gold sieht man hier nur in der Buchhandlung, deren Besitzer aus Bonn stammt.

Bei der Nachrecherche im Sommer: Kutschenwagen in Transsilvanien.

Das Dörfchen Michelsberg am Fuße der Südkarpaten, die Heimat der Familie Henning.

Ein bäuerlicher Selbstversorgergenuss: Hanklich aus Mehl, Milch und Eiern, das traditionelle Gebäck der Siebenbürger Sachsen.

In nobler Nachbarschaft der Upper East Side: das posche Vereinsheim des Liederkranzes zeigt, was Little Germany in New York einmal war.

Hier verliert man sein Herz nicht so schnell. Die Hausmannskost im «Heidelberg» schmeckt sehr amerikanisch.

Ein 1-Dollar-Deutschlandshop? Nein, die Traditionsmetzgerei Schaller & Weber in Yorkville.

SAMOA

Das Denkmal erinnert an ein bedeutsames Ereignis: «Hier wurde am 1. März 1900 die deutsche Flagge gehisst.»

Government of Samoa
LAND TRANSPORT AUTHORITY
TEMPORARY DRIVER'S LICENSE

№ 58291

This license authorises the bearer

Mr/Mrs/Miss/Ms _Manuel. Möglich_ of

Germany to drive a Motor Cycle / Motor Vehicle class_____

on the following conditions. Failure to comply with the provisions of the Road Rules or the following conditions will result in the suspension or revocation of this license.

* You must carry this Temporary Driver's License at all times you drive on the roads.
* This Temporary Driver's License is valid for ___1___ months.
* This License is not valid unless signed by the Licencee.

Fee ___20 -___

Foreigner Driver's Licence No. _COIOAV2R..._
Signature of Licencee _____

TDL Fee		
1 Day -	1 month -	$20.00
1 Month -	2 months -	$40.00

Elsie . Smith
LICENSING AUTHORITY
17 i 1 1 13

Ordnung muss sein: Auf Samoa muss man einen zusätzlichen Führerschein erwerben. Gibt es für sechs Euro direkt bei der Autovermietung.

Südseeidyll am Saleapaga Beach. In echt ist es noch viel schöner.

Fear and Loathing in Apia: die traditionelle Kokosnussschale mit dem Rauschpfeffer Kava (vor meinem ersten Schluck).

Einmal um die halbe Welt. 19 921 Kilometer von Samoa bis nach Hause.

nickend und grinsend zu verstehen. Die Einladung mitzutrinken schlägt das Personal des The Samoan Outrigger Hotel fast schon panisch aus. Man könnte meinen, ich hätte die beiden gerade zum Crackrauchen eingeladen. Sie verschwinden überstürzt, die Tür knallt ins Schloss und ich komme mir vor wie der letzte Gonzo-Journalist, der seinem nächsten Rausch hinterherjagt. Fear and Loathing in Apia. Was soll's. Einmal durchatmen, die gefüllte Kokosnussschale ansetzen, und ein großer Schluck ist genommen! Es schmeckt bitter, leicht erdig und ein wenig scharf. Hastig leere ich das kleine Gefäß. Ich will, dass das alles jetzt schnell geht. Ich fülle die Schale abermals und stürze den Inhalt runter auf ex. Als ich den Becher das dritte Mal in die Brühe senke, merke ich, dass ich meine Zunge nicht mehr spüre. Ich kaue kontrollierend auf ihr herum: Sie fühlt sich an wie nach einer Betäubung beim Zahnarzt, zugleich scheint dieser irgendwie fremde Fleischlappen in meinem Mund auf das doppelte seiner Größe angeschwollen zu sein. Ich fühle mich auf einmal ziemlich idiotisch, so allein im Hotelzimmer ein seltsames Rauschmittel auszuprobieren.

Diese würdelose Prozedur muss ein Ende finden. Ich lege die Kokosnuss beiseite und setze die Schüssel direkt an meine Lippen. Je mehr Kava meine Kehle hinunterfließt, desto tauber wird meine Mundhöhle, mein Rachen. Selbst meine Lippen fühlen sich auf einmal völlig blutleer an. Nur der bitterheiße Geschmack der lehmigen Plörre verschwindet mit zunehmendem Taubheitsgefühl leider nicht. Ich trinke weiter, doch das Tongefäß leert sich nur langsam. Gegen leichten Würgereiz kippe ich schließlich irgendwie den Rest hinunter. Mein Eindruck, dass ich durch diesen zweifelhaften Genuss noch mehr schwitze als sowieso schon, erhärtet sich. Dabei spüre ich den kühlen Luftzug der Klimaanlage deutlich auf meiner Haut. Im Spiegel an der Wand sehe ich meinen Kopf hochrot leuchten, das könnte aber auch am Sonnenbrand liegen. Mein Herz schlägt unverändert ruhig. So sitze ich auf der Bettkante, horche in meinen Körper hinein und warte darauf, dass der Rausch einsetzt. Wie ein Teenager, der zum ersten Mal Alkohol trinkt oder einen Joint raucht. Doch der Mann mit dem Hammer kommt nicht, und an die versprochenen Energieschübe ist schon gar nicht zu denken. Im Gegenteil. Irgendwann lasse ich mich nach hinten auf die Matratze fallen, beuge mich dem Willen meiner schweren Augenlider und schlafe innerhalb von Sekunden ein wie Dornröschen.

Erst am Nachmittag werde ich wieder wach. Panisch kontrolliere ich das Bettlaken – Erbrochenes sehe und rieche ich nicht, Gott sei Dank. In die Hose habe ich mir zum Glück auch nicht gemacht. Und auch sonst kann ich nichts Ungewöhnliches um mich herum oder direkt an mir feststellen. Nicht mal Kopfschmerzen plagen mich, kein Nachdurst, nichts. Meine Stimmung ist gut. Falls es einen Rausch gab, habe ich alles verpennt. Kava verleiht garantiert keine Flügel, dafür wenigstens süße Träume, einen erholsamen Schlaf und zum Glück keinen Kater.

Wer auf Samoa Auto fahren möchte, benötigt nicht nur einen Führerschein, sondern zusätzlich auch eine samoanische Fahrerlaubnis. Kein Witz. Für umgerechnet sechs Euro lässt sich diese entweder bei der Polizei oder direkt bei der Wagenvermietung kaufen. Ausländer dürfen nach Erwerb des unspektakulären DIN-A5-Papierfetzens bis zu einem Monat Pkws oder Motorräder jeglicher Art über das Eiland steuern. Meine Formalitäten sind geprüft, ich bekomme die Schlüssel für einen kleinen himmelblauen Mietwagen ausgehändigt. Das Wetter wirkt stabil und spielt mit für eine Inselrundfahrt. Es ist an der Zeit, die Schauplätze der Kolonialgeschichte abzuklappern. Ich packe Hundeknüppel, Sonnencreme, Wasser und Faltplan ein, und ab geht die Post.

Erster Stopp ist nach wenigen Fahrminuten am Museum of Samoa. Unweit eines kleinen Friedhofs, auf dessen alten Grabsteinen überwiegend deutsche Namen zu lesen sind, befinden sich in einem einstöckigen Wohnhaus drei Ausstellungsräume. Andere Besucher außer mir sind nicht zu sehen, weder auf dem Hof noch drinnen. Auch Personal ist nicht zugegen. Das Museum vermittelt einen groben Überblick über die Landesgeschichte sowie Flora und Fauna des Archipels. Die Wände zieren alte Bilder, Werkzeuge und Holzschnitzereien. Zum Thema Deutsch-Samoa gibt es nur wenig. Ein ethnologisches Foto aus dem Jahr 1902 zeigt den Rohbau eines Fale, ein anderes Bild das Wohnzimmer und Büro des Naturwissenschaftlers Otto Tetens, der auf Samoa ein geophysikalisches Observatorium errichtete. Das Gebäude steht noch heute auf der Halbinsel Mulinuu, nicht weit vom Stadtkern Apias. Tetens war einer der wenigen Kolonialisten, die in einer traditionellen samoanischen Hütte leben wollten, und deshalb hielt er die Konstruktion seines Fale haarklein fest. Ein anderer und deutlich relevanterer Hinweis auf die deutsche Kolonialzeit lässt sich nebenan in einer Vitrine bestaunen. Silberbesteck mit der Gravur der gesunkenen Kanonenboote SMS Eber und SMS Adler liegt ordentlich nebeneinander. Eine Tafel erklärt das Schicksal der beiden Boote:

Man schreibt das Jahr 1889. Auf Samoa kollidieren die Interessen Großbritanniens, der USA und des Deutschen Reichs, denn die Insel im Westpazifik gilt als bedeutender Handelspartner und Knotenpunkt für die Seefahrt. Seit Mitte des neunzehnten Jahrhunderts sind die drei rivalisierenden Nationen mit Konsulaten vor Ort vertreten. 1856 beginnt eine Hamburger Handelsgesellschaft damit, Kokosnussplantagen anzulegen. Die melanesischen Arbeiter stammen überwiegend vom Bismarck-Archipel, dem späteren Deutsch-Neuguinea. Denn die stolzen Samoaner weigern sich, diese Tätigkeit zu verrichten. Mit Beginn des zwanzigsten Jahrhunderts werden die Kolonialherren deshalb weitere Plantagenarbeiter aus dem deutschen Schutzgebiet Kiautschou, heute Teil der Provinz Shandong um die chinesische Stadt Tsingtao, auf die Insel bringen.

Als die wenigen einflussreichen samoanischen Familien Machtansprüche stellen, greifen die drei Imperialmächte ein. Als ein Oberhaupt der Samoaner gewählt werden soll, unterstützen die Kolonisatoren einen Matai, der ihnen wohlgesinnt ist. Malietoa Laupepa wird der erste samoanische König. Er verfügt jedoch kaum über Macht und erfüllt vor allem eine repräsentative Funktion für die vielfältige Bevölkerung. Stabilität auf der Insel vermag er nicht herzustellen. Immer wieder entflammen Konflikte unter den Clans, die zu bürgerkriegsähnlichen Zuständen führen. Als der deutsche Konsul Wilhelm Knappe im Januar 1889 eigenmächtig den Kriegszustand ausruft, erhöhen die Großmächte ihre Präsenz vor Ort massiv.

Im März dieses Jahres ankern deshalb Kriegsschiffe der drei Staaten im Hafen von Apia, als ein Zyklon über Samoa hereinbricht und die Insel verwüstet. Während die Briten sich auf das offene Meer retten können, sinken die Boote der Kontrahenten oder zerschellen an den Klippen. Unter ihnen die SMS Eber und SMS Adler. Zweiundfünfzig Amerikaner und zweiundneunzig deutsche Seeleute lassen an diesen Tagen ihr Leben. Die Naturkatastrophe bringt die Regierenden der Großmächte im Juni 1889 schließlich zur sogenannten Samoa-Konferenz in Berlin an einen Verhandlungstisch.

Das Ergebnis: Das Königreich Samoa soll unter der gemeinsamen Verwaltung der «Three Powers» formal autonom bleiben. Den Insulanern werden freie Wahlen garantiert, die fremden Mächte verwalten das neutrale Gebiet gemeinsam als Munizipaldistrikt. Amerikaner und Briten übernehmen die Rechtsprechung, die Deutschen stellen den Präsidenten des Munizipalrats. Die Zusammenarbeit der Länder gestaltet sich in den folgenden Jahren aber schwierig, immer wieder kommt es zu Unruhen, Konflikten und Kämpfen. 1899 schließlich eskaliert die Lage, als Schiffe der USA und Großbritanniens Apia bombardieren, weil der von den Deutschen favorisierte Mata'afa Iosefos die Wahl zum neuen König für sich zu entscheiden droht. Um zu verhindern, dass ihr Streit um Samoa auf andere Orte übergreift, schließen die rivalisierenden Mächte im November 1899 den Samoa-Vertrag. Die USA und das Deutsche Reich teilen die Inseln auf, Großbritannien erhält eine territoriale Abfindung. Die östlichen Bereiche mit dem Hafen Pago Pago gehen an die USA, fortan Amerikanisch-Samoa. Die Deutschen erhalten den Westen mit den größeren Inseln Upolu und Savai'i. Der amtierende Munizipalpräsident Wilhelm Solf wird wenige Monate später Gouverneur der neuen deutschen Kolonie Deutsch-Samoa.

An ein einschneidendes Datum erinnert man sich immer noch:

«Hier wurde am 1 Maerz 1900
die deutsche Flagge gehisst
Errichtet 1913»

‹Hier› ist die Stelle auf der Halbinsel Mulinuu, an der ich gerade stehe. Vor mir ein kleines Denkmal, keine fünf Minuten Autofahrt vom Museum entfernt, das zwei perfekt gewachsene Palmen umrahmen. Nur wenige Schritte dahinter klatscht das Meer an die Felsen. Es ist brutal heiß, die leichte Brise vom Ozean verschafft keinerlei Abkühlung. Der Geschmack von Salzwasser liegt in der Luft. Eine weiße, hüfthohe Mauer mit verschnörkelten Säulen umzäunt das eigentliche Monument. Rechts davon liegt ein Kranz. Erst beim zweiten Hinsehen fällt auf, dass es sich um Kunstblumen handelt. In der Mitte des kleinen Eisentors rostet ein geschmiedeter Reichsadler vor sich hin. An dem danebenliegenden Mauerstück entdecke ich eine Plakette, die einen gewissen Josef Baukes ehrt, der das Memorial im Jahr 2008 restaurierte. Das eigentliche Denkmal besteht aus einem Haufen schwarzer, rundlicher Steine. Heller Zement hält die mannshohe Pyramide zusammen. Vier schwere Bolzen tragen die quadratische Eisenplatte daran. Darauf eingearbeitet die besagte Inschrift auf Deutsch und Samoanisch. Auf der gegenüberliegenden Straßenseite ein weiteres Monument. Dieses erinnert an die gefallenen deutschen Matrosen, die während der Kämpfe ihr Leben ließen. Die kleine Halbinsel wirkt wie ausgestorben, nicht einmal Hunde treiben sich hier herum.

Ich steuere zurück durch die Stadt und fahre über die Cross Island Road den Hügel hinauf ins Landesinnere. Stopp am Insel Fehmarn Hotel. Die Urenkelin des Gründers Fritz Jürgen Kruse betreibt das Haus. Deutsch, das erzählt einer der jungen Männer an der Rezeption, könne die Chefin nicht. Da sie ohnehin nicht im Haus ist, beschließe ich weiterzufahren. Hier, wo die Stadt langsam ausfranst, wird die Umgebung bergiger.

Der Kleinwagen kämpft sich im zweiten Gang die Serpentinen ins Landesinnere hoch. Vorbei an dem Schild, das zum Robert Louis Stevenson Museum führt, stehe ich kurz drauf auf einem frischgesprengten Rasen. Vor mir erstrahlt inmitten des getrimmten Dschungels eine verschwenderische Kolonialvilla aus weiß lackiertem Holz. Doch nicht dem weitläufigen Garten oder der letzten Ruhestätte des schottischen Schriftstellers gilt mein Interesse, sondern Dr. Wilhelm Solf. Aber es gibt von dem deutschen Gouverneur von Samoa, der nach Stevensons Tod das Anwesen übernahm, hier nur ein paar wenige Fotos. Und die mageren Informationen, dass Solf von 1900 bis 1910 im Amt war und während dieser Zeit einen Generator zur Stromversorgung im Haus installieren ließ – eine definitiv sinnvollere Nachrüstung als die beiden Kamine, die wohl noch nie benutzt wurden.

Hinter einer scharfen Kurve verschwindet Apia endgültig im Tal. Nach nur einer guten Viertelstunde Fahrt zeigt Samoa ein anderes Gesicht. Eines, das von Menschen unberührt scheint. Eine tiefe Schlucht vulkanischen Ursprungs, überwuchert von üppiger Vegetation. Überall wachsen Bäume, Sträucher und Pflanzen, selbst aus den Steilwänden heraus recken sich Palmen der Sonne entgegen. Vögel und anderes Getier liefern die musikalische Untermalung für diese surreal wirkende und dabei ausufernd tropische Landschaft. Der sanft in einen kleinen See plätschernde Papapapai-uta Wasserfall rundet die Bilderbuchkulisse ab. Wie facettenreich und wunderschön grün in grün in grün doch sein kann. Allein die frischgeteerte Straße erinnert mich daran, dass ich nicht im tiefsten Urwald stehe.

Der Honda saust bergab ins Tal. Das Meer am Horizont verschwindet aus dem Blick, je flacher die Piste wird. Am Fuße des Berges in Siumu lässt sich kein Wasser mehr erspähen, obwohl der Südpazifik nur wenige Meter entfernt zu hören ist. Tsunami-Evakuierungsschilder – seit ein paar Jahren ist man auf der Hut – säumen den Wegesrand. Ich folge der Main South Coast Road in östlicher Richtung. Mit den erlaubten vierzig Stundenkilometern tuckere ich durch große Dörfer, die längst mit anderen Orten verwachsen sind, dann andere, die aus gerade mal einer Handvoll Häusern bestehen.

Auffallend sind dabei zwei Dinge: Der Umgang mit dem Tod ist auf dieser Insel völlig anders als in Europa. Vor nahezu jedem Fale stehen Grabsteine. Der Friedhof der eigenen Familie liegt offenkundig direkt vor der Haustür. Etwas befremdlich für den deutschen Besucher, der gewohnt ist, den Tod hinter Friedhofsmauern zu verbannen. Anders hier, auf einigen Gräbern sitzen Menschen, die lachen und picknicken. Auf anderen spielen Kindern. Es wirkt, als blieben die Toten im Alltag der Hinterbliebenen lebendig. Diesseitiger ist meine zweite Beobachtung: Die Häuser entlang der Hauptstraße, in denen die Samoaner leben, sind einfache Hütten – aber die zahlreichen Kirchen überragen in ihrer Größe nicht nur alle anderen Bauten, sie sind zudem deutlich prunkvoller. Die Vielzahl und Vielfalt der Kapellen ist enorm, und ich werde immer neugieriger auf meinen geplanten Gottesdienstbesuch.

Kurz vor dem Dorf Lepa bekomme ich endlich ein Südseepanorama zu sehen, das jede Fototapete verblassen lässt. «Paradise Cove» steht auf einem kleinen Wegweiser aus Holz. Ich sehe Palmen, die tief ins Wasser ragen, und solche, deren Kronen übersät sind mit grünen Kokosnüssen. Der kleine Hain erstreckt sich über die gesamte Länge der Bucht. Die Bäume wachsen in schneeweißem Sand, der seicht ins Meer übergeht. Vor dem Horizont liegt die kleine Insel Nu'utele. Wie zu erwarten, ist das Wasser sehr warm, zudem strahlt es so türkisblau, als sei es mit Photoshop für einen TUI-Katalog koloriert worden. Nicht weit hinter dem Strand ein üppig bewachsener Steilhang.

Dieser Platz macht sämtliche Reisestrapazen vergessen, es ist tatsächlich paradiesisch. Weit und breit sind nur zwei andere Menschen unterwegs. Einer entfernt sich, der andere kommt direkt auf mich zu – ein Jugendlicher aus dem Dorf, der mir anbietet, meinen Wagen zu bewachen. Obwohl nichts in der Kiste liegt und ich bezweifele, dass irgendjemand die Karre aufbrechen sollte, lasse ich mich auf sein Angebot ein. Ich gebe ihm ein paar Tala, bleibe noch ein wenig im Schatten liegen und verbuche das Geld als eine Art Spende. Denn natürlich ist weder der Junge noch sonst irgendjemand in der Nähe des Mietwagens zu sehen, als ich später einsteige. Die Tour geht weiter zum Ende der Insel am Lalomanu Beach, dann führt mich die Richardson Road zurück in die Berge. Ein paar Kurven, und wieder sehe ich nur noch Grünes. Meer und Strand lassen sich nicht einmal mehr erahnen, der Himmel zieht wieder zu, die Wolken hängen tief. Leichter Nieselregen färbt die Fahrbahn dunkel. Von hier oben im Osten Upolus offenbart sich ein atemberaubender Blick über das fruchtbare Landesinnere. Wilde Natur, Vulkanberge, Kraterseen und tropischer Regenwald, so weit das Auge reicht.

Flipflops, Bermudas, ein buntes Hemd mit wildem Muster. Der bebrillte Mann mit leichtem Silberblick und dem inseltypischen Outfit muss Arne Schreiber sein, der Honorarkonsul der Bundesrepublik Deutschland auf Samoa. Suchend steht er mitten in der Lobby meines Hotels, auf die Minute pünktlich. Nachdem wir uns gefunden haben, springen wir in seinen weißen Van, fahren zwei Straßen weiter und sitzen im Garten von Giordano's, der angeblich besten Pizzeria der Insel. Zwei kalte Vailima stehen vor uns auf dem Tisch. Feine Kondenswassertröpfchen rinnen an den Biergläsern herab und bilden Wasserringe auf der Tischdecke. Ich stoße mit meinem Gesprächspartner an.

Schreiber kam Ende der fünfziger Jahre in Hannover zur Welt und erzählt bereitwillig von sich. Er studierte Jura, Philosophie und Kunstgeschichte in Kiel und arbeitet auf Samoa als IT-Experte. Der Mann repariert Rechner oder installiert Telefonanlagen sowie andere technische Gerätschaften in den Luxushotels. Die Tätigkeit des Honorarkonsuls, der er seit einigen Jahren ist, sei vor allem eine ehrenamtliche Arbeit. Der letzte Konsul schlug Schreiber als Nachfolger vor, als er altersbedingt das Amt niederlegte. Für die fünfundvierzig Deutschen, die auf der Insel leben, ist er nun der Ansprechpartner, aber auch für Touristen, die Probleme haben. Denn die nächste offizielle deutsche Botschaft befindet sich im mehr als dreitausend Kilometer entfernten Wellington in Neuseeland. Besonders nötig war Schreiber im September 2009, als sich südwestlich vor der Küste Samoas auf offenem Meer ein Erbeben ereignete. Mehr als hundertfünfzig Menschen starben in diesen Tagen an den Folgen des Tsunamis. Die Urlauber aus Deutschland hatten Glück im Unglück und kamen vergleichsweise glimpflich davon.

In weniger krisenhaften Zeiten bemüht sich der Honorarkonsul, auch Samoaner mit deutschen Wurzeln zu erreichen, die immerhin zehn Prozent der Bevölkerung ausmachen. Ein schwieriges Unterfangen, da er kaum über Mittel verfügt, um beispielsweise Sprachkurse anzubieten. Außerdem versucht er gemeinsam mit sechs anderen Männern – Samoaner mit und ohne deutsche Vorfahren –, das Alte Gericht in Apia zu erhalten. Erbaut wurde das Holzhaus an der Beach Road im Jahr 1904. Es ist das einzige Gebäude aus der Kolonialzeit, das noch in der Stadt steht.

«Was befindet sich aktuell in dem Haus?», möchte ich wissen.

«Nichts. Nur in einem Raum, da probt die Polizeiband. Die Fenster sind sonst mit Holzbalken zugenagelt.»

Schreiber erklärt, warum er sich als Honorarkonsul für den Erhalt des Gebäudes einsetzt:

«Seit zwanzig Jahren macht Samoa rasante Fortschritte. Dem Alten und Althergebrachten schenkt man keine größere Beachtung mehr. Es ist die sprichwörtliche Neuorientierung der Gesellschaft im Gange, Deutschland hat das in den Fünfzigern erlebt. Das Moderne wirkt attraktiver als das Altbekannte, das wird gar nicht als Kulturgut wahrgenommen. Kolonialgebäude wie unser Gericht sind mittlerweile im ganzen südpazifischen Raum kaum noch zu finden. Ein von den Deutschen erbautes Krankenhaus aus vergangenen Tagen ist dem Zeitgeist schon zum Opfer gefallen.»

Dann ist Schreiber zurück bei seiner Biographie. Vor siebzehn Jahren besuchte er zum letzten Mal sein Geburtsland, seit Mitte der Neunziger wohnt er auf Samoa. Die Insel hatte es ihm sofort angetan, Liebe auf den ersten Blick. Der Norddeutsche, der beide Staatsbürgerschaften besitzt, ist mit einer Insulanerin verheiratet. Gemeinsam haben sie drei Kinder, sogenannte Afakasi. Ein geläufiger Ausdruck im Land, der Menschen beschreibt, die zur Hälfte Samoaner und zur Hälfte Weiße, Palangi, sind. Dass seine Nachkommen nur wenig Deutsch sprechen, überrascht mich. «Ihre Heimat ist Samoa», begründet es der Honorarkonsul. Seine eigenen Deutschkenntnisse kommen Schreiber auf der Insel aber zugute:

«Wissen Sie, ich bin immer mal wieder als Übersetzer gefragt. Im Archiv des Ministry of Technology and Environment lagern alte Grundbücher, die einst von den Deutschen angelegt wurden und noch heute Verwendung finden.»

Und nun fällt einmal mehr der Name Wilhelm Solf. Dieser soll traditionelle Strukturen und Sitten der Samoaner gewahrt und respektiert haben. So galt das Kolonialverwaltungsrecht nur in Apia mit seinem Hafen. In den Dörfern hatten weiterhin die Matais das Sagen. Mir leuchtet langsam ein, weshalb man sich hier ständig und gerne an Solf erinnert. Er tolerierte die Kultur der heimischen Bevölkerung und versuchte sehr behutsam, sie zu modernisieren. Schreiber erzählt aber auch von der Gegenwart: Der populäre Misa Telefoni Retzlaff, bürgerlich Hermann Theodor Retzlaff, war bis 2011 Vize-Premierminister des Landes. Sein Großvater Erich Retzlaff wurde einst nach Deutsch-

Samoa geschickt, um für Siemens Telefonleitungen zu verlegen. Auch so können Spitznamen entstehen, die sogar weitervererbt werden.

«Mit ihrem eigentlichen Thema hat das zwar nichts zu tun», beginnt der Honorarkonsul, nachdem wir über samoanische Familien ins Schwatzen gekommen sind. «Aber vielleicht interessiert es Sie ja trotzdem: Haben Sie schon von den Fa'afafines gehört? Sie sind das sogenannte dritte Geschlecht im Land und in vielen Clans zu finden.» Es handelt sich bei einer Fa'afafine um einen biologischen Mann, der von Familie und Gesellschaft jedoch als Frau betrachtet wird und sich auch als solche kleidet. Ihre Aufgaben sind traditionell weiblich, sie bestehen darin, die Kinder der Familie mit großzuziehen und die Alten zu pflegen. Obwohl Homosexualität in Samoa illegal ist, darf eine Fa'afafine mit einem Mann, einer Frau oder einer anderen Fa'afafine eine Beziehung führen. Dieses dritte Geschlecht scheint sozial akzeptiert, aber dennoch liegt die Selbstmordrate dieser Menschen deutlich über dem Durchschnitt. Schreiber deutet an, dass einige Matais und auch die Kirchen Schwierigkeiten mit den Fa'afafines hätten. Wie gleichberechtigt diese Leute tatsächlich sind, bleibt offen.

Sonntag, am frühen Morgen. Ich greife mir ein frisches Hemd aus dem Koffer, der mittlerweile eingetroffen ist, ziehe eine abgeschnittene Jeans und Flipflops an und tappe noch etwas verpennt raus in den Garten, in den Frühstücksbereich. Kaffee, frisches Obst, Pancakes und eine Schüssel süße Kokosnuss-Reis-Suppe stehen zur Selbstbedienung auf dem Tisch. Heute habe ich, ganz christlich, nur einen Programmpunkt: einen Gottesdienst besuchen.

Nur welchen? Die junge Dame, die in Sachen Kava-Zubereitung nützliche Tipps gab, empfiehlt die Methodist Church nahe der Beach Road im Zentrum. Mein letzter Gottesdienst liegt vier oder fünf Jahre zurück. Der Höhepunkt neben dem Jawort des Paares war die Predigt der Pfarrerin. Sie zitierte einige Zeilen von Wendlers «Sie liebt den DJ», weil auch der Bräutigam als solcher unterwegs war. Schlimmer oder besser, da bin ich mir im Augenblick noch nicht sicher, kann es heute nicht werden.

Kurz vor neun hält das Taxi an einer weiß verputzten Kirche mit flachem Turmabschluss. Apias Straßen sind menschenleer. Ein Kinderchor ist leise zu hören, doch als ich das Gotteshaus betrete, ist niemand zu sehen. Verwundert verlasse ich das Gebäude durch einen Seiteneingang und entdecke zwei junge Typen, die auf den Stufen im Schatten sitzen. Beide tragen weiße Hemden, rote Krawatten und weiße Lavalavas.

«Findet heute keine Messe statt?», erkundige ich mich.

«Doch, doch», antwortet der eine. «Aber wir beginnen erst um halb zehn.»

Zurück in der heiligen Halle, laufe ich vor zur Kanzel. Ein simples, holzverkleidetes Rednerpult, das auf einer kleinen Empore steht und das von mächtigen Blumengestecken geschmückt wird. An der Vorderseite fällt eine silberne Plakette ins Auge, die an Weihnachten 1999 erinnert und daran, dass die Familie Telefoni Retzlaff diese Kanzel spendete. In der Mitte der Kirche befindet sich ein kleiner hölzerner Altar. Daneben eine zweite Kanzel, deutlich kleiner als die erste und weiß gestrichen. Darüber rankt eine Blumenkette. Überhaupt sind überall im vorderen Teil der Kirche Blumen, kleine Palmbäumchen, noch mehr Blumen, Orchideen und andere tropische Pflanzen zu sehen. Zusammen mit den bläulichen Fenstern, die Bilder von Jesus Christus und seinen Jüngern zieren, bringen sie Farbe in den sonnendurchfluteten Saal. Zwischen den dunkelbraunen Holzbänken durch gehe ich in den hinteren Bereich der Kirche. An jeder Säule im Raum brummen Ventilatoren und erzeugen etwas Wind für die noch leeren Plätze. Ich setze mich ganz hinten auf eine kleine Bank unter ein dunkelblaues Fenster mit einem Anker und einer Windrose.

Dann trudeln die ersten Gläubigen ein. Ein alter Mann, eine Mutter mit ihren drei Kindern und eine kleine Familie. Sie sind von Kopf bis Fuß in Weiß gekleidet. Alle haben sich herausgeputzt. Die meisten Frauen schmückt ein Hut, sie tragen ausladende Kleider und wedeln sich mit weißen Fächern frische Luft zu. Nur die Krawatten der Männer durchbrechen den weißen Dresscode. In meinem blauschwarzen Freizeitlook habe ich mich jedenfalls anderswo schon wohler gefühlt. Die Kirche füllt sich rasch, die Bänke sind mittlerweile belegt. Siebzig Leute werden es sein. Hier und da gibt es noch freie Plätze, aber es herrscht keinesfalls die gähnende Leere, die ich aus den meisten Gotteshäusern zu Hause kenne. Ob Kind oder Greis, alle haben ihr eigenes Gesangbuch mitgebracht. Dann beginnen die Glocken zu läuten. Die letzten Besucher treffen ein, ein Herr um die sechzig schüttelt mir im Vorbeigehen die Hand, klopft auf meine Schulter und sucht sich in einer vorderen Reihe einen Platz. Ein blonder Junge sticht aus der Masse raus, wie auch der große Mann mit der schneeweißen Meckifrisur und den dunklen Augenringen, der gerade erst die Kirche betritt. Seinen massiven Oberkörper hat er in ein weißes Hemd gezwängt, der gelb-schwarz gestreifte Schlips wirkt wie ein dünner Strich. Ein brauner Gürtel fixiert den Lavalava um den gewaltigen Bauch. Seine rechte Pranke umklammert einen hellen Lederkoffer. Der Kerl bringt bestimmt hundertdreißig Kilo auf die Waage und würde astrein als Charakter bei den «Sopranos» durchgehen. Die dubiose Gestalt setzt sich nur wenige Meter von mir an einen Tisch, der mir bis zu diesem Moment noch nicht aufgefallen ist.

Es ist genau zwei Minuten nach halb zehn, als die Glocken verstummen und der Gottesdienst beginnt. Hinter dem Altar steht ein unscheinbarer Kerl in einem weißen, viel zu großen Sakko. Vermutlich der Pfarrer. Er spricht kurz auf Samoanisch zur Gemeinde, dann erhebt sich der Saal und beginnt zu singen. Nur der Hundertdreißig-Kilo-Mann bleibt hocken. In der Keyboardmelodie fallen vor allem die falschgespielten Töne auf. Was gesungen wird, verstehe ich aufgrund fehlender Samoanisch-Kenntnisse leider nicht. Würde ich allerdings zu gerne – denn die Melodie ist unverkennbar die des Deutschlandlieds. Was für ein bizarrer Augenblick! Die Hände gefaltet, stehe ich da wie ein Nationalspieler beim Erklingen der Hymne. Wie bei Lukas Podolski oder Mesut Özil bewegen sich auch meine Lippen nicht, aber im Kopf gehen die Worte zur Musik:

Ei-nig-keit und Recht und Frei-heit
für das deut-sche Va-ter-land!

Danach kein Applaus, kein Anpfiff, und dennoch geht es jetzt richtig los. Die Gemeinde bleibt stehen und singt ein zweites Lied, eine Art Gospel. Das klingt gut, denn anders als die meisten Deutschen klatschen die Samoaner nicht gegen, sondern mit dem Takt. Und die Töne treffen sie auch noch. Danach nehmen wir alle wieder Platz, und der Pfarrer beginnt mit seiner Predigt.

Meine Aufmerksamkeit gilt aber wieder dem Kavents-
mann neben mir. Sein Koffer steht aufgeklappt auf der linken Tischseite, er wirkt wie eine Brotbüchse neben seinem
mächtigen Besitzer. Vor dem Mann liegt ein Collegeblock.
In seiner rechten Hand hält er einen Kugelschreiber mit
einer hellblauen Feder am Ende. Von kleinen Schulmäd-
chen abgesehen, würde dieser lächerliche Kuli jeden
zum Gespött seiner Mitmenschen machen. Nicht so den
Samoaner mit dem Mecki. Wie ein Boss sitzt er da und mit
einer Miene, als würde er den hellblauen Federkuli auch
als Waffe gegenüber jedem verwenden, der sich anmaßte,
über ihn zu scherzen. Die Idee, ihn zu fotografieren, verwerfe ich schnell. Obwohl das, was sich jetzt ereignet, ohne
Fotobeweis kaum zu glauben ist. Nach und nach pilgern die
Gottesdienstbesucher zu dem Schwergewicht. Sie kramen
in ihren Portemonnaies und blättern Scheine auf den Tisch.
Keine kleinen Summen, sondern umgerechnet fünfzehn bis
dreißig Euro liefert jeder Einzelne bei dem Mann ab. Das
geht eine ganze Weile so, Mecki zählt, notiert und packt
die Kohle in den Koffer. Gute siebenhundert Euro dürften
zusammenkommen. Ich frage mich: Ist das eine Kollekte,
oder wird hier noch Ablasshandel betrieben?

Um Viertel nach zehn klappt der prallgefüllte Lederkoffer zu. Zufrieden die Hände auf seinem Bauch verschränkt,
sitzt sein Besitzer da. Die zwei Jungs, mit denen ich vor dem
Gottesdienst sprach, betreten in roten, langen Kapuzen-
umhängen die Kirche, zusammen mit einem Mädchen. Sie
halten einen goldenen Teller in den Händen, gehen durch
die Reihen und sammeln: Geld. Das also ist erst die Kollekte.
Alle, ausgenommen die Kinder, werfen ein paar Münzen
oder Scheine auf die Schalen. Ich lege eine lila-orange Fünf-

Tala-Note mit der Villa von Robert Louis Stevenson auf den Devisenberg. Die drei Sammler verschwinden.

Nun erhebt sich der Koloss und schreitet mit dem Geldkoffer vor zur Kanzel. Anders als der Pfarrer stellt er sich hinter das kleine weiße Pult. Er redet eine Weile, kramt dann seinen Block raus und beginnt offenbar damit, das eben Notierte vorzutragen. Ähnlich klingende Wörter wiederholen sich. Ich vermute, dass Mecki Soprano tatsächlich der Gemeinde vorträgt, wer heute wie viel lockergemacht hat. Halleluja! Als er damit durch ist, verlässt er die Kirche. Der Gottesdienst wird wieder lebendiger. Alle stehen auf, als rund zwanzig Kinder und Jugendliche ins Gebäude flitzen und «In the name of Jesus» singen. Das muss der Chor sein, den ich vorhin proben hörte. Die Kinder und die Leute in den Reihen beginnen zu tanzen. Es folgt ein weiteres Lied mit samoanischem Text, das ein bisschen an «Von den blauen Bergen kommen wir» erinnert. Danach spricht der Pfarrer mit großen Emotionen die letzten Worte, und Schlag elf ist es geschafft.

Als ich draußen vor der Kirche stehe, spüre ich eine Hand auf meiner Schulter.

«Und, wie hat es dir gefallen?», fragt der Mann, der mich eben wie einen alten Bekannten mit Handschlag begrüßt hat.

«Gut, es war sehr interessant.»

Ich gehe auf das Angebot des Herrn ein und lasse mich von ihm zum Hotel fahren. Obendrauf bekomme ich eine kleine Standrundfahrt geboten. Einfach so, Geld möchte er dafür nicht. Als ich nachfrage, was der große Mann eben vorgelesen hat, bestätigt sich tatsächlich meine Vermutung mit der Spendenliste. Was das soll und wofür die Kohle Verwendung findet, darauf erhalte ich keine Antwort. Diskretion kann dafür wohl kaum der Grund sein.

Die Kirchen auf Samoa, das sagte mir bereits Arne Schreiber, sind nicht gerade für ihr karitatives Engagement berühmt. Er erzählte mir eine Anekdote, die das Verhältnis der Samoaner zu ihren Priestern auf den Punkt zu bringen scheint: Eine Gemeinde auf der Insel folgte der Bitte des Pfarrers und sammelte nicht nur genügend Zaster für den von ihm gewünschten Rover, sondern organisierte sogar den Transport des Fahrzeugs von Neuseeland nach Samoa. Als man dem Gottesmann seinen Wagen übergab, reagierte dieser wenig erfreut. Hätte seine Gemeinde mal richtig zugehört, dann hätte sie begriffen, dass ihr Pfarrer unbedingt Ledersitze im Wagen wünschte! Aber anstatt ihn zum Teufel zu jagen, kümmerten sich die Dorfbewohner um eine rasche Behebung des Malheurs. Auf Samoa geht es einer Gemeinde erst dann gut, wenn der eigene Prediger ein größeres Auto, ein schöneres Haus und einen dickeren Bauch hat als der Gottesmann im Nachbardorf. In dem wirtschaftlich noch immer schwachen Inselstaat müssen der Glaube und die Kirche den Menschen viel Halt und Hoffnung spenden. Je ärmer der Einzelne, umso treuer und gottesfürchtiger seine Seele. Mit zunehmendem Wohlstand und Bildung bleibt die Religiosität ja bekanntlich leicht auf der Strecke. Das alles wirkt höchst befremdlich auf den Reporter, der an diesem Vormittag gerne an das so weit entfernte Deutschland denkt.

Vergeblich grase ich die Kontakte ab, die Honorarkonsul Schreiber mir zuspielte. Lagi Braune, die Frau, auf deren Buch ich in der Treasure Box aufmerksam wurde, mag nicht mehr mit Journalisten aus Deutschland reden. Zu viele schlechte Erfahrungen aus der Vergangenheit sind der Grund für ihre Absage. Ein letzter Name ist offen: Luana von Reiche. Ihr gehört eine Druckerei in der Ififi Street, nur wenige Gehminuten von meinem Hotel entfernt. Ich laufe also, bewaffnet gegen die Hunde, rüber zum Firmensitz. Ich betrete die Lagerhalle durch die erstbeste verspiegelte Tür und stehe mitten in einem Büro. Acht Augenpaare blicken mich an. Nachdem ich mich vorgestellt habe, greift eine der Angestellten zum Telefon. Sie spricht einen Moment und reicht mir dann den Hörer. Ich führe ein kurzes Gespräch auf Englisch mit Luana von Reiche – und schon am nächsten Tag treffe ich sie.

Frau von Reiche, die mich in ihrem Büro empfängt, ist eine Dame mit kurzen dunklen Locken und junger Stimme. Anfang der vierziger Jahre wurde sie auf Samoa geboren. Der Schreibtisch, an dem sie arbeitet, quillt vor Papieren über, die Wände sind mit bunten Bildern und Fotos zugekleistert, das vollgestopfte Regal droht jeden Augenblick zusammenzubrechen.

«Oh, Sie sehen mehr wie ein Hispano aus als wie ein Deutscher», begrüßt die Chefin ihren Besucher. Dass ich nicht wie ein typischer Deutscher ausschauen soll, daran erinnere ich mich in diesem Moment, wurde mir das letzte Mal bei Inges fragwürdigem Kaffeeklatsch in Brasilien ganz direkt gesagt – jetzt bitte nicht so ein Terrorgespräch! Die erste Frage stellt sie, und sie überrascht mich: «Wie wird mein Familienname in Deutschland korrekt ausgesprochen? Hier sagen wir ‹wann Reichi›.»

Frau von Reiche weiß zwar nicht genau, wie es richtig heißt, aber sie ist sich bewusst, einen besonderen Nachnamen zu tragen. Der Stammbaum – sie gebraucht das deutsche Wort – lasse sich bis ins Jahr 1026 zurückverfolgen. Es gab Barone in der Familie, aber auch einen gewissen Johann Rike. Er stammte aus einer der ältesten Sippen Hamelns. Die Familie, die sich seit 1623 Reiche nennt, stellte zwischen dem vierzehnten und siebzehnten Jahrhundert etliche Bürgermeister der Stadt. Luana von Reiche lacht: «Einer meiner Ahnen, vermutlich Johann Rike, war der, der den Rattenfänger nicht bezahlt hat!» Dann ein Zeitsprung zu ihrem Großvater, der 1901 auf Samoa eintrifft, um Gummibaumplantagen zu beaufsichtigen. Sein Sohn, Luanas Vater, wird bis zu seinem fünfzehnten Lebensjahr ausschließlich Deutsch sprechen, obwohl der Vater stirbt, als der Bub gerade zwei Jahre alt ist. Luana hingegen lernte nie Deutsch von ihrem Papa, weil sich auf der Insel das Englische als Fremdsprache durchsetzte. Die antideutsche Stimmung im ganzen Südpazifik nach dem Zweiten Weltkrieg geht an der Familie nicht spurlos vorüber. Obwohl man auf Samoa nicht besonders feindlich war, schreiben die von Reiches ihren Besitz auf Coxon um, den Mädchennamen der Mutter.

Warum die wenigen Erinnerungen an die Zeit der deutschen Kolonie auf Samoa beinahe idealisiert werden, erklärt Luana folgendermaßen:

«Wenige Jahre, nachdem die Neuseeländer von den Deutschen die Verwaltung Samoas übernommen hatten, kam es zu einem Unglück. 1918 erlaubten die neuen Besatzer einem Quarantäneschiff, auf dem die Spanische Grippe ausgebrochen war, vor Apia zu ankern. Aber die Quarantäne wurde nicht eingehalten, und die Krankheit brach auf dem Festland aus, ein Drittel der Bevölkerung starb. Die Neuseeländer brachten den Tod, die Deutschen Ordnung und Plantagen, die noch heute genutzt werden. So dachten viele der alten Matais. Außerdem glaube ich, den Samoanern gefielen die Uniformen, die sie damals bekamen.»

Aus den Erzählungen des Vaters ging hervor, wie argwöhnisch die Imperialherren bei allem waren: So sollen die Plantagenaufseher meist auf Pferden gesessen haben, einfach deshalb, weil sie befürchteten, dass die chinesischen Arbeiter ihnen hinterrücks die Kehle durchschneiden können. Vermutlich wären die Deutschen bei weitem nicht so beliebt auf Samoa, wenn die Samoaner selbst anstelle der Chinesen als Arbeiter auf den Feldern hätten schuften müssen.

Am Ende unseres Gesprächs, in dem Luana von Reiche das Volk ihrer Vorfahren durchaus mit altbekannten Klischees und Attributen bedacht hat, holt sie allerdings tief Luft und erzählt mir eine sehr erfrischende persönliche Erfahrung: «Früher organisierte mein Mann Bootstouren, wenn Kreuzfahrtschiffe die Insel besuchten. Die allerschlimmsten Gäste waren immer die Gruppen aus Deutschland. Ein einzelner Deutscher ist nett und macht keine Probleme. Aber Deutsche in einer Gruppe sind der reinste Albtraum.»

Hundert Jahre nach dem Ende der Kolonie Deutsch-Samoa sind Deutsche nur noch selten in Scharen auf der Südseeinsel anzutreffen. Die wenigen, die auf dem Archipel zu Hause sind, fallen im Verhältnis zur übrigen Bevölkerung kaum ins Gewicht. Genau wie das deutsche Erbe, das Apias Stadtbild, die Kultur oder die Sprache des Landes nur wenig beeinflusst hat. Lediglich in den Nachnamen einiger

Samoaner wird es noch ein bisschen in die Gegenwart weitergetragen. Ein Bewusstsein für Geschichte existiert, man weiß, dass Deutschland mal eine Rolle auf Samoa spielte, und keine ganz schlechte. Und anders als so ziemlich überall auf der Welt wird unsere Historie mitten im südpazifischen Ozean nicht auf Anhieb mit den großen Schrecken des zwanzigsten Jahrhunderts assoziiert. Der Name Wilhelm Solf, den die meisten Deutschen sicherlich nicht kennen, ist sämtlichen Insulanern geläufig, sein guter Ruf hallt bis heute nach. Ausgerechnet auf Samoa, einmal um die halbe Welt, auf der anderen Seite des Planeten, sind die Deutschen ein wenig angesehener und beliebter als an so vielen anderen Orten der Erde.

CHINA Tsingtao
– eine fast vergebliche Suche

«Sie haben den falschen Job für dieses Land», sagt die Stimme einer Frau am anderen Ende der Leitung. Die Dame betreibt eine Vermittlungsagentur für Einreisevisa nach China, aber ob es in meinem Fall mit einem Visum klappt, könne sie nicht versprechen. Denn sobald ein Antragsteller bei der Frage nach seinem Beruf das Kästchen «Journalist/ Mitarbeiter im Medienbereich» ankreuzt, wird es knifflig. Um mich aufzumuntern, schiebt sie hinterher, dass es Geistliche immerhin noch um einiges schwerer hätten. Meine Erklärung, ich wolle nur als Tourist einreisen und vor Ort nicht als Journalist arbeiten, beeindruckt sie wenig. Davon, so die Frau, müsste erst mal das chinesische Konsulat überzeugt werden. Und wie könnte ein Journalist schon beweisen, dass er seine Erlebnisse nicht nach der Reise verarbeitet? Erst kürzlich wurde ein ähnlicher Antrag wie meiner abgelehnt.

Das Formular, das meine Hürde ist, besteht aus einem vier Seiten umfassenden Fragebogen. Zusätzlich muss jeder Journalist oder Medienmitarbeiter eine Erklärung einreichen, aus der deutlich hervorgehen sollte, dass man in der Volksrepublik nicht seinem Job nachgeht. Überdies verlangt das Konsulat eine Begründung, warum der Antragsteller überhaupt das Land bereisen möchte. Keinen langen Aufsatz, aber doch ein paar Worte, so die Visumsagentin. «Und bitte unbedingt auf alle Vorgaben achten, sonst kommen die Unterlagen direkt zurück!», schiebt sie warnend hinterher.

Durchschnittliche deutsche Bürokratie ist nichts gegen die Vorgaben, die sie meint. Zu ihnen gehören etwa die Kopie der Rechnung über den bezahlten Flug sowie ein Beleg der Hotelreservierung für den gesamten Reisezeitraum; alle Blätter müssen die Unterschrift des Antragstellers tragen, welche mit der im Reisepass abgeglichen werden kann. Aber es geht noch weiter: Die Papiere dürfen nicht gelocht oder zusammengetackert werden, der Pass muss noch mindestens sechs Monate gültig sein und eine freie Doppelseite für das Visum haben. Der vierseitige Fragebogen muss selbstredend lückenlos ausgefüllt sein – in Blockbuchstaben. Unvollständig beantwortete Fragen werden mit einer Gefängnisstrafe von mindestens zehn Jahren geahndet – nein, das steht da natürlich nicht, aber das ist der Eindruck, der mich beim Antworten beschleicht. Wer als «Journalist/Mitarbeiter im Medienbereich» die Volksrepublik als Privatperson besuchen will, der muss auch Namen und Beruf der Eltern verraten und alle Länder auflisten, die er in den zurückliegenden zwölf Monaten besuchte. Hier macht sich ein bisschen Nervosität bemerkbar, ob mir nicht einer der vielen neuen Stempel aus meinen dicht aufeinanderfolgenden Touren der letzten Monate zum Verhängnis werden könnte.

Aber ruhig Blut: Die Begründung, warum Tsingtao mein Ziel ist, liegt auf der Hand. Beziehungsweise sie liegt in der

Geschichte. Von 1898 bis 1914 war die Hafenmetropole am Gelben Meer deutsche Kolonie und Hauptstadt des Deutschen Schutzgebietes Kiautschou – Tsingtau, wie es einst hieß. Die noch verbliebenen Kirchen und Gebäude aus der Kaiserzeit möchte ich besichtigen, und ich will nachsehen, was sonst noch so an deutschen Spuren übrig ist. Das ist die ganze Wahrheit und nichts als die Wahrheit, und sie ist touristenvisumstauglich. Vor Ort habe ich diesmal keine Termine, ich mache nur Sightseeing. Ein paar Notizen gehen garantiert klar, etwas aufzuschreiben ist ja noch nicht verboten. Oder doch?

Also fülle ich alles aus, lange vor der Reise – und warte. Die sechs Werktage, die als Bearbeitungszeit für das Visum in der Regel nötig sind, verstreichen. Weitere Tage ziehen ins Land. Die Reise rückt näher und näher. Ich habe den Bogen ordnungsgemäß ausgefüllt und mit meinem Reisepass eingereicht, doch bei meiner täglichen Onlineabfrage des Bearbeitungsstandes poppt die immergleiche Info auf: Das Rückgabedatum verschiebt sich um einen weiteren Tag. Dann plötzlich sogar um vier Tage, vermutlich kein gutes Zeichen. Der Flug geht in weniger als einer Woche. Dieser und das Hotel ließen sich wenigstens kostenfrei stornieren. Aber über was schreiben, wenn tatsächlich die Einreise verweigert wird? Tsingtao war die einzige deutsche Kolonie in ganz Asien, ein anderes Ziel gibt es auf dem Kontinent nicht.

Wer andere warten lassen kann, der hat Macht. Und vor allem die möchte China hier wohl demonstrieren. Ich habe den chinesischen Einfluss auf vorhergegangenen Reisen schon gesehen und erlebt: Sowohl in der Südsee wie in Afrika ist das Reich der Mitte äußerst aktiv, ob es ein Krankenhaus und ein neues Parlamentsgebäude in Apia baut oder moderne Wohntürme in Windhoek. Die Volksrepublik zog in den letzten Jahren zahlreiche solcher Gebäude in diesen und anderen Ländern hoch, innerhalb kürzester Zeit. Wirklich beliebt sind die Bauherren bei der Bevölkerung vor Ort damit nicht geworden, denn da sowohl Arbeiter als auch Baustoffe aus dem eigenen Land mitgebracht wurden, bedeuteten diese Bauten für die wirtschaftsschwachen Nationen Samoa und Namibia keinerlei Wirtschaftszuwachs, geschweige denn Gewinn. Dafür verfestigt sich bei den Menschen der Glaube, dass China sich nur in ihrem Land engagiert, um in den besagten Regionen politischen Einfluss zu nehmen oder gar eigene Stützpunkte aufzubauen. Das sind natürlich nur Spekulationen, aber fest steht, dass es vor allem um chinesische Interessen geht. Immerhin zeigt sich die Weltmacht mir gegenüber freundlich: Ziemlich exakt achtundvierzig Stunden vor Boarding klingelt mein Telefon. Kurz und knapp informiert ein Herr, dass mein Pass mit dem Visum zur Abholung bereitliegt. Es kann also losgehen.

Zwischenstopp in Shenyang, im Nordosten Chinas, unweit der Grenze zu Nordkorea. Der Kapitän nuschelt seinen Begrüßungstext über die Lautsprecher. Was bei mir hängenbleibt, ist die Außentemperatur: minus sieben Grad. Ich muss die Maschine verlassen und darf dann nach kurzer Pause und Passkontrolle zurück an Board, zusammen mit den anderen, die nach Tsingtao weiterfliegen. Die Einreise gestaltet sich, anders als erwartet, völlig unproblematisch. Keine Fragespielchen, wie man sie in den USA oder Israel oft erlebt. Mag sein, dass es an der Sprachbarriere liegt. Mit

Englisch ist am völlig verlassenen Flughafen von Shenyang kaum weiterzukommen. Anderthalb Stunden später erreiche ich meinen Zielflughafen. Auch hier ist Englisch eher ein seltener Dialekt als Weltsprache. «Taxi» ist eines der wenigen Wörter, die ich überhaupt lesen und verstehen kann. Für den Moment aber reicht das aus.

Was in Deutschland in der Regel ein cremefarbener Mercedes, das ist in Tsingtao scheinbar ein in die Jahre gekommener VW Santana. Obenrum blau, die untere Hälfte silbrig. Die Fahrt nach Downtown wird zum Erlebnis. Weniger wegen des Wagens oder der ersten Eindrücke der Stadt in der Dunkelheit, sondern wegen der Fahrweise des Manns hinter dem Steuer. Er blinkt ununterbrochen, haut aggressiv auf die Hupe und brettert im Slalom durch den dichten Verkehr über alle drei oder noch mehr Spuren. Gleichzeitig raucht er und hält hin und wieder sein Handy ans Ohr. Jede winzige Lücke, die sich auftut, wird sofort gekapert – meistens nicht nur von ihm, sondern auch von anderen Verkehrsnahkämpfern. Ich ertappe mich beim Mitbremsen, ich nestle angestrengt an meiner Jacke rum. Der verdammte Drecksgurt schließt nicht, und schnell wird mir in dieser Höllenkiste ziemlich mulmig. Meine Bitte, etwas langsamer zu machen, will der Fahrer nicht verstehen, oder er versteht mich tatsächlich nicht. Doch offenbar ist dieser Fahrstil völlig normal in China. Ich versuche mich zu entspannen, der Jetlag hat mich ohnehin fest im Griff.

Um drei Uhr früh wache ich nach wenigen Stunden Schlaf in meinem Hotelzimmer auf. Ich zwinge mich, liegen zu bleiben, und versuche, meinem Körper zu suggerieren, dass er müde sein soll. Er lässt sich nicht täuschen. Ein wenig dösen, kurz einnicken, mehr ist nicht drin in dieser kurzen Nacht.

Um zehn vor sieben erschallt draußen plötzlich lautes Getöse. Ein neugieriger Blick aus dem Fenster in die Morgendämmerung: Auf dem Teich vor dem Hotel hat sich über Nacht Eis gebildet. Alles starr und reglos – bis auf ein Menschengrüppchen neben dem Teich. Sechs Frauen und Männer in schwarzen Anzügen und weißen Hemden mit Stehkragen, die im Kreis zusammenstehen, ihre Arme auf den Schultern des Nächsten links und rechts. Ihre Oberkörper leicht nach vorne gebeugt, die Köpfe zusammengesteckt wie ein Fußballteam kurz vorm Anpfiff, das sich auf das Spiel einschwört. Sie brüllen irgendwas im Chor, dann öffnet sich die Runde, man tritt zwei Schritte auseinander und beginnt mit Gymnastikübungen. Beugen, strecken, drehen, eine gute Minute lang. Dann alles von vorn, der Kreis, das Brüllen, der Sport. Das geht weitere zehn Minuten so. Am Ende eine kurze Ansprache der mutmaßlichen Teamleiterin, die dafür frenetischen Applaus erntet. Das Finale dieses morgendlichen Rituals erinnert in seiner Überdrehtheit an Apple- oder Ikeamitarbeiter, die stets hysterisch applaudierend erste Kunden empfangen, wenn mal wieder eine neue Filiale eröffnet wird. Man kennt diese Bilder.

Hotelgäste waren die Frühsportler jedenfalls nicht, im Frühstücksraum ist keiner von ihnen zugegen. Meine uneingeschränkte Aufmerksamkeit richtet sich deshalb auf das verschwenderische Buffet: In schmucken Schüsseln steht eine monströse Auswahl an Gerichten und Häppchen auf einer ovalen Tischinsel mitten in der Eingangshalle des hauseigenen Restaurants. Hier und da dampft es aus runden Bambuskörben, in denen frische Dumplings und Dim

Sums warm gehalten werden. Dazwischen Suppen, verschiedenste Gemüse, Reis, diverse Nudeln, Tofu, Fisch und Fleisch. Und Dinge, die ich beim besten Willen nicht identifizieren kann. Schilder mit der englischen Bezeichnung lehnen nur an Schalen, deren Inhalt ich auch so erkannt hätte. Das meiste an diesem Frühstück wäre in Deutschland eher Abendessen, deshalb entscheidet sich der Deutsche in mir erst mal für Toast, Marmelade und frischgebratene Spiegeleier. Und für Messer und Gabel anstelle der Essstäbchen. Auf den Fernsehern an den Wänden laufen zwei verschiedene Programme des staatlichen Senders CCTV. Ohne ein Wort zu verstehen, erkenne ich doch die immer gleichen Bilder, die in Endlosschleife gezeigt werden. Die Topmeldung am Morgen ist die gelungene Mondlandung des chinesischen Raumfahrzeugs Jadehase. Ich klicke einige Nachrichten-Apps an, um zu lesen, was sonst noch in der Welt passierte. Erst beim Versuch, YouTube, Facebook und andere soziale Netzwerke zu starten, geschieht nichts auf dem Display, weder über die App noch über die Eingabe direkt in den Browser. Chinas Zensur greift.

«Excuse me, Sir», höre ich eine Stimme. Ein Mann ist an meinen Tisch herangetreten. Ein kurzhaariger junger Chinese in schwarzem Anzug und weißem Hemd. Der gleiche Hotelangestellte, der mich gestern eingecheckt hat. Moses Chen lautet sein englischer Name, wie ein kleines Metallschild an seiner Brust verrät, nur zwei Zeichen lang ist sein chinesischer Name. Auf Moses' Gesicht liegt ein breites Strahlen. Ich bin überrascht, ihn so früh am Morgen zu sehen, denn er war gestern am späten Abend noch an der Rezeption.

«Sie haben schon wieder Dienst?», frage ich verwundert.

Der Kommunikationsmanager des Hauses, wie seine offizielle Bezeichnung lautet, nickt. Zwölf bis vierzehn Stunden gehören am Tag der Arbeit, wie er erzählt. Davor und danach hat er den einstündigen Weg vom Hotel zu seiner Wohnung. Das geht sechs Tage die Woche so. Eine Frage drängt sich da auf, und ich stelle sie ganz direkt: «Mögen Sie Ihren Job, macht er Sie glücklich?» «Ja!», lautet die klare Antwort. Nur seine Eltern, die im Norden des Landes leben, die vermisse er doch sehr. Weil die Zugfahrt in seinen Heimatort acht Stunden dauert, kann Moses nur alle zwei bis drei Monate die Familie besuchen. Mir fällt auf, dass ich das Alter des irgendwie jungen Mannes überhaupt nicht ausmachen kann. Er könnte achtzehn sein, aber genauso gut auch Anfang dreißig. Die Wahrheit liegt dazwischen, wie ich erfahre. Immerhin, umgekehrt bestehen die gleichen Schwierigkeiten. Moses schätzt mich auf einundzwanzig. Dass der Gast aus Europa dreizehn Jahre älter ist, klingt für Moses schier unglaublich.

Aber jetzt ist er an der Reihe mit freundlichen und professionellen Fragen, die sich um das Wohlbefinden des neuen Gastes drehen. Nachdem wir das Geplänkel hinter uns haben, sehe ich die Chance für Fragen nach Deutschland und nach der deutschen Geschichte vor Ort. Zu meiner Überraschung fällt dem Kommunikationsmanager überhaupt nichts dazu ein. Weder etwas zur Kolonialgeschichte Tsingtaos noch etwas zur heutigen Bundesrepublik, er nennt keine Automarke, denkt nicht an Bier oder das Oktoberfest und schon gar nicht an Angela Merkel oder Fußball. Seine Chefin aber, meint er, die könne mir da sicher besser weiterhelfen. Und sie würde sogar Deutsch sprechen.

Die meisten Gäste in meinem Mittelklassehotel stammen aus China oder Südkorea. Europäer und Besucher aus dem Rest der Welt bilden die Minderheit. Insbesondere im Winter, jenseits der Badesaison, wenn es in der Siebeneinhalb-Millionen-Stadt am Gelben Meer empfindlich kalt wird. Seit meiner Ankunft gibt mir das Personal das Gefühl, äußerst willkommen zu sein. Vielleicht ist das der Exotenbonus. Der Koffer wurde auf das Zimmer getragen, der Portier weigerte sich, dafür Trinkgeld anzunehmen. Den Stuhl im Frühstücksraum bekam ich förmlich unter meinen Hintern geschoben. Und sobald ich eine Frage habe, versucht mir jeder sofort weiterzuhelfen, mit begeistertem Lächeln. So exklusiv, bilde ich mir ein, behandeln sie die anderen Gäste bestimmt nicht. Diese Art der Aufmerksamkeit kann man zugegebenermaßen genießen.

Das tue ich so lange, bis ich an der Rezeption nach dem nächsten Geldautomaten frage. Anstatt mir den Weg zu beschreiben, instruiert die Empfangsdame flugs eine junge Angestellte, mich dorthin zu führen. Die gehorcht so schnell, dass sie sich nicht einmal eine Jacke überziehen will. So laufen wir los, der Gast im Wintermantel, die Angestellte in dünner Bluse. Es hat eine Temperatur um den Gefrierpunkt, und es scheint ein gutes Stück Weg zu sein. Meine Aufforderungen, sie solle doch umkehren, ich würde den Automaten auch alleine finde, verhallen im Verkehrslärm. Das Mädchen bibbert sich bis zur Bank, dann spurtet sie zurück. Jetzt macht mir das Bedientwerden keinen Spaß mehr, es ist eher – ein irgendwie ätzendes Gefühl.

Mit Renminbi in der Tasche, wie der Yuan auch genannt wird, stehe ich an der stark befahrenen Fuzhou South Road, wie ich allerdings nur mit der Hilfe meines Smartphones herausfinde. Überall sind Schilder, doch lesen kann ich kein einziges. Lediglich das Logo eines Hotels in der Entfernung wirkt vertraut. So in etwa muss es sich anfühlen, Analphabet zu sein. Ein furchtbares Gefühl, diese Hilflosigkeit. Etwas verunsichert renne ich mit suchendem Blick durch die Straße. Der Busfahrplan als Orientierungshilfe kommt nicht in Frage, denn bis auf die Wagennummer sind alle Zeichen für mich Hieroglyphen. Lost in Translation.

Ich entferne mich von der großen Piste und komme bald zu einer kleineren, ursprünglicher wirkenden Ecke. Keine spiegelverglasten Fassaden, sondern einstöckige Gebäude mit bunten chinesischen Schriftzeichen, die in knalligen Farben bepinselt wurden. Vor einigen Geschäften und Eingängen baumeln rote Lampions mit goldenen Chinazeichen. Sie bewegen sich unruhig, obwohl kein Wind geht. Anders die ausgenommene, gehäutete Sau, die an einem Fleischerhaken wie ein Sandsack vor einem Restaurant hängt. Auf dem Boden geflochtene Körbe mit getrockneten Fischen. Ich folge der Straße bis zu einer Kreuzung.

Die Fahrbahn zu überqueren ist das reinste Abenteuer, im hektischen Verkehr herrscht das Recht des Stärkeren. Fußgänger hoppeln wie die Feldhasen auf den Zebrastreifen zwischen den Autos hindurch. Bald wird der sichere Bürgersteig breiter, die Gebäude deutlich höher. Überall dröhnt Baustellenlärm, die Sicht in den Himmel wird in jeder Richtung durchkreuzt von gelben Kränen, die ununterbrochen in Bewegung sind. An jeder zweiten Ecke buddeln Bagger riesige Gruben, aus denen bald neue Wolkenkratzer schießen werden. Downtown Tsingtao macht den Eindruck, als seien die ältesten Bauten hier erst vor wenigen Jahren aus der Erde gestampft worden. Als Peking im Jahr 2008 die

Olympischen Sommerspiele ausrichtete, fanden die Segelwettbewerbe hier an der Küste statt, sechshundertfünfzig Kilometer von der Hauptstadt entfernt. Ich gehe durch die Häuserschluchten, bis das Drumherum irgendwann flacher wird, das Blickfeld sich öffnet. Dann endlich ein Horizont: Vor mit liegt das Meer ruhig in der Fushan Bay. Wie ein glatter See schmiegt es sich an die Promenadenmauer am Music Square. Das ist ein kleiner, parkähnlicher Platz, den einige Lautsprecher mit seichtem Swing und Jazz beschallen. Eine Joggerin wärmt sich im Takt der Musik auf, dabei trainiert sie immer wieder an einem zwei Meter hohen Felskoloss, die Hände auf der Nasenspitze Ludwig van Beethovens. Es ist sein Konterfei, das hier in Stein gemeißelt steht, und wie immer schaut Ludwig recht grimmig drein. Ein erster Hinweis auf deutsche Kultur.

Mein Weg führt ostwärts entlang des Wassers Richtung Seglerhafen, aus dem zahlreiche Bootsmasten ragen. In der Entfernung lassen sich die ineinander verschlungenen Olympiaringe erkennen, die hier als große Metallskulptur aufgestellt wurden. Es gibt einige Souvenirshops, die allesamt Schmuck aus Muscheln anbieten. Noch mehr Jogger, Pärchen und Touristengruppen kommen mir entgegen. Viele von ihnen tragen Mundschutz.

Aber es sind weniger diese Masken, die mich irritieren, als die Geräusche. Nicht etwa der Straßenlärm, sondern allzu menschliche Laute, die von Menschen ohne Mundschutz kommen: Ich habe sie bis jetzt zu ignorieren versucht, es mir als Ausnahmen erklärt, aber es scheint ganz normal zu sein. Ununterbrochen hört man Spuckgeräusche, und nicht irgendwelche. Männer wie Frauen, Anzugträger oder Louis-Vuitton-Taschen-Trägerinnen, Typen in Jeans, sie alle machen es: hochziehen in der Nase und dann den Auswurf von ganz tief unten aus dem Rachen gurgeln und ausrotzen. Überall eine Soundkulisse, als ob man an einer Bushaltestelle mit einer Bande pubertierender Jungs wartet. Der Ekel überkommt mich, und ich laufe erst mal mit Kopfhörern weiter. Mitten in der Promenade, vor dem Stadtverwaltungsgebäude, befindet sich der Wusi Square, auch als Platz des 4. Mai bekannt. Es ist eine kreisrunde Fläche, in deren Zentrum eine siebenhundert Tonnen schwere Stahlskulptur prunkt, dreißig Meter hoch, siebenundzwanzig Meter breit. Die zu Ringen gebogenen knallroten Stahlträger stellen einen Tornado dar. Das Kunstwerk erinnert an die landesweite Protestbewegung der Chinesen im Jahr 1919.

Ihre Anfänge reichen noch fünf Jahre weiter zurück: 1914 unterliegen die deutschen Besatzer des damaligen Tsingtau in kriegerischen Auseinandersetzungen während des Ersten Weltkriegs den zahlenmäßig überlegenen Japanern. Diese annektieren die Hafenstadt und die sie fünfzig Kilometer weit umgebende Gebietszone Kiautschou. Der Versuch, die Region wieder unter chinesische Herrschaft zu bringen, scheitert gemäß der Abmachungen des Versailler Vertrags. Erst im Dezember 1922 wird die Zone von Japan an China zurückgegeben. Wie aus einer der hier angebrachten Marmortafeln hervorgeht, gilt die Bewegung des 4. Mai auch als Geburtsstunde des chinesischen Sozialismus.

Blickt man von diesem Platz auf die Stadt, sieht man vor der Skyline zwei, drei Reihen niedriger Häuser. Es sind überwiegend zweistöckige Neubauten, die nicht so recht in das supermoderne Bild passen wollen. Sie wirken weder neu oder heutig und schon gar nicht so pompös wie alles andere ringsherum. Es ist die Architektur einfacher Wohnhäuser aus der Zeit der Jahrhundertwende, wie man sie aus Deutschland kennt. Ich laufe weiter am Wasser entlang und werde kurz hinter einer Fußgängerbrücke daran erinnert, dass in zehn Tagen Weihnachten ist. Eine kegelförmig geschnittene Tanne mit goldenen Kugeln, Schleifen und zahlreichen Lichterketten steht mitten auf einem weitläufigen Platz. Dahinter die Marina City Mall, in der an Geschäften und Lokalen die polierten Logos von Starbucks, Burger King, Adidas und H&M glänzen. Eine Einkaufsmall, wie sie genau so auf der halben Welt zu finden ist.

Ich drehe eine Runde durch den gebohnerten Konsumtempel. Zum ersten Mal heute sehe ich zwei andere Weiße und ertappe mich dabei, dass ich kurz überlege, ihnen zuzunicken. Eine bescheuerte Idee, ich kann mich zusammenreißen und lasse es bleiben. Und doch eine interessante Erfahrung – was das Gefühl, anders als die anderen zu sein und nicht dazuzugehören, schon nach kurzer Zeit mit einem so macht. Meine Tour endet an einer Eislaufbahn im Untergeschoss. Ein einsamer Schlittschuhläufer führt unmotiviert Kunststückchen vor, zwei Kinder sehen zu. Draußen am Platz steht auf der gegenüberliegenden Straßenseite ein weiteres Einkaufszentrum, das Hisense Plaza. Hier geht es edler zu: Ein Bunker voller Nobelmarken, wie die Prada-Rolex-Cartier-Schaufenster versichern. Auf den Stufen hinauf zum Eingang kauert eine alte Frau, einen abgegriffenen Pappbecher in den Händen, mit dem sie um Almosen bittet. Irgendwo hatte ich aufgeschnappt, dass in Tsingtao laut einer Umfrage die glücklichsten Menschen in ganz China leben. Auf die Leute hinter den Mauern des Hisense mag das möglicherweise zutreffen.

Mich packt der Hunger. Das deutsche Wirtshaus «Goldener Hans» soll es sein, das ich bei meinen Recherchen entdeckt habe. Doch die Wahl entpuppt sich als Reinfall. An der Fassade des Gebäudes hängt zwar noch ein großes Bierfass mit dem daraufgepinselten Spruch «Hopfen und Malz, Gott erhalt's», doch Fenster und Türen sind verrammelt. Die deutsche Küche als Exportschlager ist in China – anders als die sehr beliebten Kraftfahrzeuge aus Süddeutschland – ein totaler Reinfall. Eine ganze Weile später lande ich am Rande von Downtown Tsingtao in einer namenlosen Seitenstraße. In einem kreisrunden holzverkleideten Bau ohne Fenster befindet sich ein Restaurant. Das Innere ist deutlich größer, als man von draußen vermuten könnte, zudem erstreckt sich der Saal über drei Etagen. In der Nähe der kleinen Bühne, auf der zwei rote Tanggu-Trommeln stehen, wird mir ein Platz zugewiesen. «Nǐ hǎo!», rufe ich dem Kellner entgegen, der an meinem Tisch vorbeikommt. Schon während ich das chinesische «Hallo» ausspreche, merke ich, dass es aus meinem Mund vielmehr wie das Miau einer Katze klingt. Zu Recht blickt der Ober mich merkwürdig an.

«One beer please», versuche ich mein Glück.

Er schaut immer noch ratlos drein.

Überbetont und langsam spreche ich: «One. Tsingtao. Beer. Please.»

Minuten später bringt ein anderer Kellner eine Kanne Tee. Ein Moment verstreicht, ehe der nächste Kollege an meinen Platz herantritt.

«Buffet or menu?», fragt der Mann und reicht mir ein iPad. Ich wische über die Abbildung der Gerichte. Die Beschreibung neben den Fotos ist chinesisch. Bei der ersten

Nachfrage endet auch dieses Gespräch. Ich gehe auf Nummer sicher und entscheide mich für das Buffet. Noch einmal versuche ich, ein Bier zu bestellen, diesmal, wie durch ein Wunder, sogar mit Erfolg. Die Anlaufschwierigkeiten des frühen Abends lösen sich in Wohlgefallen auf, als ich die Happen, die auf meinem Teller liegen, probiere. Es ist die appetitlichste chinesische Küche, die ich in meinem bisherigen Leben gegessen habe. Kein Glutamat, keine braune Brühe mit Reispampe, sondern alles frisch, knackig und hervorragend gewürzt.

Aber nun nimmt der Abend die nächste Wendung. Hat man mich absichtlich hier vor die Bühne gesetzt? Auf der beginnt nämlich ein Programm. Die Powerpoint-Präsentation an der Wand informiert zunächst über den Ablauf. Dann erscheint eine junge Frau in High Heels und einem figurbetonten roten Cheongsam-Kleid, die die unterschiedlichen Künstler ankündigt. Sie moderiert zuerst auf gut verständlichem Englisch, und ich bilde mir ein, dass sie das alleine für mich macht. Danach spricht sie Chinesisch. Nach ihrem Abgang erscheint ein Kerl, der als Chinas Eminem angepriesen wurde. Wie ein Rapper sieht er in seinem schwarzen Seidenhemd mit Drachenstickerei und rotem Stehkragen aber keineswegs aus – und er klingt auch nicht so.

In der ersten Pause kommt wieder der Kellner mit dem iPad zu meinem Tisch, und er führt einen anderen Anzugträger zu mir, der sich als Manager des Restaurants vorstellt und nun schnell die Rolle des Fremdenführers einnimmt. Er kommentiert das Bühnenprogramm, allerdings nur dadurch, dass er das kurz zuvor Gesagte der Moderatorin noch einmal knapp und schlechter verständlich wiederholt. Eine Viertelstunde steht mein persönlicher Souffleur nun schon hinter mir, und selbst nach meinem nächsten Gang zum Buffet wartet er geduldig an meinem Tisch.

«Als Nächstes kommen wir zu dem Höhepunkt des Abends, ein Stück der Sichuan-Oper!» Während traditionelle chinesische Fünftonmusik mit vielen hohen Saiteninstrumententönen von der Festplatte eines alten Rechners erklingt, tritt ein Mann mit schwarz-weiß-roter Maske ins Scheinwerferlicht. Er trägt ein aufwendiges Kostüm: Den langen Seidenmantel mit weiten Ärmeln und die wallende Hose schmücken Malereien in vielerlei Mustern und Zeichen. Auf seinem Rücken sind zwei dreieckige Fahnen befestigt, die über die Schultern ragen. Zwei weitere kreuzen sich hinter seinem Kopf. An einer Art Krone klemmen zwei dicke, etwa einen Meter lange Stränge, die biegsamen Hörnern ähneln. Über die Schläfen hängen Fransen bis auf die Brust herab.

Nun beginnt er, sich zu bewegen, geht in die Hocke, die Arme bewegt er erst langsam, dann schnell. Was ich sehe, wirkt wie eine Mischung aus Kampfsport und Tanz. Hektische Kopfbewegungen setzen ein. In Sekundenschnelle wechselt der Schauspieler seine eng anliegenden Masken, ohne dabei auch nur einmal an sein Gesicht zu fassen. Wie das funktioniert, sei ein gutgehütetes Geheimnis, flüstert der Manager hinter mir. In China gebe es nur wenige hundert Schauspieler, die diese Kunst, das Biàn Liǎn, beherrschen würden. In der nächsten halben Minute verändert sich sein Gesicht auf mysteriöse Weise gute zehn Mal. Begleitet wird das Schauspiel durch jede Menge beeindruckter «Ohs» und «Ahs» der Lokalgäste. Es scheint, als sei unter jeder bemalten Maske eine weitere versteckt. Die Fratzen könnten nicht unterschiedlicher sein. Einige sehr bunt und abstrakt, andere beinahe einfarbig und menschen-ähnlich. Das geschulte Publikum weiß um die Bedeutung der Farben in der Sichuan-Oper. Rot steht für Treue, grün ist die Farbe der Helden und Kämpfer, wie ich lerne. Als die letzte Maske fällt, sieht der Saal das echte Gesicht eines jungen Mannes, der völlig außer Atem ist. Das Publikum ist begeistert. Als der Meister durch den Raum schreitet und einzelne Gäste aufsucht, tobt die schon recht heitere Mannschaft an den drei Tischen in der Raummitte. Einige von ihnen lassen sich mit Faceman ablichten. Er baut sich wieder auf, hebt bedrohend seine Arme und wechselt in einem rasanten Tempo noch ein paarmal sein Gesicht.

«Möchten Sie auch ein Foto mit dem Meister?»

Ich lehne dankend ab.

«Es wäre eine große Ehre für den Künstler. Soll ich ihn herbitten?»

Ich würde dem verbalen Würgegriff des Managers gern entflutschen, aber ich habe keine Chance. Der Mann ignoriert die Wünsche des deutschen Gastes und geht schnurstracks zum Maskenmann rüber. Kurz drauf steht der Kerl mit den vielen Gesichtern hinter meinem Stuhl und zieht seine Nummer abermals durch. Als alle seine Fratzen aufgebraucht sind, tritt er neben mich und hört dem hektisch plappernden Chef zu. Eine kleine Schar anderer Gäste hat sich im Halbkreis vor meinem Tisch versammelt und beobachtet das Schauspiel unterhalb der Bühne. Faceman wendet sich mir zu und schüttelt meine Hand.

Dieser Moment wird festgehalten. Drei Leute machen Fotos, einer mit seinem Smartphone, zwei andere mit großen Kameras. Es blitzt mehrmals, der Boss quasselt, der Schauspieler strahlt, ich schaue dumm grinsend drein und lasse den Moment über mich ergehen. Dann ist die Situation überstanden, die Leute nehmen ihre Plätze wieder ein, und der Chef verschwindet mit dem Schauspieler und einem der Fotografen. Wahrscheinlich wird eines dieser Bilder in naher Zukunft auf einer Collage des Restaurants landen. Nach dem Motto: «Schauen Sie her, treten Sie ein! Selbst Langnasen sind unsere Gäste und lieben es, sich von dem Serviceteam verwöhnen zu lassen», oder so ähnlich. Der Manager taucht zum Glück nicht mehr auf, und so kann ich wenigstens in Ruhe zu Ende essen.

Auf dieser Reise halte ich mich an meinen Plan, habe also keinen einzigen Termin, sondern werde das reine Touriprogramm durchziehen. Heute steht ein Spektakel auf meinem Zettel. Ich sehe Kneipe an Kneipe. Weil es gerade erst zehn Uhr morgens ist, sind die meisten Läden mit ihren ausgeschalteten Bierleuchtreklamen, an denen ich vorbeifahre, noch verwaist. Auf der Yan'an 1st Road, der China International Wine Street, werden die Spuren der Nacht mit Schrubbern und Kehrfahrzeugen bereinigt. Am Ende dieser Saufmeile deutet der Taxifahrer auf das einzige Fabrikgebäude zwischen all den Bars und verlangt für die zwanzig Minuten Fahrt zwei Euro.

Mein Ziel ist die Tsingtao-Brauerei. Ein dunkelrotes, mehrstöckiges Backsteingebäude, über dessen oberster Fensterreihe grün glasierte Ziegel im Mauerwerk die Jahreszahl 1903 bilden. Das Jahr, in dem deutsche Kolonisten anfingen, erstmals in China Bier zu brauen. Ein angerosteter Metalltorbogen wölbt sich über den Eingang zum Hof. Der Schriftzug besteht aus sieben chinesischen Zeichen, darunter steht THE WORLD OF TSINGTAO zu lesen.

Schon hier riecht es deutlich nach frischgebrautem Bier. Ein herber, würziger und dabei gleichwohl süßer Duft, der mich an Brot, gekochten Kohl und Erbrochenes erinnert. Möglicherweise zieht auch nur der Mief von den zahlreichen Bars in der Nähe herüber. Die Nase gewöhnt sich sehr rasch daran. Das Unternehmen bietet für ein paar Yuan eine Führung auf Englisch, die ich sofort buche. Denn mit der Dame an der Kasse kann ich nur über Zeigen, Gesten und Pantomime kommunizieren, wie mit fast allen, die ich in dieser Stadt treffe. Keine zwei Minuten später steht eine junge Chinesin in einem roten, knöchellangen und hochgeschlossenen Filzmantel mit goldenen Knöpfen vor mir. Das Outfit passt hervorragend zur Adventszeit.

Die Frau mit dem strengen Zopf stellt sich zwar vor, doch ihren Namen vergesse ich zwei Sekunden später, als wir den Innenhof betreten und die Führung beginnt. Sie deutet auf eine nicht zu übersehende, aus Metall gegossene Zahl – 100 –, welche die Firma zum hundertjährigen Jubiläum anfertigen ließ. Im Hintergrund ragen alte Schornsteine in den Himmel. Weiter geht es, vorbei an einem großen Springbrunnen in Form einer überdimensionierten Tsingtao-Bierflasche mit Gläsern drum herum. Wenige Schritte entfernt eine Statue, die einen europäischen Mann darstellt. Unter seinem rechten Arm hält er ein Bierfass, in seiner Linken einen Humpen. Dann betreten wir ein kleineres Backsteingebäude, in dem das eigentliche Museum beheimatet ist. In den Zimmern Vitrinen, an den Wänden gerahmte Bilder und Dokumente. Meine Führerin beginnt ihren Vortrag, der mehr als hundert Jahre zurückführt. Am 15. August 1903 gründeten deutsche und britische Kaufleute die Brauerei. Unter der Marke Germania brauten sie nach dem deutschen Reinheitsgebot zwei Sorten Bier, ein Pils und ein Dunkles, das 1906 bei einem Wettbewerb in München sogar mit einer Goldmedaille geehrt wurde. Die Abnehmer des Getränks waren überwiegend die vor Ort stationierten Schutztruppen. Zweitausend Tonnen Bier pro Jahr produzierte die Brauerei zu jener Zeit.

«Auf diese Menge kommen wir heute an nur einem Tag!», erklärt mir die Lady in Rot, und schon geht es weiter: Zu Beginn des zwanzigsten Jahrhunderts tranken Chinesen noch kein Bier. Mittlerweile lieben sie es. Im Sommer wird in den Straßen Bier in kleinen Plastikbeuteln verkauft, erfahre ich, man trinkt es mit einem Strohhalm. Bei Temperaturen um null Grad bleibt mir nur die Sehnsucht nach dergleichen. In den Vitrinen sieht man alte Etiketten. Zunächst schmückte der preußische Adler das Logo von Germania-Bräu, wie ein ovales Papierstück zeigt. Darunter gedruckt: Tsingtau.

Im Laufe der Jahre änderte man nicht nur die Schreibweise, sondern auch Graphik und Symbole des Etiketts. Der Vogel wurde ersetzt durch zwei Fässer und ein Hakenkreuz. Zu Beginn des Ersten Weltkriegs besetzten die Japaner die Stadt und übernahmen auch die Brauerei, die fortan The Dai Nippon Brewery hieß. Obwohl Tsingtao in der Bewegung des 4. Mai an China zurückfiel, blieb die Brauerei noch bis Ende des Zweiten Weltkriegs unter japanischer Führung. Erst dann wurde sie chinesisch – als Tsingtao Brewery. Bis heute brauen die Chinesen das Bier unter diesem weithin bekannten Namen. So weit erzählt die junge Frau, und damit ist die Firmenhistorie abgehakt. Wir verlassen das Backsteinhaus und laufen über den Hof zu einem deutlich größeren Bau, der eigentlichen Fabrik.

«Was halten Sie von den Deutschen?», will ich von meiner Begleitung wissen, die ich auf knapp unter dreißig schätze.

«Viele Deutsche besuchen im Sommer die Brauerei, wenn in Tsingtao das Internationale Bierfestival stattfindet», berichtet sie in passablem Englisch.

«Mögen Sie diese deutschen Besucher denn? Wie sind die so?»

Schweigen. Beim zweiten Nachfragen übergeht sie mein Anliegen in gekonnter Politikermanier. Sie versteht mich auf jeden Fall, doch sie will mir nicht antworten oder darf es vielleicht auch nicht. Wie dem auch sei, sie ignoriert alle meine weiteren Konversationsbemühungen zum Thema Deutschland. Es besteht keine Chance, mit dieser Chinesin auch nur zwei Sätze zu wechseln, in denen es nicht um ihr Bier geht. Als wir die Fabrikhalle betreten, rattert sie abermals den auswendig gelernten Text herunter, wie eine Maschine. Ein Raum mit weiß gekachelten Wänden und roten Fließen am Boden. An einer dicken roten Seilabsperrung machen wir halt. Dahinter steht eine altertümliche schwarze Maschine, eine Art Kessel, auf der einen Seite führt eine Stange zu einem Motor. Was genau die Aufgabe dieser Gerätschaft war, bekomme ich nicht erklärt. Nur dass Siemens 1897 diesen Motor baute.

«Die Maschine funktioniert immer noch», erzählt die Frau mit Stolz in der Stimme.

«Können Sie das Gerät mal kurz anwerfen?», versuche ich einen Witz, um die abgekühlte Stimmung aufzutauen.

Keine Reaktion, weder von der Maschine noch von der Führerin. Stattdessen macht diese mit dem Programm weiter. Siemens wollte den schwarzen Eisenblock vor einigen

Jahren zurückkaufen, um ihn im werkseigenen Museum auszustellen. Das Angebot lehnte die Brauerei ganz offensichtlich ab. Über eine ebenfalls mehr als hundert Jahre alte Metalltreppe mit blankgewetzten Stufen und viel Patina am Geländer gelangen wir ins nächste Stockwerk. Zwei alte, kupferrot glänzende Würzepfannen nehmen nahezu den kompletten Raum ein. Über ein paar weitere Stufen und Gänge landen wir auf einer modernen Fabrikstraße, in der maschinell gearbeitet wird. Die Gegenwart der Firma wird dem Besucher also auch nahegebracht. Fünfzehn Kisten pro Minute und sechzig Dosen pro Sekunde füllen die Maschinen ab. Mehr Zahlen bleiben bei mir nicht hängen.

Wir verlassen die Halle durch eine schwere Glastür und einen Gang, der dem Inneren eines Biertanks nachempfunden ist, durch einen anderen, in dem mehrere Sechstausend-Liter-Holzfässer aus dem Jahr 1903 lagern, und landen danach endlich mal an einem Tresen. Der sieht etwas zu steril aus, doch immerhin folgt auf die ganze Theorie nun endlich der praktische Teil. Die Trägerin des roten Mantels, den sie auch drinnen bis zum obersten Knopf geschlossen hält, reicht mir eine kleine Tüte Nüsschen – und ein frischgezapftes Bier.

Fünfundzwanzig Prozent Reis enthält der gelbe Saft, so mögen es die Chinesen lieber, auch wenn das nicht mehr so ganz dem Reinheitsgebot entspricht. Ein Frühschoppen light, und die Sache könnte ganz spaßig werden, wenn ich meine Freundin oder einen Kumpel dabeihätte oder wenn meine Begleiterin ein wenig kommunikativer wäre. Aber die trinkt nichts, schaut sogar angeödet in der Gegend umher und macht auf subtile Art Druck, dass ich nicht trödle. Also knabbere ich alleine die Nüsschen und kippe das Glas zügig hinunter. Der kurzzeitige Rausch des Reisbieres beflügelt meine Laune: Für einen Euro lässt der Reporter in bester Touristenmanier ein Bild von sich machen, das ein gelangweilter Fotograf dann als personalisiertes Label auf eine Tsingtao-Bierflasche klebt. Eine Etage tiefer schaue ich mir animierte Werbebilder für die jeweiligen Premium-Märkte an. In über siebzig Länder exportiert Tsingtao, auch nach Deutschland. Das entsprechende Poster zeigt Schloss Neuschwanstein samt einem Sonnenuntergang mit übertrieben roten Wolken. Mehr Kitsch geht unmöglich.

Nach gut einer Stunde neigt sich der Rundgang langsam dem Ende zu, und die Führung ähnelt immer mehr dem Besuch eines Rummels. Wir laufen vorbei an Zerrspiegeln und Fahrradgeneratoren. «Don't drink and drive» lautet die Botschaft. Gerade wäre ich gerne etwas angetüdelt. Wirklich besoffen fühle ich mich dann aber nur im «Drunken House». Eine kleine Hütte, die in ihrem Inneren ausschließlich Schrägen hat und so tatsächlich die Sinne austrickst. Warum an einer Wand des kargen Raums ein Graffito mit den vier Bandmitgliedern von KISS zu sehen ist, erschließt sich mir so wenig wie so einiges andere auf diesem Chinatrip.

Vor den mit Kram gefüllten Schaufenstern des Tsingtao-Souvenirladens im Erdgeschoss verlässt mich meine Begleiterin mit einem knappen «Bye», genauso schnell, wie sie zu Beginn auftauchte. An einer langen Holztheke bekomme ich ein zweites Bier auf Kosten des Hauses. Ich setze mich an einen Tisch, der einem Bierfass nachempfunden ist. Ein paar Plätze weiter hocken zwei Pärchen. Sie amüsieren sich köstlich. Ich dagegen hänge da und fühle, wie die Bierschwere mich überkommt, ich fühle mich wie ein einsamer Alki, der sich schon am späten Vormittag das zweite Getränk genehmigt. Aber eine klare Erkenntnis überfällt mich dann doch, in genau dieser Situation: Ein Brauereibesuch, bei dem man allein ist, macht keinen Bock. Noch schlimmer, mich zieht es jetzt geradezu runter. Wie gerne hätte ich ein wenig Gesellschaft. Verdammt, zum ersten Mal seit langer Zeit überkommt mich das Heimweh. Nach meiner Freundin, den Freunden, meiner Familie. Aber irgendwie auch nach Deutschland, so insgesamt und überhaupt. Denn die Sprachlosigkeit, meine Kommunikationslosigkeit hier in China, nicht am Leben teilzunehmen, wie in einer Blase durch die Gegend zu rennen, nichts zu verstehen von meiner Umwelt und nicht verstanden werden – das saugt gerade ganz extrem an mir. Ohne Sprache, den Austausch und die Kommunikation bleibt vom Dasein nicht viel.

Eine dicke Ader tritt an seinem Hals hervor. Brüllend stoppt der Taxifahrer den Santana am Straßenrand. Er dreht sich um, feuert mir wahrscheinlich ein derbes «Hau ab!» oder was auch immer hin und deutet mit der rechten Hand bestimmend in Richtung Tür. Seine fuchtelnden Finger sind so nah vor meinem Gesicht, ich könnte danach schnappen. Die Contenance entgleitet mir langsam, ich spüre es. Denn unter rein phonetischen Aspekten wirkt Chinesisch, auch wenn es in normaler Lautstärke gesprochen wird, für einen Europäer bereits ungemein aggressiv. Schreit jemand mit voller Inbrunst auf einen ein, klingt es wie eine Kriegserklärung. Ich bin sauer, beherrsche mich aber. Noch einmal zeige ich ihm genervt-geduldig das Display meines Telefons, auf dem die Adresse des Hotels in chinesischen Schriftzeichen zu lesen ist. «Wir sind noch nicht da!», fauche ich auf

Englisch zurück. Der Taxifahrer versteht nichts oder will es nicht verstehen und kreischt mit seiner unangenehm hohen Stimme weiter. Ich werfe einen braunen, zerknüllten Zwanzig-Yuan-Schein mit dem Konterfei Maos nach vorne, steige aus und knalle die Tür so fest wie möglich zu. Und dann, während ich mir meinen blau blinkenden Standpunkt auf Google Maps anschaue und abschätze, wie lange ich von der Xianggang Middle Road bis zum Hotel benötige, versuche ich, mich nicht zu sehr über ihn aufzuregen. Trotzdem denke ich noch kurz: «Was für ein Penner!»

Die Richtung stimmt, und eigentlich wird es nur eine Viertelstunde Fußmarsch sein, anderswo nicht der Rede wert, hier aber genug, um sich rettungslos zu verlaufen. Ohne mein Telefon wäre ich auf dieser Reise geliefert, und selbst mit ist es schwierig genug.

Ich bin selten so genervt wie im Augenblick. Dieser Tag lieferte bis jetzt so ziemlich alle Zutaten, um ihn zu einem richtig beschissenen werden zu lassen. Das Fremde, Unverständliche und Undurchschaubare um mich herum macht mich fertig. Auf direktem Weg in mein Hotel gehen und mich im Zimmer verkriechen – gerade will ich das nicht. Keine Kapitulation. Mir kommt ein Rettungsanker in den Sinn: In fußläufiger Entfernung zum Jachthafen, ganz in der Nähe, befindet sich das InterContinental, die teuerste Absteige weit und breit. Dort, da würde ich jede Wette eingehen, wird es doch irgendwie die Chance auf eine kleine englischsprachige Konversation geben. Ein paar oberflächliche Floskeln sollten mir schon reichen, um mich wieder wie ein Mensch zu fühlen. Außerdem ist diese Edelherbergskette, das weiß ich, in puncto Speisekarte und Einrichtung ähnlich konzipiert wie die McDonald's- oder Starbucks-Filialen auf der ganzen Welt. Alles sieht gleich aus und schmeckt gleich, auf Lokalkolorit wird verzichtet. Denn der Gast soll sich sofort heimelig fühlen, egal wo er gerade ist. Das wäre somit genau das, was ich jetzt suche, und ich finde es beim Eintreten. Der Duft der Globalisierung – wie so oft riecht sie nach Geld. Dazu mischt sich heute eine angenehm zitronige Note. In einem schweren Ohrensessel versunken, atme ich das Raumdeo und den Dampf des frischen Sechs-Euro-Kaffees auf dem runden Tischlein vor mir ein. Alles schon besser, aber weil ich mich noch immer redselig fühle, lasse ich den Kellner zwei weitere Male zu meinem Platz kommen. Erst bestelle ich ein Stück Käsekuchen, danach eine überteuerte Cola. Und das nur, um die immer gleichen Floskeln zu hören:

«Enjoy!»

«Thank you!»

«You're welcome. Is there anything else I can do for you?»

Die gute Stunde bei seichter Pianomusik zwischen – überwiegend – anderen Europäern, deren Sprachen ich einigermaßen zu verstehen in der Lage bin, deren Gesichter mir vom Typus her vertraut sind, füllt meinen Sozial-Akku auf und lässt den Puls wieder normal schlagen. Obwohl ich von meinen Tischnachbarn nicht viel verstehe, ist es deutlich mehr als in den ganzen letzten Tagen.

Später, in der Lobby meiner Unterkunft, fängt mich der freundliche Moses ab. «Hello my friend, how are you today?»

Ich reiße mich zusammen und behaupte, dass es mir blendend geht. Wenn ich Zeit hätte, so sagt mir Moses, können ich jetzt seine Chefin kennenlernen. Die Aussicht, ein wenig auf Deutsch zu plaudern, stimmt mich so glücklich wie noch nie zuvor in meinem Leben. Echt wahr. Ich setze mich auf das Sofa neben dem Wellensittichkäfig, bekomme ein Glas heißes Wasser mit Sesamkörnern gereicht und warte bei Piepmatzgezwitscher. Fast wie im InterContinental. Kurz drauf erscheint Moses mit einer Frau um Mitte vierzig, die ihre Haare zu einem Pferdeschwanz gebunden hat und wie alle anderen Angestellten einen schwarzen Anzug und eine weiße Bluse trägt.

«Hallo, seien Sie gegrüßt», sagt sie in tadellosem Deutsch mit nur wenig Akzent, und entschuldigt sich, dass wir uns noch nicht vorgestellt werden konnten.

«Ich bin Candy.»

Süß.

«Wo haben Sie denn Deutsch gelernt?»

«In Luzern an der Hotelfachschule. Die habe ich absolviert, danach wurde ich von einem Haus in der Stadt übernommen. Neun Jahre habe ich in der Schweiz gelebt.»

Candy mochte es in der Schweiz und pflegt noch immer Kontakt zu früheren Kollegen, obwohl sie seit fünf Jahren wieder in China ist. Zurückgekommen sei sie, als sie genug Geld gespart hatte, um ihren Eltern die Kosten für ihre Ausbildung zurückzuzahlen. Und auch das Heimweh wurde irgendwann zu einem ständigen Begleiter, egal was sie tat oder wo sie war. Das kann ich im Moment nur zu gut verstehen. Je mehr Candy spricht, umso deutlicher klingt ihr Schweizer Akzent durch, vor allem bei Wörtern mit ch-Lauten, die, wohl durchs Chinesische beeinflusst, aus ihrem Mund beinahe schon kratzend klingen. Fehlt ihr mal die richtige Vokabel, nimmt sie den englischen Begriff.

«Haben Sie in den Jahren auch Deutschland besucht?»

«Sicher!», kratzt es mir entgegen. «In München und

Frankfurt war ich. Leider habe ich das Oktoberfest verpasst.»

«Welche Stadt mochten Sie lieber?»

«München ist schöner. Hier in China weiß man über diese Stadt einfach viel mehr. Auch wegen dem Bierfest, in Tsingtao gibt es jeden August so etwas Ähnliches.»

Candy kichert viel. Ihr Gesicht zeichnen kleine Lachfalten. Als sie hört, dass in Deutschland heute immer mehr Menschen Chinesisch lernen, strahlt sie.

«In China können Ausländer gutes Geld verdienen, und gut davon leben. In Europa sind zweitausend Euro Gehalt im Monat nicht viel. Aber in unserem Land ist man damit der King. Da kann man sich irgendwann sogar ein Haus kaufen.»

Mein Geldbeutel bestätigt es. Die umgerechnet hundert Euro, die ich kurz nach meiner Ankunft abhob, werden trotz ständiger Taxifahrten und Restaurantbesuche kaum weniger – nur mein letzter Kaffee-und-Kuchen-Stopp schlug zu Buche. In der Tat scheinen zweitausend Euro in Tsingtao eine Menge Geld. In der Schweiz sähe das ganz anders aus, da mag Candy recht haben. Doch das in etlichen anderen Ländern Europas weit weniger verdient wird, lässt sich ihr nur mühselig erklären. Die Managerin muss ohnehin weiter, aber nicht ohne dem deutschen Gast eine kleine Aufmerksamkeit zu überreichen. Aus einer Tasche ihres Jacketts kramt sie eine briefmarkengroße Plastikschachtel hervor – darin ein runder Pin, der ein gelb-rot-schwarzes Gesicht einer Sichuan-Oper-Maske zeigt.

«Warum sind Sie eigentlich in Tsingtao?», fragt Candy zum Abschied.

Als ich es ihr erzähle, hält sie doch noch einen Moment

inne. Nur selten kämen Deutsche ans Gelbe Meer, um sich die Altstadt anzuschauen, aus Interesse an der Geschichte. Die meisten Besucher aus meinem Heimatland seien Geschäftsleute. Ob ich denn auch ins Elsass gefahren wäre, möchte sie wissen. Sie hörte in der Schweiz, dass diese französische Provinz einst zu Deutschland gehörte, und da läge es für mich doch nahe, auch weil es wirklich geographisch viel näher liegt, mir die Gegend anzusehen.

«Ja, einmal war ich dort», antworte ich ein wenig verdutzt. Dass der Besuch mehr als zwanzig Jahre zurückliegt und mir nicht in bester Erinnerung blieb, erkläre ich nicht mehr.

Candy geht und lässt mich durch ihre Frage mit einer Erinnerungswunde zurück, die vernarbt war, aber nun, achttausend Kilometer von Berlin entfernt, bei Wellensittichgezwitscher und Sesamwasser im Reich der Mitte, wieder aufplatzt. Es muss im achten Schuljahr gewesen sein, wenige Wochen vor den Sommerferien. Meine Französischlehrerin hatte die Idee, mit ihrer Klasse einen Ausflug nach Straßburg zu machen. Die Schüler sollten die neue Fremdsprache im Alltag anwenden und motiviert werden, aus eigenem Antrieb und fasziniert von der französischen Kultur, fleißig weiterzulernen. So weit, so gut.

In Straßburg angekommen, schwärmten die Gymnasiasten in Vierergrüppchen aus. Mit einer Leitfrage im Gepäck, die wir an ahnungslose Passanten richteten: «Fühlen Sie sich als Deutscher?» Aufgrund des fehlenden Wissens um die Geschichte des von den Nazis annektierten Elsass war sich keiner der Dreizehn- oder Vierzehnjährigen der Tragweite dieser Neugier bewusst. Die Antworten auf Straßburgs Straßen glichen sich – jeder verneinte es. Uns überraschte das damals. Richtig getroffen haben mich die nur halb verstandenen zynischen Kommentare, die jedes Nein begleiteten. Am Ende muss es an diesem Ausflug gelegen haben, dass ich Französisch nach der Zehnten erleichtert abwählte.

Im neuen Zentrum mit seinen verspiegelten Wolkenkratzern steige ich in den blau-silbernen Wagen, reiche mein Handy mit einem Screenshot voller chinesischer Zeichen nach vorne und lasse mich auf einer vierspurigen Straße hupend durch die City kutschieren. Heute bin ich dabei schon ziemlich relaxed. Von der Rückbank des Taxis aus erkenne ich eine sich langsam nähernde Erhebung, auf deren Spitze der Shouchuang Television Tower alles weit und breit überragt. Ein Turm, der mich wegen seiner runden, in der Sonne funkelnden Kuppel entfernt an den Berliner Alex erinnert.

Als wir an diesem kleinen Bergkamm vorbei sind, verändert Tsingtao sein Gesicht so schnell wie ein Schauspieler in der Sichuan-Oper seine Masken. Von der modernen Stadt mit ihren Neubauten ist nichts mehr zu sehen. Vor uns öffnet sich hügeliges Land mit flachen Gebäuden. Weiter entfernt stehen einige Hochhäuser am Meer, die trotz der Distanz als Achtziger-Jahre-Architektur erkennbar sind. Modern sind hier alleine die protzigen SUVs und Limousinen, die uns entgegenkommen. Wie in den letzten Tagen hält auch dieser Fahrer nicht am gewünschten Ziel, doch dafür wenigstens in der richtigen Nachbarschaft. Kein Grund also, eine Diskussion vom Zaun zu brechen, die ich wegen der Verständigungsschwierigkeiten sowieso verlieren würde. Obwohl die Gegend, durch die ich spaziere, mir keineswegs bekannt ist, fühle ich mich auf dieser Reise erstmals ein wenig heimisch. Denn an der Yishui Road, dem früheren Diedrichsweg, steht entlang der frischgeteerten Straße ein wilhelminisches Gebäude neben dem anderen. Es sind alte, überwiegend gut erhaltene Villen mit großen Fenstern, rot gedeckten Ziegeldächern und manchmal Holzbalken an Balkonen und Giebeln. Wie nach der Blaupause des typisch deutschen Stils jener Zeit gebaut. Die Enden der grünen Eisenzäune um die Gärten sind spitz wie Pickelhauben. An jedem Eingang hängen schwarze Steintafeln, auf denen – endlich – nicht nur Chinesisches eingraviert ist, sondern auch auf Englisch zu lesen steht:

HISTORIC EXCELLENT ARCHITECTURE
GERMAN ARCHITECTURE
No. 3 YISHUI ROAD BUILT IN 1901
QINGDAO MUNICIPAL GOVERNMENT 2003

Zwischen 1899 und 1912 wurden sämtliche Häuser entlang der Straße errichtet, die den Namen von Admiral Otto von Diedrichs trug. Unter seinem Kommando besetzten am 14. November 1897 rund siebenhundert Deutsche die Bucht von Kiautschou und den Hafen von Tsingtau. Seit geraumer Zeit interessierte sich das Reich da bereits schon für diesen Küstenstreifen. Die Ermordung zweier deutscher Missionare in der Region bot den willkommenen Anlass, in China Präsenz zu zeigen. Der Grund: Die Angst vor den imperialen Konkurrenten aus Großbritannien und Frankreich, die im Reich der Mitte und in Asien generell bereits mehr Einfluss, Macht und Wirtschaftsbeziehungen hatten als Kaiser Wilhelm II. und seine Deutschen. An Bernhard von Bülow, seinen Staatssekretär des Auswärtigen Amtes und späteren Reichskanzler, schrieb der Monarch Anfang November:

«Also endlich haben uns die Chinesen den schon ... so lang ersehnten Grund und ‹Zwischenfall› geboten. ... Tausende von deutschen Christen werden aufatmen, wenn sie des Deutschen Kaisers Schiffe in ihrer Nähe wissen werden. Hunderte von deutschen Kaufleuten werden aufjauchzen in dem Bewusstsein, daß endlich das Deutsche Reich festen Fuß in Asien gewonnen hat. Hunderttausende von Chinesen werden erzittern, wenn sie die eiserne Faust des Deutschen Reichs schwer in ihrem Nacken fühlen werden, und das ganze deutsche Volk wird sich freuen, daß seine Regierung eine mannhafte Tat getan.»

Otto von Diedrichs erhielt von ganz oben den Befehl, «vollkommene Sühne» zu erzwingen. Im März des folgenden Jahres nötigte die deutsche Reichsregierung den chinesischen Kaiser zur Unterzeichnung eines Vertrags: China verpflichtete sich, eine Zone im Umkreis von fünfzig Kilometern um Kiautschou für neunundneunzig Jahre an die Deutschen zu verpachten. Neben dem rund fünfhundert Quadratkilometer großen Gebiet sicherte sich das Reich das Bergbaurecht, Eisenbahnkonzessionen und Zollvergünstigungen für die gesamte Provinz Shandong.

Fortan lebten mehr als dreißig Millionen Chinesen in einem Gebiet, in dem Deutsche plötzlich immensen Einfluss besaßen. Auch andere europäische Mächte drängten daraufhin nach Macht und Zugeständnissen, und die chinesische Regierung gab nach. Im Volk regte sich aber immer mehr Widerstand gegen die Besatzer aus Europa, Nordamerika und Japan. 1899 formierte sich die Bewegung der «Boxer» – etwas vereinfacht benannt nach ihrer traditionellen Kampfkunst, die viel raffinierter als schlichtes Boxen war –, um die Kolonisten zu bekämpfen. Missionare und

Chinesen in Shandong, die zum Christentum konvertierten, wurden die ersten Opfer. Nachdem die «Boxer» im Juni des Jahres 1900 in Peking den deutschen Gesandten Clemens Freiherr von Ketteler erschossen hatten, beschloss Wilhelm II. blutrünstige Rache. Am 27. Juli verabschiedete der Kaiser in Bremerhaven sein Ostasien-Expeditionskorps mit einer Ansprache, der berüchtigten Hunnenrede. Auf Jahrzehnte sollte sie das Bild der Deutschen als moderne Barbaren prägen und war somit weit weniger positiv, als der Kaiser sich das wohl vorgestellt hatte. Seine Worte machen die unbarmherzige Haltung und die ersehnte Rolle des Deutschen Reichs in der Welt unmissverständlich deutlich: «Pardon wird nicht gegeben! Gefangene werden nicht gemacht! Wie vor tausend Jahren die Hunnen unter ihrem König Etzel sich einen Namen gemacht, der sie noch jetzt in der Überlieferung gewaltig erscheinen lässt, so möge der Name Deutschland in China in einer solchen Weise bestätigt werden, daß niemals wieder ein Chinese es wagt, etwa einen Deutschen auch nur scheel anzusehen.»

Den Truppen der Großmächte gelang es, den Aufstand niederzuschlagen. Als Brigadekommandant kämpfte auch ein gewisser Lothar von Trotha in China, der ein paar Jahre später auch für das blutige und brutale Vorgehen gegen die Völker der Herero und Nama in Deutsch-Südwestafrika verantwortlich sein sollte. Das Deutsche Reich und die anderen internationalen Interventionsmächte, bestehend aus Frankreich, Großbritannien, Italien, Österreich-Ungarn, Russland, Japan und den USA, erzwangen am 27. September 1901 die Unterwerfung der chinesischen Regierung. Beliebt waren die Deutschen vorher schon nicht, nach diesen Ereignissen waren sie erst recht verhasst. Zu

Beginn des Ersten Weltkriegs fand ihre Besatzungszeit in Tsingtau ein Ende.

An der Yishui Road zur Kreuzung Jiangsu Road, die früher Bismarckstraße hieß, erreiche ich mein erstes Ziel. Auf einer betonierten Anhöhe liegt hinter kargen Bäumen die 1908 fertiggestellte Lutherische Kirche. Über eine steile Treppe geht es auf den Hügel zum gelb gestrichenen Gotteshaus mit seinem Sockel aus roh behauenen Granitsteinen. Das Kirchendach ist mit roten Ziegeln gedeckt. Der vierzig Meter hohe Glockenturm sticht besonders hervor wegen seines grünen Kupferdachs – und wegen des Zifferblatts seiner Uhr. Darauf ist deutlich «J. F. Weule Bockenem am Harz» zu lesen. Mit den Häusern auf der einen Seite der Yishui Road und der Kathedrale auf der anderen könnte man tatsächlich glauben, in einer romantischen Kleinstadt in Mitteldeutschland zu stehen. Es ist zwanzig nach zehn, die Uhr funktioniert exakt. Eine Tafel auf dem Hof verrät Weiteres: Tausend Menschen finden in der Kirche Platz, einst hieß sie Gospel Church, später International Church. Zur vollen Stunde und sonntagmorgens läuten die Glocken. Außerdem wird seit November 1980 wieder Gottesdienst gefeiert.

Im selben Jahr stellte die Shandong-Provinz das Bauwerk der deutschen Kolonialherren auch unter Denkmalschutz. Möglicherweise war das seine Rettung, denn noch bis Anfang der 1990er Jahre rissen die Chinesen viele der alten Kolonialbauten ab, da sie als Schandfleck galten und an die Zeit der Unterdrückung erinnerten. Darüber wird nun allerdings kein Wort mehr verloren. Durch eine schwarze Eisentür trete ich ins Innere, von einem kleinen WELCOME-Schild begrüßt. Dann ein überraschender

Anblick: Eine ältere Frau streckt mir ihren Hintern entgegen, den schwarze Leggings bekleiden. Breitbeinig gibt sie sich im Eingangsbereich des Gotteshauses der Gymnastik hin. O Gott! Als sie mich bemerkt, hält sie kurz inne, möchte meine zuvor gekaufte Eintrittskarte sehen und fragt, woher ich komme.

«Ah, Germany!», antwortet sie unaufgeregt auf Englisch. «Deine Nation hat diese Kirche gebaut. Weißt du das?»

Ich nicke und versuche, ein Gespräch zu starten, doch ich bekomme nur «Don't understand!» und «God bless you!» von ihr zu hören. Sie beugt sich wieder vor und sportelt weiter. Ich schiebe mich an der turnenden Chinesin vorbei. An der Wand steht in Stein geschlagen:

gegruendet am

19. april 1908.

eingeweiht am

23. oktober 1910

«Clocktower!», weist mich die Dame an und zeigt, sich streckend und lachend, zu einer Tür. Sie führt ins Treppenhaus hinauf in den Turm. Anders als erhofft, wartet oben aber kein berauschender Blick über die Stadt auf mich. Dafür darf ich hinter einer Plexiglaswand die Mechanik der Zahnräder des Uhrwerks von J. F. Weule aus Bockenem am Harz aus nächster Nähe bewundern. Immerhin, im Vergleich zum Siemensmotor in der Tsingtao-Brauerei ist dieser Apparat in Aktion, und ich weiß, wozu er dient.

Im Hauptschiff der Kirche machen ein Paar und eine kleine Gruppe junger Asiaten Bilder. Die, die nicht ohnehin Selfies den Vorzug geben, fotografieren eine ziemlich karge weiße Halle. Weder die schmucklosen Fenster noch die einfache Kanzel oder das kleine Holzkreuz auf dem

Altar geben ein besonders religiöses Gepräge. Chinesische Schriftzeichen oder gar Bibelverse in deutscher Sprache sind nirgends zu entdecken. Nur der mächtige Weihnachtsbaum verleiht dem faden Ort etwas Farbe.

Den restlichen Vormittag laufe ich durch die Gegend rund um die evangelische Kirche herum. Ich stehe vor den verschlossenen Türen der ehemaligen Residenz des deutschen Gouverneurs und vor dem früheren Verwaltungshauptquartier der Deutschen. Ein protziger Bau, in dem sich heute Tsingtaos National People's Congress Standing Committee befindet. Die Straßenzüge und Gebäude sind hier aufgeladen mit Historie, viel ist hier passiert. Deutsche Großmannssucht und Gewalt steckt in diesen Mauern. Nur: Erzählen kann mir diese Geschichte leider niemand. Wie eine Flipperkugel bewege ich mich ziellos umher, biege planlos ab und komme an Stellen zurück, die ich schon kenne.

Als gefühlt einziger Tourist spaziere ich durch schmale Gassen mit Kopfsteinpflaster, vorbei an Ruinen von alten Häusern und Imbissen, vor denen kleine Hocker den Gehweg belagern. Ausschließlich Männer sitzen hier beisammen, vergraben ihre Gesichter in Nudelsuppenschalen und nehmen mich Langnase kaum wahr. Auch wenn die allerorts an Deutschland erinnernden Gebäude denen in Namibia teilweise zum Verwechseln ähnlich sehen, erscheinen sie hier, überall mit chinesischen Schriftzeichen versehen, noch absurder. Denn anders als in der einstigen Kolonie in Afrika, in der immer noch Deutsch gesprochen wird und Deutsches auf den Straßenschildern steht, bleiben in Tsingtao vom deutschen Erbe nur die Hüllen aus Stein. Obwohl mir bei genauerer Betrachtung auffällt, dass einige der wilhelminisch anmutenden Gebäude aus den Zwanzigern und sogar Dreißigern stammen, als kein Deutscher mehr in Tsingtau irgendetwas zu melden hatte. «European Architecture» heißen die Bauten auf den schwarzen Tafeln pauschal. Es hatte sich also noch ein wenig kolonialdeutsche Tradition erhalten, als deren Urheber längst wieder verschwunden waren.

Entlang der Promenade komme ich an einem Gebäude vorbei, das einst die Deutsch-Asiatische-Bank beheimatete. Auf der Changzhou Road gelange ich zum früheren Gefängnis und treffe auf ein chinesisches Paar – dasselbe, das mir in der Lutherischen Kirche bereits auffiel. «Suchst du auch den Eingang?», fragt er mich in schwer verständlichem Englisch, offenbar ratlos wie ich selbst. Wir gehen zusammen weiter und unterhalten uns ein wenig, soweit es möglich ist. Das Paar kommt aus Shanghai und macht Urlaub in Tsingtaos Altstadt. Wahrscheinlich wären sie lieber im Schwarzwald, doch dass sie nun mit einem echten Deutschen vor der passenden Kulisse reden können, freut vor allem den Mann so sehr, dass er mich überstürzt zu einer Stadtführung durch Shanghai einlädt, sollte es mich eines Tages dorthin verschlagen.

Aber warum verbringen sie ihre Ferien ausgerechnet hier, und warum freuen sie sich so, mich zu treffen? Vor lauter Begeisterung verhaspeln sich die zwei und fallen sich ins Wort. So richtig können ihre wenigen englischen Worte ohnehin nicht fassen, was sie an Deutschland fasziniert. Aber in ihrem «Ah, Germany!» schwingen so viel Romantik, Abenteuer, Leidenschaft, Kuckucksuhrenrufe, Lederhosenknarzen und andere Klischees mit, dass ich sie schon irgendwie verstehe – ich bin für sie ein Stück Deutschland, und gerade finde ich es irgendwie sogar schön.

Im Eingangsbereich des Gefängnisses für Nichtchinesen, den wir endlich finden, überraschen weniger die nachträglich errichteten Mauern mit Stacheldraht, sondern die einzelnen Wegweiser in deutscher Sprache. Ich folge dem Pfeil zur «Halle für juristische Geschichte und Entwicklung in Tsingtau (Erdgeschoß)».

Die Halle, genauer genommen mehrere kleinere Zimmer in einem roten Backsteinbau, betrete ich alleine, ohne die Shanghaier. Ein Glück, denn es wäre mir unangenehm: Drinnen zeigen zahlreiche Fotos, wie erst die Deutschen und später die Japaner chinesische Bürger auf abscheulichste Weise hinrichteten. Es ist einer dieser Momente, in denen einem das Deutschsein zu viel ist, zu viel grässliche Geschichte ist damit verbunden. Der Rest vom Knast gleicht einer Art Themenpark. In den alten Büros und Zellen stellen angestaubte Puppen Szenen nach, die die Geschichte lebhafter erzählen sollen. Das einstige Gefängnis wird zum bizarren, beinahe schon klamaukigen Geisterbahnerlebnis. Gut gemeint ist noch lange nicht gut gemacht. Dabei verraten die Worte, die ich eingangs auf einer goldenen Tafel gelesen habe, im Grunde schon alles: «Das deutsche Gefängnis Museum ist ein eigenartiges Museum aus Gefängnisbauten und dokumentarischen Sammlungen für Justiz.» Dass es derart eigenartig wäre, hätte ich nicht erwartet.

Ein völlig anderer Ort in der Altstadt. Ich richte langsam meinen Blick gen Himmel, und es tauchen zwei Türme mit schwarzen Kreuzen auf roten, spitzen Dächern auf. Die Türme bekrönen die Kathedrale St. Michael. Ein mächtiges Gebäude, um einiges größer als die Lutherische Kirche. Erbaut wurde St. Michael erst in den frühen 1930ern, nachdem es schon lange keine deutsche Gemeinde mehr in der Stadt gab. Die katholische Kirche liegt zwischen Qufu Road und Zhejiang Road an einem belebten Platz mit Kopfsteinpflaster und ganz viel überrestaurierter Geschichte. Beinahe ein Themenpark für Deutschlandfans. Etliche Brautpaare wuseln umher, in liebevoll verknoteten Posen lassen sich die Frischvermählten vor dem Haupteingang des Baus ablichten. Jeder auf dem Platz macht Fotos von diesem offenbar ganz exotischen Steinkoloss. In Bamberg oder Trier würde einer Kathedrale wie dieser kaum Beachtung geschenkt. Auch eine kichernde Teenagergruppe macht Bilder. Vor allem von der Kirche, aber auffallend unauffällig auch vom deutschen Touristen, der hier einen hervorragenden Statisten abgibt. Es ist ein unwirklicher Ort. Das heimische Gefühl, das ich am Morgen empfand, ist aufgebraucht, der Placebo-Effekt des Ortes abgenutzt. Ich frage mich, ob ich in China zum ersten Mal enttäuscht sein werde, weil hier nichts lebendig Deutsches mehr ist, weil ich einfach niemanden finde, der deutscher Muttersprachler ist und hier seine Wurzeln hat.

Nördlich des alten Bahnhofs beginnt hinter einer Autobahnbrücke die Guantao Straße. Genau dieser Name steht überraschenderweise auf einem Eisenschild. Sogar mit ß. Der Buchstabe ragt leicht über die anderen hinaus, er gehört offenbar nicht zum normalen Letterninventar des Druckers. Warum die Beschilderung überhaupt in dieser Ecke Tsingtaos zu finden ist, steht auf Englisch an einer bröckelnden Hinweistafel. Die Guantao Straße wurde 1899 gebaut, das Gebiet rund um diese Adresse hat sich schnell zum wirtschaftlich stärksten Viertel Tsingtaos entwickelt. In den Dreißigern bekam die Straße einen Spitznamen: Wall Street. Heute sind entlang der vergleichsweise schmalen Guantao, die sich durch ein circa zwanzig Hektar großes Gebiet zieht, noch etliche historische Bauten im deutschen Stil erhalten. Und nicht nur das. «Zentrum für Unternehmensgründung» lese ich an einer Fassade. Wenige Meter weiter eine Leuchtreklame in Schwarz-Rot-Gold mit sechs chinesischen Zeichen. Vor ihr bleibe ich stehen.

Eine kreisrunde Deutschlandfahne aus Plastik hängt neben dem Eingang, über der Tür einige Zeichen und in altdeutscher Schrift die Worte: «Deutsche Produkte». Sofort keimt in mir wieder die Hoffnung, doch noch irgendjemanden zu sprechen, der mit Deutschland verbunden ist oder wenigstens ein paar Worte über das kulturelle Kuddelmuddel dieser Stadt sagen könnte. Es ist ein überschaubarer Laden von vielleicht fünfzig Quadratmetern. In den Regalen Ritter Sport, Milka-Schokolade, Melitta-Kaffeefiltertüten, kleine Underberg-Flaschen und diverse Konserven von Knorr. Aktuell ziert die Auslage auch ein bisschen Weihnachtsdeko aus Plastik. Wahrscheinlich Made in China. Sämtliche Schilder an den Regalen sind auf Chinesisch oder Englisch, keines auf Deutsch. «NO PICTURES» steht auf einem Zettel an der Wand. Ich halte mich dran, obwohl der Verkaufsschlager der «Deutschen Produkte» wirklich ein Foto wert wäre: Angeboten wird eine grüne, schwer japanische Kawasaki. Die Verkäuferin lacht irritiert, als ich sie erst auf Englisch und danach auf Deutsch anspreche. Eine Konversation ist ausgeschlossen.

Zwei Hausnummern weiter wieder Schwarz-Rot-Gold-Alarm: Ein typisch deutsch aussehender Mann hält glücklich eine Gabel mit einer aufgespießten Bratwurst und leckt sich die Finger. Mit diesem Plakat wirbt das Restaurant

«Zur Bierstube». An den bordeauxfarbenen Markisen steht in altdeutscher Typo «Die Deutsche Straße». Während ich schaue, tritt aus dem Gasthaus ein Chinese mit einer Schürze in den Farben der Deutschlandfahne. Leider verstehe ich kein Wort von dem, was er mir sagt, nur das Signal, dass das Lokal noch geschlossen ist. Ich resigniere und bleibe ab nun nur noch bei den Spuren an den Gebäuden:

Der chinesische Experte für funktionelle Textilien

Mode mit hundertjähriger Geschichte

Respekt Engagement Zuverlässigkeit Kooperation Entwicklung

Wenige Meter weiter ein anderes Haus und in einem gemalten Bierglas an einer Wand seine Geschichte:

Das Gebäude im europäischen Stil wurde 1917 gebaut und war die Niederlassung der englischen HSBC-Bank.

Unter dem Dachgiebel erzählt der gleiche Text dieselbe kurze Geschichte. Von dem benachbarten Grundstück lässt sich alleine eine Mauer erkennen, auf ihr sind undefinierbare Gegenstände angebracht. Eine dieser metallischen Formen könnte ein Zahnrad zeigen. Über den vermutlich technischen Gebilden prangt: Der Deutsche Stil.

Das ist also die Deutsche Straße, an der sich überall ein Stück Phantasiedeutschland entdecken lässt. Auch an der Ecke zur Shanghai Road. Ein vielleicht drei Meter hohes Modell eines weißen Schlosses mit hellblauen Dächern, Neuschwanstein nicht unähnlich, steht es auf einem roten Steinsockel. Das hölzerne Miniaturschloss hat nach einigen prüfenden Blicken keinerlei Funktion, außer eben wie ein kleines Schloss auszusehen. Merkwürdig genug, doch noch schleierhafter wird dieses Ding, weil es fast versteckt an der ewig hohen Fassade eines preußisch anmutenden

Gebäudes angeschraubt ist. Ein echtes Haus, so eines, in das Menschen reingehen können. Wäre dies der Firmensitz einer Spielzeugschmiede, die auch Schlösser produziert, würde es einen Sinn ergeben. Doch der große Bau ist ein stinknormales Wohnhaus. Weniger rätselhaft ein in Sichtweite verlassener «Deutscher Imbiss». So geht es weiter bis zu einem Platz, in dessen Mitte auf einem Marmorpodest fünf silberne Alphörner über einer Klaviertastatur schweben. Was das soll, will sich mir beim besten Willen nicht erschließen und wird durch keine Tafel erklärt. «StraBen im deutschen Stil in Tsingtao» wurde an einer Seite in die Plattform eingemeißelt. Ein großes B, genötigt, ein ß zu sein – hier war sicher kein Deutscher am Werk.

Klar ist mittlerweile nur eine Sache: Trotz der Guantao Straße mit ß, trotz der «Deutschen Produkte», trotz all der Gebäude dieser Altstadt, die an manchen Stellen wie irgendeine Ecke in Deutschland aussieht, trotz der Historie dieses Ortes und trotz des Tsingtao-Biers, trotz des hundert Jahre alten Siemensmotors, der Brauerei und der Kirchen – in Tsingtao ist Deutschland so weit weg wie nirgendwo sonst auf meinen Reisen. Das Vermächtnis der Deutschen lässt sich in China zwar finden, doch es ist kaum mehr als eine leere, unbelebte Schale. Es sind einfach nur Gebäude, die anders aussehen als der Rest der Stadt, des Landes. Deutschland ist hier ein verrückter, exotischer Kontrast zum chinesischen Drumrum, eine attraktive Fototapete für große Feierlichkeiten und lustige Schnappschüsse.

Ich habe genug. Dreimal schlage ich die Hacken meiner roten Turnschuhe zusammen und denke mir: «There's no place like home!»

RUMÄNIEN   Blutleeres Transsilvanien

Es ist natürlich keine Super-Constellation wie in «Homo faber». Doch das monotone Propellerbrummen in der engen Kabine der Bombardier Q400 macht mich unruhig und lässt mich an den Roman von Max Frisch denken. Wir werden schon keine Notlandung einlegen müssen, versuche ich mich zu beruhigen. Hunderte Meter unter mir zieht Deutschland in Zeitlupe vorbei. Wolken, die sich zu Phantasiepalästen formen oder an verschiedene Tiere erinnern, beeinträchtigen den Blick hinab auf die Erde. Vielleicht fliegt die Maschine auch schon über Österreich. Von hier oben sind Nationen und Grenzen nur noch schwer zu erkennen. Über den Wolken, im Duty-free-Himmel, ja, da muss die Freiheit wohl grenzenlos sein. Bis zum Horizont reichen die Alpen, die aussehen wie riesige Hügel aus Pappmaché in einer Miniatureisenbahnlandschaft. Der Schnee an den Hängen spiegelt das Sonnenlicht so stark, dass ich meine Augen zusammenkneifen muss.

Ein Blick in die Tageszeitung auf meinen Knien: Der Zeitpunkt für die Reise nach Rumänien könnte kaum spannungsvoller sein als jetzt, in den ersten Januartagen. Seit der Jahreswende ist der EU-Arbeitsmarkt offen für Bulgaren und Rumänen. Da in einigen Monaten Europawahlen anstehen, warnt der CSU-Vorsitzende Horst Seehofer jetzt schon lauthals vor Armutszuwanderung und massenhaftem Sozialmissbrauch durch Osteuropäer. Der CSU-Slogan dazu: «Wer betrügt, fliegt!» Deutsche Bürger werden bei den Menschen in diesem so verschrienen Osten durch solche Parolen wohl kaum beliebter.

In Sibiu, im deutschen Sprachgebrauch Hermannstadt, geht die Q400 butterweich auf die Landebahn nieder. In der Flughafenhalle lese ich neben der zu erwartenden Beschriftung auf Rumänisch und Englisch die Wörter «Passkontrolle» und «Ankunft» in meiner Muttersprache. Auf der kurzen Taxifahrt ins Zentrum stoße ich auf mehr Vertrautes. Am Fenster des roten Dacia huschen Neubauten mit den Logos von Konzernen wie BMW, Siemens und Metro vorbei. Ein Lidl-Markt im Herzen Transsilvaniens sieht genauso hässlich aus wie jede Filiale in Deutschland und sonst wo in Europa. Selbst die Pflastersteine auf dem Parkplatz sind genormt und identisch. Globalisierung nervt manchmal dann doch.

Gerade mal zwei Stunden im Land, und schon bemerke ich zwei Menschen, die vor mir herlaufen und sich dabei in astreinem Deutsch unterhalten. Dass das in Hermannstadt, wie die beiden den Ort sicherlich nennen, passieren würde, liegt nahe. Denn nicht ohne Grund gilt die Stadt als Wiege der Siebenbürger Sachsen, deren Historie bis ins zwölfte Jahrhundert zurückreicht. Heute, so wurde mir vor meiner Reise erzählt, seien die wenigen übriggebliebenen Siebenbürger Sachsen uralt. Die beiden allerdings, die gerade meinen Weg kreuzten, sind Kinder. An dem

Gebäude, aus dem sie kamen, steht auf einem Schild über der Tür «Samuel von Brukenthal Gymnasium Sibiu/Hermannstadt». Auf einem kleineren «Partnerschule der Bundesrepublik Deutschland». Die Altstadt mit Kopfsteinpflaster, Rundbögen, prächtigen Palästen am Großen Ring und verwinkelten Gassen ist pittoresk, beinahe schon kitschig schön. Europas Kulturhauptstadt von 2007 wurde nicht, wie so viele andere traditionsreiche Orte, lieblos totsaniert. Über den immer noch weihnachtlich geschmückten Platz eilen Menschen, die hell erleuchteten Restaurants sind voll. An den Häusern angebrachte Plaketten verweisen auf die Entstehungszeit, oft das vierzehnte bis sechzehnte Jahrhundert. Ein Baudenkmal reiht sich an das nächste. Dazwischen gequetscht die Buchhandlung Schiller. Neben einigen rumänischen Titeln ist das Schaufenster mit Werken über die Siebenbürger Sachsen und ihre Heimat dekoriert. Dazu eine nicht zu übersehende Deutschlandfahne, die an der Innenseite der Scheibe hängt. Diesen Laden sollte ich besuchen, wenn er offen ist.

Flaggen, so scheint es, mögen die Hermannstädter gerne. Ob an repräsentativen Bauten oder an eher unbedeutenden Häusern und Laternen, die Stadt schmücken allerorts die rumänischen Farben Blau, Gelb und Rot. Und fast überall weht neben der Landesfahne die blaue Europaflagge mit den zwölf goldenen Sternen. Sie erscheint hier normal und selbstverständlich. Selten zuvor habe ich ein Land besucht, das seinen Stolz, der Europäischen Union anzugehören, auf solch deutliche Art und Weise zur Schau stellt. Wenn ich chrlich bin, Rumänien habe ich mir anders ausgemalt: vor allem trister.

Hermannstadt entpuppt sich schnell als Ort, an dem man es sich auch ohne viel Geld gutgehen lassen kann. Der Dekadenz frönend, beziehe ich in einem der teuersten Hotels im Zentrum Quartier und zahle fünfundvierzig Euro pro Nacht für ein Zimmer mit einem monströsen Kingsize-Bett und Blick auf die winterlichen Berge. Bademantel, weiße Einweghausschuhe und Frühstück inklusive.

Am nächsten Morgen sitze ich bei Kaffee, Brötchen und Rührei. Vor mir liegt die aktuelle Ausgabe der Hermannstädter Zeitung. Ein deutschsprachiges Wochenblatt, das seit 1968 existiert. In der Ausgabe vom 10. Januar 2014 greift Chefredakteurin Beatrice Ungar in ihrer Glosse die Diskussionen über den geöffneten EU-Arbeitsmarkt auf.

«Die Grenzen sind zum Teil überflüssig geworden, aber dem Überfluss sind keine Grenzen gesetzt, vor allem nicht dem Überfluss in Sachen Dummheit, und der Wahrheit laufen die Freunde weg. Wie wir das bei der jüngsten Debatte in Deutschland zum Thema Arbeitsfreizügigkeit erlebten. Wobei die deutschen Politiker noch nicht mal originell sind, denn die Briten haben es ihnen schon fast ein Jahr lang vorgemacht, wie man pauschal gegen Bulgaren und Rumänen hetzt.»

Eine Antwort auf Seehofers Attacke. Es braucht nicht viel Empathie, um die Motivation der Frau für diese Zeilen zu verstehen.

Auf dem Weg zu meinem ersten Termin geht es durch eine der Gassen, die zum Großen Ring führen. In bester Lage befindet sich das Demokratische Forum der Deutschen in Rumänien. Laut der Verbandshomepage eine Organisation, «durch welche sich die Gemeinschaften rumänischer Bürger deutscher Ethnie im politischen Leben Rumäniens selbst vertreten». Neben den Siebenbürger Sachsen sind auch die Banater Schwaben im Südwesten des Landes eine von mehreren Gemeinschaften, die als deutschsprachige Minderheit anerkannt werden. Insgesamt gibt es in Rumänien zwanzig anerkannte Minderheiten. Ihnen zusammen steht ein fester Parlamentssitz zu, und sie erhalten staatliche Unterstützung. Das Besondere in Hermannstadt ist, dass seit dem Jahr 2000 eine Minderheit mit dem weit über die Stadt hinaus populären rumänisch-deutschen Klaus Iohannis den Bürgermeister stellt. (Wie beliebt Klaus Iohannis ist, sollte ich ein Dreivierteljahr nach meinem Besuch erfahren: Im November 2014 wurde Iohannis zum ersten rumänisch-deutschen Präsidenten der Republik Rumänien gewählt. «Danke schön, danke schön», jubelten seine Anhänger, auf Deutsch.) Vis-à-vis des österreichischen Honorarkonsulats liegt das Demokratische Forum. Die hölzernen Treppenstufen ächzen unter jedem Schritt.

Benjamin Józsa, der Geschäftsführer, arbeitet in einem Büro im zweiten Stock unter Dachschrägen. Ein Schreibtisch voller Papiere, dahinter hängt schlaff die Fahne mit dem Wappen der Siebenbürger Sachsen: sieben Burgen auf blau-rotem Grund. Józsa schüttelt dem Gast die Hand und bittet an einen ovalen Tisch vor einer mächtigen Bücherwand. Der Journalist, Philologe und frühere Grundschullehrer ist Jahrgang 1973. Er ist stolz auf seine Herkunft, denn Siebenbürgen, sagt er, unterscheide sich deutlich vom Rest Rumäniens. Das kurze silberne Haar und der mausgraue Nadelstreifenanzug lassen den gebürtigen Hermannstädter älter erscheinen, als er ist. Obwohl wir in diesen ersten Minuten nur wenige Worte wechseln, fällt sein Akzent sofort auf. Besonders sein «r» ist stark ausgeprägt.

Doch Deutsch in Rumänien klingt, speziell das, das heute in den Schulen gelehrt wird, immer mehr wie «Reichsdeutsch», meint er.

Mein fragender Blick, wie genau sich Reichsdeutsch denn anhört, lässt Józsa erklären:» Es klingt wie das Deutsch aus Deutschland, wie aus dem Fernsehen.»

Hochdeutsch also. Der Philologe befürchtet das Ende des Siebenbürgisch-Sächsisch in nicht allzu ferner Zukunft, da mittlerweile rund achtzig Prozent der deutschsprachigen Minderheit das fünfundsechzigste Lebensjahr überschritten haben. Und insgesamt sind es laut der letzten Volkszählung von 2011 gerade mal noch sechsunddreißigtausend Menschen, Tendenz abnehmend. Für den Dialekt, den ich beim Hören keinem deutschen Idiom klar zuordnen kann, der aber große Ähnlichkeit zum Luxemburgischen aufweisen soll, sieht die Zukunft nicht sonderlich rosig aus. Das Deutsche selbst scheint davon nicht betroffen. Auch viele Eltern aus der rumänischen Bevölkerungsgruppe schicken ihre Kinder auf deutsche Schulen, die als besonders gut gelten. Fünfundneunzig Prozent der Schüler dort haben keinerlei Verbindung zu einer deutschsprachigen Minderheit. Doch das Abitur an solch einem Gymnasium verbessert die Chancen der Absolventen immens. Das alles hat Tradition.

«Ganz anders als in Russland, Polen oder Tschechien war hier die deutsche Sprache nie verboten. Das ehemalige kommunistische Rumänien übernahm die deutschen Volksschulen und ließ sie als Staatsschulen weiterlaufen. Selbst während der übelsten nationalkommunistischen Zeiten des Ceaușescu-Regimes war es in Rumänien möglich, deutsche Kindergärten, Schulen und Unis zu besuchen.»

Die Absolventen würden sich dieser Tage aber keinesfalls geschlossen auf den Weg nach Deutschland machen. Die Familie besitze für Rumänen immer noch einen sehr hohen Stellenwert und die Bundesrepublik gelte als unfreundliches Einwanderungsland. Großbritannien, Spanien und Italien wären in der Regel die erste Wahl. Die Gutausgebildeten ziehe es vermehrt in die USA. Józsa, dessen Bruder in Deutschland lebt, erinnert sich an frühere Besuche. Stundenlanges Warten an der bayerischen Grenze soll in den Neunzigern genauso dazugehört haben wie Schikanen und gehässige Kommentare von Bundesgrenzschutzbeamten, dass «die scheiß Rumänen wieder mal gekommen sind». Den Pass bekam man am Ende dann vor die Füße gepfeffert.

Trotz dieser Altlast bleibt der Sachse entspannt, als er von sich aus auf Horst Seehofer zu sprechen kommt. Der CSU-Politiker, meint er, wisse nur zu gut, welche Leute in der Region Siebenbürgen leben. Immerhin bekam er 2010 von der Lucian-Blaga-Universität Hermannstadt die Ehrendoktorwürde verliehen. Die Tiraden seien daher nicht mehr als politisches Säbelrasseln. Ein bisschen verletzend, gesteht er, seien die Äußerungen trotzdem.

«So weit geht die CSU nicht, dass sie das Kind beim Namen nennt und sagt: ‹Wir haben etwas gegen die Roma, die einwandern, und nicht gegen die Rumänen.› Eine Zigeunerdebatte», als Józsa das sagt, setzt er mit den Fingern zwei imaginäre Anführungszeichen in die Luft, «betreibt keiner, natürlich.»

«Was verbinden die Rumänen ganz allgemein mit Deutschland und den Deutschen? Wenn wir bitte mal von den üblichen Sekundärtugenden absehen.»

«Deutschland wird von vielen Rumänen hinter vorgehaltener Hand als zivilisatorische Kraft gesehen. Es gibt eine rumänische Redewendung, die sinngemäß sagt: Gib dem Deutschen eine Konservenbüchse und schick ihn in den Urwald, und er wird mit einer Lokomotive auf der anderen Seite herauskommen. Ganz ähnliche Sprichwörter gibt es auch speziell für die Siebenbürger Sachsen.»

«Siebenbürger Sachsen und Deutsche schmeißen die Leute hier also in einen Topf?»

«Richtig. Die Unterscheidung machen wir. Sie sehen in Transsilvanien daher auch keine schwarz-rot-goldenen Fahnen. In Polen oder Tschechien hängt die Flagge dagegen in allen Heimatvereinen. Nicht bei uns. Nur in der Buchhandlung Schiller, denn der Laden wird von einem Bonner betrieben.»

Spontan platzt es aus ihm heraus: Was ihm bei den Deutschen im Vergleich zu den Siebenbürger Sachsen auffalle, sei ihre Besserwisserei. Viele Deutsche, die Józsa in den vergangenen Jahren in Hermannstadt traf, haben ihm nach drei Tagen in Rumänien das Leben und seine Arbeit erklärt. Bewahre man dabei die Fassung, könnten irgendwann beide sogar darüber lachen.

«Gibt es überhaupt so etwas wie das Deutsche?», will ich wissen.

«Es gibt eine deutsche Konsequenz, die sich gut und schlecht auswirken kann. Diese Konsequenz macht euch einerseits zum Exportweltmeister, weil man sich unterordnet, arbeitet und die Rolle, die einem zugewiesen wird, annimmt und ausführt. Andererseits haben die gleichen Eigenschaften auch zu Auschwitz geführt. Die gnadenlose Konsequenz, etwas bis zum Ende durchzuführen.»

Von deutschen Ingenieuren stammen Erfindungen wie der Ottomotor, die unter dem Gütesigel «Made in Germany» die Messlatte in Sachen Qualität ein bisschen höher legten. Kommt irgendwo in der Welt das Gespräch darauf, erfährt man als Deutscher häufig schulterklopfendes Lob. Beinahe so, als hätte man selbst irgendwas dazu beigetragen. Mit Präzision perfektionierten Deutsche aber auch den maschinellen Massenmord. Wer in kürzester Zeit sechs Millionen Menschen auf grausamste Weise hinrichtet, braucht einen Plan, der eisern befolgt und umgesetzt wird. Kommt man darauf irgendwo in der Welt zu sprechen, erlebt man als Deutscher die unterschiedlichsten Reaktionen. Es liegt nahe, sich in diesem Zusammenhang in Rumänien an den Dichter Paul Celan zu erinnern. Seine Eltern zählen zu den Opfern des rumänischen Holocaust, bei dem mehr als dreihunderttausend Juden und Regimegegner ermordet wurden. Celan, geboren im nordrumänischen Czernowitz, in der heutigen Ukraine, schrieb Mitte der Vierziger sein bedrückendes Gedicht «Todesfuge». Die Qualen, die Schrecken und den Irrsinn dieser düsteren Epoche transportieren seine Worte bis heute. Beim Lesen schnüren sie immer wieder den Atem ab, jedes Mal auf ein Neues: «Der Tod ist ein Meister aus Deutschland.»

Die Redaktionsräume der «Hermannstädter Zeitung» lassen sich nicht anders als altmodisch nennen. In den beiden Zimmern mit den verblassten grünen Wänden und braunen Kachelöfen sind die Computer das einzige Zeichen, dass man sich auch nach dem Durchschreiten der rustikalen Tür mit dem «Wir sprechen auch Deutsch»-Sticker noch im einundzwanzigsten Jahrhundert befindet. Die Handvoll Mitarbeiter sprechen am Telefon und untereinander in meiner Sprache. Eine burschikose Grauhaarige um die fünfzig begrüßt mich, stellt sich als Beatrice Ungar vor und macht den Vorschlag, zwei Straßen weiter in ihrem Stammlokal etwas zu Mittag zu essen. Der Akzent fällt bei der Chefredakteurin weniger auf als beim Geschäftsführer des Siebenbürger Forums. Im Unterschied Józsas konnte sich die Germanistin bis zu ihrem sechsten Lebensjahr ausschließlich in ihrer Muttersprache Deutsch ausdrücken, wie sie mir erzählt, während wir durch die Strada Alexandru Papiu-Ilarian schlendern.

Es geht hinein in ein unscheinbares Gebäude, die Treppe hinunter – und hinter einer schweren Holzpforte öffnet sich ein prächtiger Gewölbekeller aus dem fünfzehnten Jahrhundert, den ich niemals unter diesem gewöhnlichen Häuschen vermutet hätte. Vor allem Einheimische sollen hier einkehren, ein gutes Zeichen. Meine Begleitung scheint wirklich häufig im Crama Sibiul Vechi zu speisen, sie wird von den beiden Kellnern mit großem Hallo begrüßt und peilt zielstrebig den ersten Tisch neben der aus Weinfässern gebauten Bar an. Der Ober in seiner weißen Fustanella und der darübergeworfenen schwarzen Weste reicht nur mir eine Speisekarte. Ich schaue verwundert, und die Journalistin erklärt, dass sie hier fast immer das gleiche Gericht bestelle: die Tagessuppe. Der Herr, der uns bedient, weiß das selbstverständlich. Als ich um ein wenig Übersetzungshilfe bitte, schaltet sich die Bedienung ein.

«Wir sprechen auch Deutsch!»

Ein Satz, den Gerhard Polts Ekeltourist Erwin Löffler in «Man spricht deutsch» sicher verzückt hätte. Dann setzen Beatrice Ungar und ich unser Gespräch fort. Seit rund fünfundzwanzig Jahren arbeitet sie für die Hermannstädter Zeitung. Ende der Neunziger war sie zwei Wochen Gastredakteurin bei der FAZ in Frankfurt. Darüber hinaus hat sie zahlreiche Bücher ins Deutsche und ins Rumänische übersetzt. Das geschriebene Wort spielte in ihrer Familie von jeher eine bedeutende Rolle. Der Vater, der für die Hermannstädter Buchhändler arbeitete, sorgte dafür, dass das Debüt von Herta Müller überhaupt in den Druck gehen konnte. Denn nur wenn es Vorbestellungen gab, durfte unter Ceaușescu gedruckt werden. Ungars Vater sei der Einzige im Land gewesen, der ein paar tausend Exemplare von «Niederungen» bestellte und diese dann lange auf dem Dachboden des Wohnhauses lagern musste. Als die Rumäniendeutsche 2009 mit dem Nobelpreis geehrt wurde, haben viele, auch zum Beispiel Kanzlerin Merkel, plötzlich nur noch von einer deutschen Schriftstellerin gesprochen, amüsiert sich Frau Ungar einen Moment lang und schiebt ernst hinterher: «Aber Angela Merkel macht schon einen guten Job.»

Die deutsche Sprache, bekomme ich noch einmal bestätigt, war unter Ceaușescu nie verboten. Dennoch hätte die «Hermannstädter Zeitung» zwischen 1971 und 1989 unter dem Namen «Die Woche» veröffentlicht werden müssen. Der Diktator untersagte jeglichen Gebrauch von historischen deutschen Namen wie Hermannstadt, Klausenburg oder Kronstadt.

«Wie war das Leben hier damals für eine junge Rumäniendeutsche?», möchte ich wissen.

«Rumänien war für alle Leute ein Gefängnis. Gleich welcher Volksgruppe sie angehörten.»

Anders als ihre Schwester, die heute in Tübingen lebt, blieb die Journalistin in ihrer Geburtsstadt. Die Gründe dafür waren verschiedenster Natur. Beherzt beißt sie in eine lange rote Paprikaschote, kaut und erinnert sich.

«Im April 1990 war ich zum ersten Mal im Ausland, in Wien. Seit dieser Zeit besitze ich einen Pass. Davor musste man ihn nach jeder Reise wieder auf dem Amt abgeben. Sofern einem überhaupt ein Pass ausgestellt wurde.»

«Sie besuchen regelmäßig Deutschland. Wie hat sich das Land in den letzten Jahren verändert?»

«Es balkanisiert sich immer mehr», antwortet die Journalistin kurz und kommt dann wieder auf Rumänien zu sprechen: «Was viele Menschen hier immer noch nicht vollends verstanden haben, ist, dass Freiheit nicht Anarchie bedeutet und man eben nicht alles machen kann. Wer plötzlich frei ist, wird auf sich zurückgeworfen, und das überfordert manche.»

Wer in einem freien Land aufwuchs, kann gewiss nur bedingt verstehen, was Frau Ungar erklärt. Die Vorstellung, ein von der Angst bestimmtes Leben zu führen, ist für mich unglaublich abstrakt. Ich erwähne den Alltag in der DDR und frage, ob das Leben für den Einzelnen in diesen beiden kommunistisch geprägten Regimes vergleichbar gewesen sei. Beatrice Ungar ist nicht dieser Ansicht. Zwar ähnelten sich die Systeme, doch die Gesellschaften unterschieden sich.

«Die Leute in Rumänien mimten nur, Kommunisten zu sein. Aber hier zog niemand in Erwägung, seine Kinder etwa nicht zu taufen oder auf eine kirchliche Trauung zu verzichten. So etwas wie die Jugendweihe gab es hier nicht.»

Der Glaube und die Kirche haben auch heute noch einen bedeutenderen Platz im Leben der Menschen in Siebenbürgen als bei uns in Deutschland. Auch die Religion hatte besondere Bedeutungen: Evangelisch sein konnte früher den Schlüssel in die Freiheit bedeuten, denn es hieß, irgendwie Deutsch zu sein. Und damit durfte man auf einen Aufnahmebescheid aus der Bundesrepublik hoffen.

«Der beste Nachweis war aber nicht die Konfession, sondern ein Großvater, der in der Waffen-SS war. Dann hat man ganz sicher als Deutscher gegolten», bemerkt die Journalistin kühl.

Beatrice Ungar spricht über den Freikauf der Rumäniendeutschen durch die Bundesregierung. Ab 1967, zwei Jahre nachdem Nicolae Ceauşescu an die Macht gekommen war, verließen bis zum Zerfall des Regimes mehr als zweihunderttausend Menschen dieser Volksgruppe das Land in Richtung BRD. Für Akademiker zahlte man bis zu zehntausend D-Mark, für einen Facharbeiter die Hälfte. Rentner gab es deutlich billiger. Schätzungen zufolge könnten über die Jahrzehnte mehr als anderthalb Milliarden D-Mark an die Diktatur geflossen sein. Geld, das dem sozialistischen Regime half weiterzubestehen, mit dem etwa Auslandsschulden getilgt wurden, während das eigene Volk Hunger litt. Für Deutschland umgekehrt ein lohnendes Geschäft, weil es jede Menge qualifizierte Arbeitskräfte ins Land spülte. Die Chefredakteurin zitiert den damaligen Bundesaußenminister Klaus Kinkel, der den Freikauf im Rückblick einen unwürdigen, demütigenden Menschenhandel genannt hat.

Frau Ungar findet die Sache an und für sich vollkommen ungerecht: «Diese Leute wurden alle in Rumänien geboren. Man kann also nicht behaupten, jemanden ‹nach Hause› geholt zu haben. Der Fairness halber hätte man alle rauskaufen müssen: die Rumänen, die Ungarn, die Zigeuner, die Juden und die Ukrainer. Eben alle im Land.»

Über den Namen der Operation, «Geheimsache Kanal», kann die Frau mit den halblangen Haaren nur kopfschüttelnd lachen. In Rumänen zumindest war der Freikauf alles andere als ein Geheimnis. Für die richtigen Ausreiseformulare wurden Bestechungsgelder gezahlt, man putzte das Eigenheim heraus, um bei der Securitate, dem berüchtigten Geheimdienst, aufzufallen, denn: Im Falle einer Bewilligung gingen Haus und Hof an den Staat. Anderen Rumäniendeutschen dagegen wurde gedroht, sie zwangsauszusiedeln und ihnen alles wegzunehmen. Die deutschsprachige Minderheit war vor allem eins: ein Exportschlager. Ein bekannter Witz macht sich darüber lustig:

«In der Schule erklärt der Lehrer den Schülern, wie wichtig die Bienenzucht für die Volkswirtschaft des Landes sei und was sie einbringe. Irgendwann meldet sich der Schüler Bulă» – die rumänische Variante des Klein Fritzchen – «und fragt: ‹Warum züchten wir dann nicht einfach Sachsen?›»

Die Hermannstädterin legt ihre Stirn in Falten und setzt ein Gibt-es-dazu-noch-Fragen?-Gesicht auf. Abschließend sagt sie, dass die Hilfen, die nach 1990 von der Bundesregierung zur Unterstützung der deutschen Minderheit gezahlt wurden, mehr gebracht hätten als der ganze Freikauf.

«In Deutschland wird es diese Minderheit nicht mehr lange geben, davon bin ich überzeugt. Wenn sie in der dritten Generation dort leben, wollen sie doch nichts mehr davon wissen.»

Bevor sich unsere Wege trennen, hat Frau Ungar noch eine gute Nachricht für mich. Da im Vorfeld sämtliche Versuche der Kontaktaufnahme mit jungen Siebenbürger Sachsen scheiterten, bat ich in einer Mail um ihre Hilfe. Die

Chefredakteurin diktiert mir nun die Nummer und Adresse der Familie Henning, die meinen Anruf schon erwarten würde. Ich könne allerdings auch die älteste Tochter an ihrem Arbeitsplatz besuchen, da sie ganz in der Nähe beschäftigt sei. Und zwar in der Buchhandlung Schiller.

Die Tür des Geschäfts am Großen Ring ist heute nicht verschlossen. Der kleine Schiller-Buchladen, der drinnen genau so gemütlich ausschaut, wie man sich einen kleinen Buchladen vorstellt, unterscheidet sich auf den ersten Blick von seinen Pendants in Deutschland nur durch die schwarz-rot-goldene Flagge im Schaufenster. Eine einsame Verkäuferin hält die Stellung. Den Chef aus Bonn, erklärt sie mir, könne ich in einer anderen Filiale antreffen, genauso wie Petra Henning, die junge Frau, deren Kontakt ich gerade erhielt. Da in Hermannstadts Zentrum alles direkt ums Eck liegt, laufe ich los über den Piața Mare.

Auf der anderen Seite geht es links ab in die Strada Mitropoliei, die Fleischergasse, wie die Buchhändlerin sagte, als sie die Adresse aufschrieb. Der Weg führt vorbei an der orthodoxen Kathedrale Heilige Dreieinigkeit. Ein imposantes Bauwerk aus dem frühen zwanzigsten Jahrhundert, das mit seinen zwei hohen Türme und der stolzen Kuppel aus dem Stadtbild heraussticht. Dann erreiche ich ein Gittertor mit der gesuchten Hausnummer 30. Hier ist eine Kirche beheimatet sowie das Friedrich-Teutsch-Haus, ein Begegnungs- und Kulturzentrum der evangelischen Kirche in Rumänien. Neben dem Büchercafé «Erasmus» ist auch ein Museum im Komplex untergebracht. Da beim Betreten des Buchladens Hochbetrieb herrscht, nutze ich die Wartezeit und sehe mir die Ausstellung im ersten Stock an.

Das kleine Museum zeigt die Geschichte der Siebenbürger Sachsen. Nachdem Transsilvanien, das «Land jenseits der Wälder», wie es übersetzt heißt, im elften Jahrhundert Stück für Stück von den Ungarn besetzt worden war, ruft Mitte des zwölften Jahrhunderts König Géza II. die ersten deutschen Kolonisten in die Region. Grenzen gilt es zu sichern, zudem muss das Land erschlossen werden. Die Siedler kommen aus dem Deutschen Reich, aus Luxemburg und dem flämischen Raum. Die Gruppen aus den rheinisch-moselfränkischen Gebieten bilden den größten Anteil der Kolonisten in Transsilvanien. Sie alle haben ihre Heimat aus wirtschaftlichen und sozialen Gründen verlassen, in der Ferne erhoffen sie sich ein besseres Leben. Für die Neuankömmlinge aus dem Westen gibt es verschiedene Namen, doch am Ende setzt sich nur das von König Andreas II. von Ungarn gebrauchte «Saxones» durch. In diesen Jahren versucht der Deutsche Ritterorden, in Siebenbürgen ein autonomes Herrschaftsgebiet außerhalb des ungarischen Königreiches aufzubauen, doch das ist nicht leicht, und 1225 scheitert man damit endgültig.

Bis ins vierzehnte Jahrhundert verläuft die Besiedelung der Region weitgehend friedlich. 1420 kommt es zum ersten Großangriff einer neuen Macht, die aus Südosten herandrängt, der muslimischen Osmanen. Unzählige weitere Angriffe sollen in den nächsten dreihundert Jahren folgen. In dieser Ära entstehen viele der typischen Kirchenburgen Transsilvaniens, die Schutz vor Angreifern bieten. Mit dem Frieden von Sathmar 1711 übernehmen die Habsburger Ungarn und Siebenbürgen. Ruhigere Zeiten brechen an. Die Etablierung der Doppelmonarchie von Österreich-Ungarn 1867, der sogenannte Österreichisch-Ungarische Ausgleich, markiert gleichwohl das Ende der mehr als siebenhundert Jahre bestehenden siebenbürgisch-sächsischen Selbstverwaltung. Die Region büßt ihren autonomen Status ein. Auch der Beginn des zwanzigsten Jahrhunderts ist von Missstimmung gezeichnet: Enteignungen infolge der Agrarreform ab 1922, eine Inflationswelle in den frühen Dreißigern und eine minderheitsfeindliche Haltung des Königreichs Rumänien, zu dem Siebenbürgen nach dem Ersten Weltkrieg gehört, führen zu Politikverdruss bei den knapp dreihunderttausend Rumäniendeutschen.

Die Berliner NS-Führung greift noch vor dem Zweiten Weltkrieg in die Geschicke der Minderheit ein; sämtliche Rumäniendeutsche gelten fortan als Volksdeutsche und können für die Wehrmacht und Waffen-SS rekrutiert werden. Ganz nach dem reichsdeutschen Vorbild entflammt auch innerhalb der deutschen Volksgruppe Rumäniens eine antisemitische Haltung. Pogrome und Deportationen sind die Folge. Nach Kriegsende kommt es zu Verschleppungen von Volksdeutschen in die Sowjetunion. Von den rund fünfundsiebzigtausend Gefangenen überleben gut fünfzehn Prozent das Arbeitslager nicht. Wer nicht wegen Krankheit vorzeitig entlassen wird, kehrt erst im Herbst 1949 oder später zurück.

Die in der Heimat Gebliebenen müssen in diesen Jahren Enteignungen und politische Entrechtung über sich ergehen lassen. Die staatliche Diskriminierung in Rumänien und die in den Fünfzigern vom Westen vorangetriebene Familienzusammenführung von Siebenbürger Sachsen, bei denen Teile der Familie bereits in Deutschland leben, läuten eine Auswanderungswelle in die Bundesrepublik ein. Ein Abkommen zwischen den beiden Staaten aus dem Jahr 1969 wird dafür sorgen, dass noch mehr Menschen Transsilvanien hinter sich lassen. Gegen einen festgeschriebenen Devisensatz sollen alle Rumäniendeutschen bis 2007 in die BRD ausgewandert sein – so der Plan, der nicht aufgeht.

Mit der Verschlechterung der wirtschaftlichen Lage zu Beginn der Achtziger nehmen immer mehr Siebenbürger Sachsen und weitere Angehörige der deutschsprachigen Minderheit Abschied von Rumänien. Im Dezember 1989 wird das Regime im Zuge der Rumänischen Revolution gestürzt. Diktator Ceauşescu verurteilt man am Weihnachtstag des Jahres in einem Eilverfahren und richtet ihn zusammen mit seiner Frau noch am Nachmittag durch mehrere Schüsse hin. Zu dieser Zeit leben schätzungsweise hundertfünfzehntausend Sachsen im Land. In den ersten beiden Jahren nach dem Fall des Eisernen Vorhangs machen sich weitere neunzigtausend Rumäniendeutsche auf den Weg nach Deutschland. Ganze Dörfer und Landstriche verwaisen nahezu komplett. Aber genug Menschen bleiben dort, sodass die Siebenbürger Sachsen bis heute die älteste noch existierende deutschsprachige Siedlergemeinde Osteuropas sind, deren Land nie an reichsdeutsche Gebiete angrenzte.

«Und, wie hat es Ihnen gefallen?», fragt mich ein Ende Vierzigjähriger in Fleecepulli und Cordhose, nachdem ich den Rundgang durch die Ausstellung beendet habe. «Der Peter», wie er sich vorstellt, ist der Hausmeister vom Teutsch-Haus, übernimmt aber auch Fahrdienste oder was sonst anfällt. Er muss sehen, wo er bleibt. Die Hände des großgewachsenen Mannes gleichen Bärenpranken. Bei jedem Lachen, und der Peter lacht viel, kommt die sympathische Lücke zwischen seinen Schneidezähnen zum Vorschein.

Ein Kerl wie ein riesiges Kuscheltier. Mit seinen hinter dem Rücken verschränkten Armen stützt er sich gegen den Türrahmen zum Treppenhaus und wippt sanft. Das Deutsch des Hausmeisters ist okay, obwohl er jeden dritten Satz mit der Frage «Wie heißt das?» beendet oder beginnt. Deutschland habe er mal besucht, in Leipzig und Nürnberg sei er gewesen. Das Panorama fände er «wunderschön!». Aber am besten gefällt ihm an meiner Heimat die Technik. Deshalb würden meine Landsleute auch so gute Arbeit abliefern.

Doch dann ist Schluss mit den Komplimenten: «Nur die Menschen in Deutschland waren nicht freundlich. Ich bin mal in Österreich gewesen, dort waren sie netter.»

Und das ist nicht alles. Rumäniendeutsche Freunde von dem Peter sind seit den frühen Neunzigern in Deutschland daheim. Denen gehe es gut, sie hätten Arbeit, Geld, ein Auto und ein Häuschen. Doch obwohl eine große Familie ausgewandert sei und Eltern und Kinder heute nur fünfundzwanzig Kilometer voneinander entfernt leben, würden sie sich gerade zweimal im Jahr sehen. Ein Zeichen für den Kerl mit den starken Händen, dass seine Freunde mit den verstrichenen Jahren zu Deutschen mutierten. In Rumänien wäre ein enger Familienverband für viele wichtiger. Um Beziehungen zu pflegen, braucht es Zeit, und die, so glaubt der Peter, gehe in Deutschland eben fürs Malochen drauf. Ganz unrecht, denke ich mir, wenn ich an ein paar Leute in meinem Umfeld denke, hat er mit dieser sicher etwas einfachen Darstellung nicht. Ein wenig kleinlaut gibt Peter dann preis, dass er als junger Mann auch gerne nach Deutschland ausgewandert wäre. Weil damals aber seine Eltern erkrankten und er sie pflegen wollte, blieb er. Familie verpflichtet. Heute sei der Zug für ihn abgefahren, zudem könne seine rumänische Frau nicht mal Deutsch.

«Wissen Sie, was mich am meisten besorgt, wenn ich ARD oder RTL schaue?», fragt mich der Peter.

«Keine Ahnung, sagen Sie es mir.»

«Dass Deutschland in fünfzig Jahren zu einem Land der Muslime werden könnte. Das wäre schon schade. Darüber sehe ich sehr viel im Fernsehen.»

«Warum wäre es denn so schade?», sage ich vorschnell, um den Riesen ein wenig zu kitzeln, aber vor allem, um ihn zu verstehen.

Der Peter hält inne mit seiner Wipperei am Türrahmen. Dass das Thema Glaube für ihn eine andere Rolle im Leben einnimmt als für mich, zeigt sein durchdringender Blick und seine veränderte Körperhaltung; irgendwas zwischen Angriff und Verteidigung strahlt der Fels nun aus. Diesen intensiven Hast-du-ein-Problem?-Ausdruck, den kenne ich aus meiner Doku über das Hamburger Boxer- und Rotlichtmilieu. Als der Lude Stefan Hentschel beim Flanieren über die Große Freiheit von einem Betrunkenen angelallt wurde, klatschte es, allerdings keinen Beifall. Hentschel donnerte der Saufnase eine, zur Überraschung aller Beobachter sowie des Getroffenen, der fast zu Boden ging.

Der Peter schweigt derweil, seine Hände sind unten, noch. Aber er könnte mir sicher genau so eine verpassen, wenn ich ihn weiter provoziere. Ich lasse die Sache mit der Religion nach meiner erfolglosen Nachfrage daher sein und schwenke auf ein anderes Thema um.

«Wenn du das Rumänien zu Zeiten Ceauşescus mit dem Rumänien von 1990 bis heute vergleichst: Was hat sich nicht geändert?»

Der Plan geht auf, der Peter wippt mit seinem kolossalen Körper wieder behutsam gegen den Türrahmen. Das schnell aufgezogene Unwetter ist abgeflaut, der grimmige Ausdruck in seinem Gesicht weicht der Nachdenklichkeit.

«Wie heißt das?», sucht der Rumäniendeutsche nach dem Wort: «Die Sache mit der – Bestechung.»

Früher hätte man mit Kaffee und Kippen geschmiert, vor allem mit Kent-Zigaretten. Heute wollen alle Euro. Die eigene Währung Leu sei weniger beliebt. Am schlimmsten sei es im Krankenhaus. Mir wird eindringlich empfohlen, in Rumänien niemals krank zu werden. Vor allem nicht in Bukarest. Zweihundert Euro pro Tag soll ein Patient unter der Hand für ein Bett zahlen müssen, eine Operation geht bei Schwarzgeldpreisen ab eintausendfünfhundert Euro los. Aber nicht nur Ärzte und die Verwaltung wären korrupt, sogar die Schwestern würden kassieren, schon wenn sie nur eine Spritze setzen müssten. Und das trotz existierender Krankenversicherung. Meine naive Frage, was wohl geschieht, wenn das nötige Kleingeld fehlt, lässt den Peter so glucksen, dass ich wieder seine Zahnlücke sehe und er fast schon ein bisschen irre rüberkommt.

«Wer nicht vorher bezahlt, den lässt man eben sterben. In der Regel treibt die Familie aber irgendwie das Geld auf.»

Was für mich meine TK-Gesundheitskarte aus Plastik, scheint in Rumänien also ebenfalls die Familie zu sein: Rettung in der Not. Vielleicht wird auch deshalb dem eigenen Clan in Osteuropa mehr Bedeutung eingeräumt, wie nicht nur der Peter, sondern auch Benjamin Józsa vom Siebenbürgen Forum erwähnte. Natürlich bin ich heilfroh, dass es eine Familie in meinem Leben gibt und dass diese in der Not ganz sicher für mich da ist. Aber ich finde diese kleine

Kunststoffkarte nun doch ziemlich spitze, weil ich mit dem Ding in Deutschland im Worst-Case-Szenario einfach Hilfe bekommen könnte, ohne Erspartes opfern zu müssen. Deutschland, deine Bürokratie ist gewiss null sexy und nervt oft, aber vielleicht funktioniert der Laden eben so. Wie es in Transsilvanien und dem restlichen Rumänien richtig rundlaufen könnte, das weiß der Peter. Man sollte nach Hermannstadt blicken, auf den Bürgermeister Klaus Iohannis. Dem würden die Leute wegen seiner rumäniendeutschen Wurzeln einfach mehr Vertrauen entgegenbringen. Wichtig sei, dass «in der Politik mal jemand antreten müsste, der härter durchgreift». So eine Äußerung lässt sich leicht verdrehen und falsch verstehen, denke ich, als der Peter losmuss. Aber mit dem Vertrauen sollte er ja recht behalten.

Zurück im Erdgeschoss, frage ich im Buchladen ganz selbstverständlich auf Deutsch nach dem Boss und habe wieder Pech: Heute würde er nicht mehr ins Haus kommen. Seine Angestellte, die mir über die Chefredakteurin der Hermannstädter Zeitung empfohlen wurde, ist ebenfalls schon weg. Es soll einfach nicht sein. Wenigstens muss ich nicht ins Krankenhaus.

Zwei hellblaue, gut fünf Meter lange, eckige Eisenpfeiler ragen aus dem Boden. An ihrer Spitze formen sie ein A, und auf den ersten Blick wecken sie den Anschein, sie seien das Logo einer Tankstelle. Bei genauerer Betrachtung steht etwas kleiner unter dem Buchstaben der Name Avrig. Der deutsche Name der Stadt am Fuße des verschneiten Făgăraș-Gebirges lautet Freck. Schneeregen tröpfelt aus der grauen Suppe am Himmel, die Ton in Ton in die

Straßen übergeht, welche ins Zentrum des Ortes führen. Abseits der asphaltierten Hauptverkehrswege, in den Seitenstraßen, wühlt sich das Auto durch aufgeweichte Pisten aus Schlamm und Schotter.

Würde man die quietschbunt gestrichenen Häuser und die Fahrzeugmarken aus Deutschland ausblenden – am beliebtesten scheinen hier Opel, VW und Mercedes –, könnte man annehmen, dass es vor 1990 auch nicht anders aussah in Freck. Gemächlich zieht ein paffender Opi mit Schlapphut und einem alten Gaul vorbei, welcher einen klapprigen Pferdewagen hinter sich herschleift. Ein identisches Bild sah ich am 1. Januar 2007 in den Nachrichten, als Rumänien in die Europäische Union aufgenommen wurde. Hier lassen sich die reißerisch einsetzbaren Impressionen ergattern, mit denen sich Armutszuwanderung genau wie Sinti-und-Roma-Geschichten erzählen lassen.

Wenn man das will. Denn das ist nur ein Teil des Städtchens, das Mitte des zwölften Jahrhunderts zum ersten Mal urkundlich Erwähnung fand und das Siebenbürger Sachsen erbauten. Mit seinen knapp fünfzehntausend Einwohnern kann Freck dem dreißig Kilometer entfernten Hermannstadt zwar nicht das Wasser reichen, in keiner Hinsicht, doch im überschaubaren Ortskern lässt sich durchaus Schönes und Neues aufspüren. Die bekannten Discounterketten, vernünftige Straßen und neue Parkbänke stehen für das eine, renovierte Altbauten wie der an der Strada Saşilor, an dessen Fassade «Evangelische Schule – Gebaut 1899» steht, für das andere.

Was darf man von einer Kommune erwarten, die sich im Land durch glasverarbeitende Industrie und später, zu Zeiten des Kommunismus, vor allem als Panzerproduktionsstätte und Waffenschmiede Rumäniens einen Namen machte? Wohl eher keine Anlage, die dem Schloss Schönbrunn in Wien nachempfunden ist. Doch genau die findet man hier. Von der Strada Gheorghe Lazăr präsentiert sich das in die Jahre gekommene Schloss Castelul unauffällig. Der Putz bröckelt, es fehlen Dachziegel und generell ein wenig Farbe. Baron Samuel von Brukenthal, der einzige Siebenbürger Sachse, der je Gouverneur von Siebenbürgen war, ließ sich ab Mitte 1760 das Anwesen nach seiner Vorstellung zu einer Sommerresidenz ausbauen.

Ich gehe durch ein offenes Eisentor. Von der oberen Terrasse hinter dem Haupthaus öffnet sich der Blick auf den Garten. Dieser verwilderte Park von mehr als acht Hektar Fläche wurde ebenfalls nach Wiener Vorbild angelegt. Ein Unikat, denn es soll in ganz Rumänien kein weiterer Barockgarten existieren. Inmitten der begrünten Terrassenanlage folge ich den Stufen hinunter, gehe vorbei an einem trockengelegten Springbrunnen. Ein paar Schritte über eine klitschnasse Wiese, und unter meinen Schuhen knirschen weiße Kieselsteine, die einen Pfad bilden und mich zur frischrenovierten Orangerie führen. Flackerndes Kerzenlicht scheint durch die hohen Fensterbögen zu mir nach draußen. Ein bemüht nobles, aber vor allem steriles Restaurant, in dem ich mich auf das anstehende Treffen mit dem rumäniendeutschen Bürgermeister von Avrig vorbereite.

Das Rathaus von Freck ist unspektakulär. Lediglich ein paar Rumänienflaggen und Europafahnen lassen vermuten, dass das Gebäude kein Wohnhaus ist. Über dem Eingang im Hof hängt ein grünlich weißes Banner. Jeder Besucher, der den fünfunddreißig Jahre jungen Arnold Klingeis an seiner Wirkungsstätte aufsucht, bekommt mit wenigen Worten und Zahlen die Vision des Bürgermeisters vor Augen geführt. Bis 2020, so die Kernbotschaft, soll Avrig eine Modellstadt für erneuerbare Energien werden. Und das ist nicht alles, denn bis 2030 will der ambitionierte Mann im Amt es geschafft haben, seine Gemeinde unabhängig von Öl und Erdgas zu machen.

Wie er das erreichen will, verdeutlicht das Modell in einem Glasschaukasten im ersten Stock, an dem kein Weg vorbeiführt, wenn man die Etage betritt. Biogas heißt das Zauberwort. In meinen Ohren klingt das alles ziemlich grün und somit irgendwie auch deutsch. Es sind nur noch wenige Schritte von dem Kasten ins Vorzimmer des Kommunalpolitikers.

«Hello! I have an appointment with Mr. Klingeis.»

Die blonde Frau hinter dem klotzigen Schreibtisch, ich schätze sie auf paarundfünfzig, hebt langsam ihren Blick und schaut mich konsterniert durch ihre rahmenlose Brille an.

«Sprechen Sie Deutsch?», frage ich verunsichert hinterher.

«Ja, sicher.»

Die Sekretärin meldet meinen Besuch an, schenkt mir eine Tasse ultrastarken Filterkaffee ein und bittet mich, noch einen Moment Platz zu nehmen. Bei dem kleinsten Hin und Her macht die Couch penetrante Geräusche, ich beschließe also, mich nicht unnötig zu bewegen. Fünf Minuten harre ich aus. Währenddessen entdecke ich ein paar Urkunden an der Wand gegenüber, der Name Arnold Gunter Klingeis ist auf allen darauf.

Dann darf ich rein. Der glattrasierte Bürgermeister kommt mit flottem Schritt hinter seinem Schreibtisch vor und marschiert mir mit ausgestreckter Hand entgegen. Über den Kragen seines grauen Pullovers ragt, sicherlich unbeabsichtigt, nur die eine Spitze seines karierten Hemdes hervor. Auch hinter dem Arbeitsplatz des Bürgermeisters ragen die Flaggen von Rumänien und Europa. Wir setzen uns an den Konferenztisch, unmittelbar vor mir werden Souvenirs aus China drapiert.

«Ich war letzten Monat erst wieder geschäftlich dort», sagt der Siebenbürger Sachse, als ihm auffällt, dass mein Blick daran hängenbleibt. Und dann ist er direkt im Thema und schwärmt von seiner Vision, wie es nur Politiker können. Durch die Umstellung auf Umwelttechnik soll sich in Avrig einiges ändern. Wenn es nach Klingeis geht, sind in absehbarer Zeit nicht nur sämtliche Dächer in seinem Städtchen mit Photovoltaikanlagen gedeckt, auch durch die Biogasanlage sollen neue Jobs entstehen. Das Methangas würde sich verkaufen lassen und Geld in die Kasse der Gemeinde spülen. Und so weiter und so fort. Die Idee klingt gut, doch ob Rumänien dafür bereit ist und ob sich der straffe Zeitplan des Siebenbürger Sachsen einhalten lässt, steht in den Sternen.

Allerdings, seit seinem Amtsantritt vor fünf Jahren lieferte der seinerseits jüngste Bürgermeister in der Region ab: «Gerade vier Prozent der Leute in Avrig sind arbeitslos», gibt Arnold Klingeis stolz kund. Im restlichen Land liegt der Schnitt bei siebeneinhalb Prozent. Was den Herrn von allen anderen unterscheidet, die ich bisher auf meiner Reise traf, ist sein ganz ungerolltes, sehr hochdeutsches R. Der Grund liegt in seiner Biographie: Er hat die doppelte

Staatsbürgerschaft, 1990 kam er im Alter von elf Jahren mit der Familie nach Deutschland, in seine «Urheimat», wie er betont.

«Ich habe in Heidelberg, bei Stuttgart und in München gelebt», zählt Klingeis seine Stationen auf und erzählt von seinem Werdegang. Nachdem er die Hotelfachschule absolviert hatte, holte er sein Abi nach und studierte Politik. 2004 war das Heimweh schließlich so groß, dass es ihn und seine junge Familie zurück nach Transsilvanien zog.

«Was ist von Deutschland in Ihrem Leben geblieben?»

«Die vierzehn Jahre in dem Land haben meinen Horizont erweitert, davon profitiere ich noch heute.»

Dann folgt eine begeisterte Lobrede auf Deutschland, wie sie jeder Politiker bei uns halten könnte. Gebremst wird der Rumäniendeutsche erst, als es anklopft und sein Stellvertreter mit dem Direktor der Stadtwerke hineinplatzt. Ich befinde mich schließlich im Machtzentrum von Freck.

Als die beiden wieder verschwunden sind, nutze ich die Chance einer kurzen Stille, um das Wort zu ergreifen: «Wurden Sie damals in Deutschland als Deutscher angesehen oder als Rumäniendeutscher?»

«Wissen Sie, es gibt in Deutschland drei Arten von Deutschen: die Westdeutschen, die Ostdeutschen und die zugewanderten Deutschen, also die Spätaussiedler. Der Unterschied zwischen Ost und West, der war sowieso schon spürbar. Und wer noch weiter aus dem Osten kommt, der hat das in Deutschland immer gespürt.»

«Könnten Sie sich vorstellen, wieder in Deutschland zu leben?»

«Ganz sicher. Ich habe es sogar vor. Wenn meine Kinder größer sind, plane ich, mit der Familie nach Deutschland

zu gehen, damit sie von den dortigen Ausbildungsmöglich-
keiten profitieren. Aber meine Heimat, die ist hier.»

«Stimmt es denn, dass Sie als siebenbürgisch-sächsi-
scher Politiker einen Vertrauensvorschuss bei den Leuten
hier haben?»

«Es reicht bestimmt nicht aus, sich auf diesen Wurzeln
auszuruhen. Vielleicht geht das eine kurze Zeit, aber man
muss auch Leistung bringen.»

Nach dieser Steilvorlage ist der Bürgermeister wieder
bei seinen Themen und hat das Wort. Er will dafür sorgen,
dass die Bewohner Avrigs ihre Einstellung zum öffentlichen
Raum ändern. Deshalb würde es an einigen Ecken in der
Stadt heute deutlich schöner aussehen als bei seinem Amtsantritt. Die Leute hätten es mittlerweile verinnerlicht, dass
sie mit anpacken und vor der eigenen Tür fegen müssen.
Das Erscheinungsbild der Gemeinde sei die Visitenkarte
aller Frecker. Seitdem wird fleißig gepinselt und gekehrt –
fast so, als wolle man sich für «Unser Dorf soll schöner werden» bewerben, kommt es mir vor.

In einem Affenzahn schießt ein dunkler Maybach mit Auf-
blendlicht am Fenster vorbei und verschwindet genau so
schnell, wie er auftauchte. Nur eine Kurve später überhole
ich auf der schmalen Landstraße mal wieder einen ollen
Pferdewagenanhänger, auf dem zwei Erwachsene und ein
Kind hocken. Die Kluft zwischen extrem reich und sehr
einfach und arm liegt in Rumänien manchmal so nah beisammen.

Von Hermannstadt ist es keine Viertelstunde Fahrt durch
ein kurzes Waldstück und durch ein Rudel wilder Hunde,
die kläffend dem Auto hinterherjagen, ehe der gemietete

Dacia Duster in das Tal rollt, in dem die Hennings leben. Am Eingang der Gemeinde steht ein weißes Schild, auf dem in schwarzer Schrift Cisnădioara zu lesen ist. Etwas kleiner darunter: Michelsberg. Kurz dahinter biege ich auf eine Schotterpiste. Ein kleiner hölzerner Wegweiser an einem Zaun verrät, dass der Pfad, den man in Deutschland gemeinhin Feldweg nennen würde, zur Pension Apfelhaus führt.

Vom Hügel aus betrachtet, scheint Michelsberg ein sehr überschaubares Dörfchen. Überlandleitungen hängen von einem Betonpfeiler zum nächsten und spinnen wenige Meter über den Straßen ein Netz aus schwarzen Stromkabeln in die Landschaft. Das größte Bauwerk im Tal ist die Kirche. In der Distanz erahne ich an diesem klaren Tag die Karpaten. Für Anfang Januar ist es in der fast frühlingshaften Sonne sehr warm, nicht mal der eigene Atem ist sichtbar. Von Schnee keine Spur. Dafür wachsen schon einige Schneeglöckchen am Wegesrand. Die besondere Geschichte des Örtchens reicht bis ins zwölfte Jahrhundert zurück und wäre ohne die deutschen Auswanderer anders verlaufen. Der namensgebende Michelsberg ist ein ebenmäßig runder Hügel, auf dessen Spitze eine der ältesten Kirchen Siebenbürgens steht.

Doch ich fahre nicht zu dieser Kirche, die wie eine Burg aussieht, sondern zu der Kirche im Tal, die sehr nach Kirche aussieht. Dort aber scheitert meine geplante Besichtigung, das Gotteshaus ist geschlossen. Warum sollte es auch offen sein, wo mir doch an diesem Samstag keine einzige Menschenseele begegnet? An einem Gedenkstein im Kirchhof steht auf einer Tafel «Vergiss, mein Volk, die teuren Toten nicht». Es wird «an die Blutopfer des Weltkriegs» erinnert, «an die Gefallenen des Zweiten Weltkriegs» und die aus der Gemeinde Michelsberg Deportierten; sie «starben den Heldentod für das Vaterland». Welches Vaterland eigentlich? Nicht weit von der Kirche entfernt gibt es ein anderes Gebäude mit deutscher Inschrift: «Das alte Haus 200 Jahre stand und manchen Sturm es überwand.» Teile des folgenden Satzes an der Fassade lassen sich nicht mehr klar entziffern, doch der Spruch endet mit «in Gottes Treue wacht er. Segne die wohnen in dem Haus, und alle, die gehen ein und aus!»

Ich sehe mein Ziel, rolle langsam über eine kleine Brücke und parke neben dem rotbraunen Hoftor. Daran prangt das Zeichen der rumänischen Post. Die Hennings, das weiß ich, betreiben die örtliche Filiale. Ich muss richtig sein. Noch bevor ich am Tor bin, kommt mir Mutter Emma entgegen und bittet mich, den Wagen umzuparken.

«Stellen Sie sich besser hier vorne hin», zeigt sie mir den neuen Parkplatz mit einer Handbewegung. «Sonst beschwert sich wieder der Bayer. Das ist ein ganz korrekter.» Belustigt und zugleich ein wenig genervt schaut sie rüber zu dem Anwesen des Nachbarn, als ich beginne, die Karre um zwei Wagenlängen zu versetzen. Seit zehn Jahren besitzt der deutsche Nachbar das mit Abstand am aufwendigsten renovierte Haus an der mit Schlaglöchern übersäten, ungeteerten Straße; er kam beruflich als Berater für rumänische Firmen nach Osteuropa und blieb.

Als wir den schlauchförmigen Hof der Hennigs betreten und das schwere Holztor hinter uns ins Schloss fällt, öffnet sich ein idyllischer Ort, eine heile Welt ohne nervige Bayern, die ein bisschen an Ferien auf dem Bauernhof erinnert. Ich werde rumgeführt, bekomme den Garten gezeigt, einen imposanten Hühnerstall, aus dem es gackert wie wild, und eine alte Scheune, in der Emmas Gatte gelegentlich von Hand Kacheln mit dem traditionellen Muster der Siebenbürger Sachsen fertigt. Dahinter erhebt sich das Grundstück. Ein kleiner Hang mit zahlreichen Obstbäumen, die im Sommer schwer an ihren Früchten tragen. Ins Haus baute sich Michael Henning einen Pizzaoffen, den der dreifache Familienvater gerade einheizt, als wir den Raum betreten. Pizza wird es heute allerdings nicht geben, sondern etwas Traditionelles, doch dazu später mehr.

Herr Henning quasselt wie ein Wasserfall: «Knapp sechshundert Menschen leben noch in Michelsberg, hundert von denen sprechen noch Deutsch.» In den meisten Dörfern gebe es immer weniger Sachsen. Er kommt vom Stöckchen aufs Steinchen, lacht, wenn er mal für einen Moment still ist, und beauftragt seine Frau, die beiden Töchter zu suchen. Mit denen, den Jungen, sei ich ja schließlich auch verabredet. Dann schmeißt er ein paar neue Holzscheite in den Ofen.

Wenn die Kinder nur ein wenig nach ihren Eltern kommen, die beide Jahrgang 1965 sind, müssen es gastfreundliche und sehr herzliche Menschen sein. Petra, die mit Mitte zwanzig ältere Tochter, und ihre zwei Jahre jüngere Schwester Juli bestätigen meine Vermutung. Obwohl ich nicht hungrig bin, wird mir so lange zugeredet, dass ich schließlich Appetit habe. Ich sitze nun also auf der Eckbank der alten Küche, eine kalte Flasche Ursus-Bier vor mir, während die beiden Mädels den Tisch mit Brot, Käse und selbstgemachter Paprikapaste decken. Weiß Gott, das Leben kann schlechter sein als in diesem Augenblick.

Petra kommt nach ihrer Mutter. Sie ist die Stillere, aber

wenn sie etwas sagt, dann ist es meist auf den Punkt gebracht. Sie will nach den Sommerferien als Lehrerin arbeiten und jobbt in der Zwischenzeit eben in dem Hermannstädter Buchladen, in dem ich sie verpasste. Davor studierte sie in Wien Geographie. Ihre Abschlussarbeit behandelte die Siebenbürger Sachsen. Sie verglich die zwei in Transsilvanien liegenden Sachsen-Zentren Hermannstadt und Kronstadt und untersuchte, wie lebendig die deutschsprachigen Gemeinden gegenwärtig sind. Mit dem Ergebnis, dass die deutlich größere und aktivere Gemeinde im kleineren Hermannstadt lebt.

Genau wie ihre ältere Schwester arbeitet auch Juli in den Sommerferien als Aufseherin für ein US-Unternehmen, das amerikanische Schülergruppen auf organisierten Rundreisen durch halb Europa lotst. So könne sie Geld verdienen und sogar umsonst noch einige Länder kennenlernen. Juli, mit ihren zu einem Dutt zusammengebundenen schwarzen Haaren, kommt in Sachen Redseligkeit mehr nach dem Papa. In der kleinen Nachbarstadt Heltau, auf Rumänisch Cisnădie, unterrichtet sie als ausgebildete Lehrerin sämtliche Grundschulfächer. Zweihundert Euro verdient sie, zu wenig, um über den Monat zu kommen. Der dreimonatige Sommerferienjob soll ihr für das restliche Jahr ein finanzielles Polster verschaffen.

Auszuziehen sei im Moment undenkbar, obwohl beide Schwestern, besonders Petra, große Lust dazu hätten. Warum, frage ich Petra, ist sie dann nach dem Studium in Wien wieder ins verschlafene Michelsberg gezogen? Die junge Frau braucht ein paar Anläufe für die Antwort. Neben der Familie, der Natur und dem Engagement in der heimischen Kirchengemeinde hatte sie Angst davor, in Wien oder einer deutschen Großstadt fremd zu bleiben, in der Masse unterzugehen und ein Leben zu leben, in dem einen niemand kennt, in dem man allein und einsam ist.

«Hier und in der Umgebung sind wir bekannt wie bunte Hunde. Irgendjemand klingelt immer bei uns am Tor und kommt zu Besuch. Das ist schön», erklärt Juli.

«Man ist als Siebenbürger Sachse in Siebenbürgen mittlerweile schon etwas Besonderes?», wundere ich mich.

«Genau», bestätigt Petra. «In Deutschland wäre das anders.»

«Bedeutet etwas Besonderes sein auch, privilegierter zu sein?»

«Keineswegs. Bei dem Job in der Buchhandlung habe ich ausnahmsweise einen Vorteil. Sonst nie.»

«Ansonsten müssen wir uns ständig rechtfertigen. Warum wir so gut Deutsch sprechen und warum wir überhaupt die Sprache können. Man frägt uns das oft, vor allem die Touristen aus Deutschland. Und weil wir langsamer Rumänisch sprechen als die Rumänen, wollen manche von denen wissen, woher wir kommen», meldet sich Juli, die mit ihrer Schwester und den Eltern normalerweise nur im siebenbürgisch-sächsischen Dialekt kommuniziert. Zu dem gehört offenbar auch das sehr ungewohnte «frägt», das ich hier ein paarmal höre.

Es ist schon ein wenig grotesk, dass die Siebenbürger Sachsen in ihrer Heimat von Fremden als Fremde wahrgenommen werden, von manchen Einheimischen aber offensichtlich auch. Vielleicht hat Petra gerade deshalb Furcht vor dem Fremdsein. Vater Michael, der kurz durch die Küche huscht, kann sich einen Kommentar nicht verkneifen: «Heimat ist für mich da, wo ich mich nicht rechtfertigen muss. Im Dorf und in Siebenbürgen wissen die Menschen, wer wir Sachsen sind.» Dann ist Herr Henning wieder verschwunden.

Vielleicht ist das mit der Heimat hier so, denke ich. In Deutschland ist es anders: Selbst wenn der Akzent stimmt und astrein nach Nürnberg oder Gießen klingt – solange man äußerlich eher nach Ankara oder Neapel aussieht, wird es bei uns mit Heimat und Herkunft kompliziert. Ganz gleich, wann und wo Mustafa, Agnieszka oder Enzio geboren wurden. Möglicherweise ist Heimat, um es frei nach Carl Zuckmayer zu sagen, nicht dort, wo man herkommt, sondern der Ort, an dem man sterben möchte. Und wo es gerade um Begrifflichkeiten geht, «Rumäniendeutsche» hört Petra gar nicht gerne. Zwar sei es der politisch korrekte Ausdruck für die gesamte deutschsprachige Minderheit im Land, doch sie bezeichne sich lieber als «stolze Siebenbürger Sächsin mit einem rumänischen Pass». Bei allem Lokalpatriotismus geht der Blick der älteren Schwester über den Tellerrand hinaus, ihr Horizont endet nicht an den waldigen Hügeln rund um das Dorf. Sie spricht vom Wunsch nach mehr kultureller Infrastruktur, so einer, wie sie weiter westlich existiert. Glücklicherweise gäbe es ja das Internet, denn das kulturelle Angebot in der Region wäre sehr dürftig und langweilig.

«Da muss ich widersprechen», sagt Juli.

Nach einem Moment des schwesterlichen Diskutierens einigen sich die Frauen. Mit englischsprachigem Fernsehen und TV-Shows aus Deutschland können beide etwas anfangen. Was an rumänischen Produktionen über die Mattscheibe flimmert, sei indiskutabel. Petra mag Kurt Krömer oder Joko und Klaas.

«Die haben einen guten Humor! Unterhalten sollen mich die Deutschen», sagt die Ältere trocken, und Juli beginnt lauthals zu lachen.

«Wen findest du lustiger, Joko oder Klaas?»

«Joko. Klaas macht einfach zu krasse Sachen, die manchmal echt nur weh tun.»

Juli hat dazu keine Meinung, sie schaut lieber «Wer wird Millionär».

«Mögen die anderen jungen Siebenbürger Sachsen in eurem Alter auch das Fernsehen oder die Musik aus Deutschland?»

«Heutzutage sind keine jungen Siebenbürger Sachsen mehr hier. Es gibt uns beide», Petra legt ihre rechte Hand auf die Schulter ihrer Schwester, die linke auf ihr Brustbein. «Gut, noch ein paar andere, die kann man an einer Hand abzählen.» Einen Augenblick lang beschleicht mich ein Gefühl, die beiden wollen mich verarschen. Doch es kommt kein Lacher, keine hanebüchene Story, nichts. Die wenigen Rumäniendeutschen, mit denen sie im Kindergarten und der deutschen Schule waren, leben heute fast alle woanders. Nach Deutschland und Österreich sind die meisten gegangen, und viele sind dann einfach geblieben, wo auch immer sie einen Studienplatz oder eine Arbeit ergattern konnten. Die jungen Siebenbürger Sachsen – eine deutschsprachige Minderheit und ihr Exodus. Jetzt wundert mich weniger, warum ich bei der Recherche im Vorfeld trotz aller Bemühungen keine Kontakte bekommen konnte.

«Warum seid ihr damals nicht nach Deutschland?», möchte ich wissen – da ruft Emma Henning aus dem Flur nach der Hilfe ihrer Töchter.

«Da frag mal unsere Eltern», sagen die Geschwister, als sie aufstehen und wir zusammen in Richtung Scheune gehen.

«Herr Möglich, was wir hier jetzt machen, begleitet einen Siebenbürger Sachsen von der Wiege bis zur Bahre», erklärt Michael Henning das, was sich vor unseren Augen abspielt. Auf dem alten Herd schmilzt in einem verbeulten weißen Topf Butter zum Klären, Juli bestäubt einen langen Holztisch mit Mehl, Petra kommt mit einigen Backblechen daher, und Mutter Henning knetet eine Unmenge von Teig in einer riesigen Schüssel.

«So emanzipiert sind wir Männer hier noch nicht, dass wir Frauenarbeit übernehmen können», flachst der Vater auf die Frage, wie er und ich uns am besten nützlich machen könnten. Er habe ja schon damit begonnen, den Ofen einzuheizen, legt er nach. Die drei Frauen verdrehen ihre Augen und weisen den Gastarbeiter aus Deutschland rasch ein. Es sei schon ein Aufwand, beschwichtigen sie mich, aber der würde sich rentieren, denn diese regionale Köstlichkeit, die wir gerade machen, hätte noch jedem geschmeckt: Es wird Hanklich gebacken. Ein simpler Kuchen, der im Wesentlichen aus Eiern, Milch, Mehl und Hefe besteht. Noch ein bisschen Salz und Zucker, fertig. Zutaten, die die Menschen in Siebenbürgen seit jeher fast vollständig vom eigenen Hof hatten, selbst zu Notzeiten.

Nur fünf Minuten braucht der Teig im Pizzaofen, und der dünne Hanklich ist fertig, bloß die Vorbereitung würde Zeit kosten. Während wir den Teig ausrollen, zuschneiden und einpinseln, möchte ich von den Eltern wissen, wieso sie sich seinerzeit gegen die Ausreise nach Deutschland entschieden haben, als alle das taten. Die beiden Töchter interessiert das ebenfalls brennend.

Als frischverheiratetes Paar mit einer Zweijährigen und einem weiteren Kind auf dem Weg, erklären sie, hatten sie Bedenken, in eine ungewisse Zukunft zu ziehen. «Wir dachten nicht, dass wir wie Maria und Joseph ins gelobte Land kommen», scherzt die Mutter.

«Die Frage ist gut: Warum sind wir geblieben?», sagt jetzt Emmas Mann laut und antwortet sich selbst: «Weil wir blöd waren!» Großes Gelächter. «Es war damals ein rechtloser, freier Raum, ohne Regeln. Jede Revolution bringt so einen Zustand hervor, und man glaubt dann tatsächlich, man kann seine Träume verwirklichen. Dafür muss man nicht auswandern. Das war unsere Überlegung damals», antwortet Herr Henning und hält einen Moment inne. «Was, wenn uns die Kinder einen Vorwurf machen?», spricht er weiter. «Diese Frage stellten wir uns häufig, als unsere Entscheidung fiel. Unsere Mädchen haben nie gefragt und uns nie etwas vorgeworfen, und das ist gut.»

Der Vater wirkt erleichtert, dass Petra und Juli nie ein Problem damit hatten, in Michelsberg zu leben. Anders als seine Eltern, der eigene Bruder oder viele der Verwandten, die nach 1990 rübermachten. «Wie ihr nur weiter in Rumänien wohnen könnt!», solche Sätze bekamen sie oft zu hören.

«Bereuen Sie es, nicht in den Westen gegangen zu sein?»

Das Paar verneint, und ich nehme es ihnen ab. Zu harmonisch ist das Verhältnis der Eltern und der Kinder, die ganze Stimmung spricht dagegen. Die Hennings mussten ihr Glück nicht in Deutschland suchen. Wie viel Hoffnung sie hatten und wie bedrückend es Anfang der Neunziger im verschnarchten Michelsberg war, wird mit jedem weiteren Satz deutlich. Eine Sippe nach der anderen verschwand aus dem Dorf. Es muss gewesen sein, als ob eine Seuche umging. Die Hennings vergleichen die Gesellschaft damals mit einem sinkenden Schiff, von dem sich alle zu retten versuchten, ehe es einen in seinem Sog mit auf den Grund riss.

«Aber wissen Sie», sagt der Vater, «wir überleben nicht nur hier. Wir leben.» Viele deutsche Touristengruppen, die bei den Hennings selbstgebrannte Kacheln und Hanklich kaufen oder Touren buchen, können ihr zufriedenes Leben genauso wenig verstehen, wie sie die Sache mit den deutschsprechenden Siebenbürger Sachsen begreifen.

«Man hat die ganze Geschichte genau erklärt, und trotzdem sagt einem dann jemand: ‹Für einen Rumänen sprechen Sie aber gut Deutsch!›», klagt der Vater.

«Die Reisegruppen, die Sie hier in Empfang nehmen, sind überwiegend ältere Leute. Wie denken denn diese Deutschen?»

«Die tun alle, als wären sie ganz offen, aber wenn es ans Eingemachte geht, dann kommt der Stammtisch durch.»

«Was für ein Stammtisch?»

«Der Grundton der Deutschen. Ich schätze mal, so dreißig bis vierzig Prozent der Leute haben eine Abneigung gegen Ausländer. Egal woher sie kommen, egal was sie machen, egal wie fleißig sie sind und egal wie integriert sie sind. Das ist tief drinnen.»

Michael Henning ergänzt noch, dass das bei den Rumänen wohl ähnlich sei. Überhaupt, in den meisten Völkern leben wohl viele Menschen, die das Unbehagen vor Fremden umtreibt. Ernüchtert blicke ich zum Fenster. Draußen

ist es schon lange stockfinster. Ein ganzer Schwung Hanklich wurde am späten Nachmittag noch weggebacken. Er
war unglaublich gut, und unglaublich satt verlasse ich die
Hennings. Als ich schon fast durchs Holztor bin, ruft mir
der Vater hinterher: Wie mir eigentlich Rumänien gefalle?

Er strahlt, als er meine Antwort hört, wie angetan ich
bin.

«Wollen Sie wissen, warum die meisten Deutschen, die
hierherkommen, genauso positiv reagieren? Weil kein Land
in Deutschland so einen miserablen Ruf hat wie Rumänien.»

Das wird es sein. Die Kunst der Überraschung, die
beherrschen die Rumänen. Schade, dass man nicht einfach alle Stammtischköpfe durch eine Reise nach Rumänien eines Besseren belehren kann. Abgesehen von seiner
Landschaft zeigt sich das wilde Osteuropa gar nicht so wild,
sondern in vieler Hinsicht erstaunlich geordnet und unaufgeregt. Jedenfalls in diesem Teil von Transsilvanien, in dem
die Sachsen vom Aussterben bedrohter sind als die Vampire.

USA   Ein Walzer in New Yorks Germantown

Die extreme Kältewelle mit Rekordminustemperaturen, schwere Schneestürmen und flächendeckenden Stromausfällen zur Jahreswende liegt keine zwei Wochen zurück, und schon bahnt sich ein neues Wetterchaos an der Ostküste der Staaten an. Am Abend vor dem Abflug kommt der Betrieb am John F. Kennedy International Airport gänzlich zum Erliegen. Selten habe ich daheim so unmotiviert meinen Koffer gepackt. Das ständige Hin und Her der letzten Wochen schlaucht.

Ich jammere auf hohem Niveau, führt diese Tour doch in die wahrscheinlich aufregendste Stadt der Welt: New York City. Ein Ort, an dem ich bei Freunden unterkomme, an dem ich eine Weile lebte und den ich schon mehrfach besuchte, alles ganz anders als bei meinen vorherigen Reisezielen für dieses Buch. Aber auch sonst unterscheidet sich dieser Trip von meinen sechs vorhergegangenen. Die USA sind das Einwanderungsland überhaupt, der ganze Staat ist aufgebaut auf Menschen aus aller Herren Länder. Ein Schmelztiegel vieler Kulturen. Glaubt man den Zahlen, die im Netz zu finden sind, bilden die Deutschstämmigen mit rund fünfzehn Prozent aller US-Amerikaner die bis heute noch größte Migrantengruppe. Bei der letzten Volkszählung der Bundesbehörde des United States Census Bureau im Jahr 2010 gaben knapp achtundvierzig Millionen der Befragten als Abstammung «German» an. Spuren von deutschen Auswanderern lassen sich in Chicago und Philadelphia finden, genauso wie in den Kleinstädten des Bundesstaates Pennsylvania – bei den Nachfahren der Pennsylvania Dutch, die Ende des siebzehnten Jahrhunderts aus der Pfalz, Baden und dem Rheinland in die Ferne zogen.

Doch mit gut einer halben Million Deutschamerikaner alleine in New York City und seinen fünf Bezirken sollte dort vieles zu entdecken sein. Nicht ohne Grund findet seit 1957 in jedem September die große Steuben Parade in Manhattan statt. Ein Umzug zu Ehren des preußischen Offiziers Friedrich Wilhelm von Steuben, der Ende der 1770er nach Amerika kam und als US-General unter dem Oberbefehl George Washingtons zu einem der Helden des Unabhängigkeitskrieges wurde. Aber nicht mit preußischen Pickelhauben, sondern mit bayerischen Trachten, Blasmusik und jeder Menge Deutschlandfahnen führt die Parade über die Fifth Avenue bis zur 86. Straße. Genau in eine Ecke der Upper Eastside, die einige Blocks weiter östlich als Yorkville bekannt ist und die bis Ende der 1940er als «Kleindeutschland» das Leben und die Kultur dieser Nachbarschaft prägte.

Das ist nicht alles, denn es gibt Erzählungen über ein Little Germany, welches vor allem Mitte des neunzehnten Jahrhunderts florierte und bis zu Beginn des zwanzigsten in Downtown Manhattan existiert hat. Dort, innerhalb der Grenzen des heutigen East Village, lebten unweit von Chinatown und Little Italy weit mehr als fünfzigtausend

Deutsche. Die Einwanderer gründeten Vereine, betrieben Geschäfte und bauten Bibliotheken. Über die Jahre verließen immer mehr Neuankömmlinge aus Deutschland das New Yorker Zentrum und zogen von dort aus weiter. Als im Juni 1904 der Raddampfer General Slocum sank, ging auch Little Germany unter. Ein Großteil der rund tausenddreihundert Passagiere, die auf einem Picknickausflug waren, starben in den Flammen des Schiffbrandes oder ertranken im East River. Keine dreihundert Menschen überlebten. Von diesem Unglück, das überwiegend die Leben von Frauen und Kindern forderte, erholte sich die deutsche Gemeinde in Downtown nicht mehr. Das Viertel zerfiel, denn die Deutschstämmigen verschlug es fortan noch schneller in andere Ecken der Stadt und des Landes. Schlimme Erinnerung, ja der kollektive Schmerz, der mit diesem Ort nun verbunden war, ließ die Menschen hier wegziehen.

Was lässt sich heute an Deutschem in dieser Metropole finden? Noch dazu im tiefsten Winter, wenn nicht zufällig gerade die Steuben Parade das Bild der Deutschamerikaner-Geschichte schwarz-rot-gold färbt? Aber es wird schon etwas zu entdecken sein. Keine andere Stadt ruft schon durch ihren Namen so viele Bilder im Kopf hervor, egal ob man sie jemals besuchte oder nicht. Irgendwas ist immer los in NYC. Ein Kontrast zu den viel exotischeren Reisen zuvor und somit ein guter Ansporn für den Reporter: Diese letzte Nummer könnte aus dem Rahmen fallen.

«Hey, how're you doing?», fragt der junge Zöllner mit Bürstenschnitt und dunkelblauer Uniform, der mich emotionslos mustert, etwas Smalltalk führt und mich dann überraschend fix durchwinkt. «Hi, how are you today?», fragt danach eine lächelnde Frau, die Kaffee verkauft und mir noch einen schönen Tag wünscht. Wie es mir geht, will auch der Kerl wissen, der meinen Koffer in ein gelbes Taxi wuchtet. Ich mag diese auf Anhieb freundliche, am Gegenüber interessierte Art der Amerikaner. Ob das nun fürchterlich oberflächlich, unecht oder gespielt ist, interessiert da nicht die Bohne. Alleine die Tatsache, dass die Leute im Alltag etwas respektvoller miteinander umgehen, gibt den ganzen Floskeln recht. Selbst dann, wenn die Motivation ausschließlich der Hoffnung auf ein besseres Trinkgeld geschuldet ist, funktioniert es. Ich bevorzuge diese Form der Herzlichkeit vor jedem noch so aufrichtigen verbalen Arschtritt eines Angestellten in Berlin, der gerne mal rüde darauf hinweist, dass das Ding Schrippe genannt wird und nicht Brötchen.

Nach einer halben Stunde Taxifahrt finde ich mich in einem geräumigen, leicht runtergerockten Loft nahe der Wyckoff Avenue in Bushwick wieder. Ende der Zweitausender lebten meine Gastgeberin, zwei andere Amis und ich in einer Vierer-WG im polnischen Viertel Greenpoint. Meine frühere Mitbewohnerin Joanna zog vor ein paar Jahren in diese Ecke Brooklyns, in der überwiegend Latinos zu Hause sind, Spanisch weit verbreiteter ist als Englisch und es bis nach Manhattan noch länger dauert als zuvor.

Ein Grund für den Umzug hierher war die Gentrifizierung anderswo. Die Metropole an der Ostküste ist den Ballungszentren der Bundesrepublik in dieser Hinsicht um Lichtjahre voraus. Zimmer ohne Fenster sind nichts Außergewöhnliches, Einfachverglasung völlig normal, Heizkörper in allen Räumen sind dagegen keine Selbstverständlichkeit. Wer Tageslicht, mehr Platz als in einem

Schuhkarton und eine warme Hütte im Winter mag, zieht Richtung Osten, weiter weg von der City. Der Preis für die Sechzig-Quadratmeter-Bleibe, die man sich gerade noch ohne einen Mitbewohner leisten kann, liegt im Moment bei tausendvierhundert Dollar. Kein Schnäppchen, wie meine Freundin sagt, dennoch ein guter Preis. Vor allem in Anbetracht der neunhundert Bucks, die wir damals für eine Besenkammer aus Rigipsplatten in der WG blechten – pro Nase, wohlgemerkt.

Als ich von steigenden Mieten deutscher Städte zu erzählen beginne, legt Joanna ihre Stirn in Falten und gibt mir diesen Blick. Ob München, Hamburg, Berlin, Köln oder Frankfurt – wegen der Quadratmeterpreise dort, gibt sie mir zu verstehen, muss nicht gejammert werden. Wer tausendvierhundert Dollar abseits des Zentrums zu bezahlen gewohnt ist, für den müssen die Mieten in Deutschland immer noch märchenhaft niedrig erscheinen. Mein Versuch zu erklären, dass sich diese Kosten unproportional zu den Löhnen entwickeln, fruchtet nicht.

«Selbst die Preise und die Qualität der Lebensmittel in deutschen Supermärkten sind ein Traum, verglichen mit dem meisten Zeug in unseren Regalen! Auch Restaurants sind bei euch preiswerter. Ist dir das klar? Und überhaupt ...»

«Ich bin neugierig, was du mir als Nächstes sagst», unterbreche ich die rhetorische Frage.

«In Deutschland habt ihr alle eine Krankenversicherung, und wenn man bei euch seinen Job verliert, hilft der Staat für eine Weile aus, richtig? Und bekommt ihr nicht alle sogar finanzielle Unterstützung für eure Kinder?»

Mir fehlen die Argumente. Eins zu null für die Amerikanerin, die eine Lanze für meine Heimat bricht. Der Deutsche kennt natürlich ihre Argumente, weiß von den Vorteilen des Sozialstaats Deutschland, lebt auch sehr gerne in diesem Land. Aber man sträubt sich dennoch ein wenig. Nicht davor, sich etwas einzugestehen oder im Unrecht zu sein. Nein, eher vor einer Zustimmung, dass in Deutschland etwas gut ist – ohne dass man dran gleich irgendeine Kritik üben würde. Irgendwie idiotisch, doch vielleicht ist auch das eben deutsch. Wer aus einem Land kommt – um mal eine gewagte These aufzustellen –, in dem einst blind der totale Krieg bejubelt wurde, trägt ein solches kritisches Dagegensein möglicherweise tief in sich, ohne es so recht begründen zu können.

«Ich kann Deutsch, aber wenn ihr schnell redet, verpasse ich einige Vokabeln und verstehe nicht den ganzen Zusammenhang und Sinn. Auf meinen Reisen durch Deutschland fällt mir das immer wieder auf. In Englisch fühle ich mich sicherer», mailt mir Kathryn Jolowicz in ihrer Muttersprache. Geboren wurde sie 1939 in Yorkville, der Germantown. Ihre Eltern waren wenige Jahre zuvor aus Leipzig in die Vereinigten Staaten gekommen. Deutsch, das schrieb sie in einer anderen E-Mail, lernte sie erst auf dem Collage.

Seit mehr als fünfundzwanzig Jahren organisiert Frau Jolowicz in New York City Deutschkurse. Außerdem, und deshalb freue ich mich auf das Kennenlernen, recherchiert sie zur Geschichte der Deutschamerikaner in ihrem Kiez und sollte daher eine hervorragende Gesprächspartnerin sein. Wie vereinbart rufe ich sie nach meiner Ankunft in den Staaten an. Es klingelt nur zweimal, dann meldet sich eine Frau, die mich rasch bittet, sie doch einfach Kathy zu nennen. Ihre Stimme ist die einer munteren Siebzigjährigen. Wir sprechen Englisch, nur hin und wieder lässt Kathy ein deutsches Wort fallen. Sie schlägt vor, dass wir uns zum «Abendessen» in ihrem Stammlokal treffen sollten, dem Restaurant Heidelberg. Es befindet sich mitten in «Kleindeutschland», wie sie lachend hinterherschiebt.

«That's fine. See you tonight!», sage ich.

«Okay, bis später. Tschüss!», antwortet Kathy.

Über den von eisigem Schnee bedeckten Gehweg gehe ich vorsichtig die wenigen Blocks zur Metrostation DeKalb Avenue. Die Konzentration auf meine Schritte auf rutschigem Untergrund hilft mir, für einen Moment zu vergessen, wie saukalt es ist. Aus einem der Lüftungsschächte vor dem Eingang zur U-Bahn wehen Dampfschwaden und tanzen im frostigen Wind hin und her. Eine von den vielen typisch New Yorker Postkartenimpressionen, die auf Fotos letztendlich immer schicker wirken als in echt.

Der silberne Zug mit dem leuchtenden Logo der Linie L und einigen fetten Star-Spangled-Banner-Aufklebern bringt mich von Brooklyn rüber nach Manhattan. Im frühabendlichen Gewusel der Union Square Station geht es nur stockend durch die Menschenmasse vorwärts. Im Augenwinkel weitere USA-Flaggen, außerdem Breakdancer, Musiker und Kleinkünstler, die sich hier vor dem ständig wechselnden Publikum den einen oder anderen Dollar verdienen. Ich nehme den Expresszug Richtung Bronx, der die über siebzig Straßen nach Uptown relativ flott durchbläst. Aus dem Fenster sehe ich kurz vor der Abfahrt einen Cop auf dem Bahnsteig. In seiner marineblauen Montur sieht er ungleich martialischer aus als seine deutschen Kollegen. An der Grand Central Station verlässt die Hälfte der Passagiere den Waggon, ebenso viele kommen wieder herein. Unter ihnen ein gepflegter Mann in Jeans und dunkelblauer Yankees-Jacke, kaum älter als ich. Direkt neben mir bleibt er stehen, räuspert sich mehrmals und erhebt plötzlich seine Stimme.

«Ladies and Gentlemen, may I have your attention, please!», beginnt er, nervös umherblickend und unsicher, ob er Augenkontakt mit den Fahrgästen suchen oder doch lieber verschämt auf den Boden starren soll. Er stellt sich vor, nicht mit Namen, aber als ein stolzer Mann, der gerade vom Pech verfolgt wird. Arbeitslos, pleite und unfähig, ohne Hilfe seine zwei Kinder zu ernähren, sieht er im Betteln momentan seine einzige Chance. Er wird wieder auf die Beine kommen, da er ist er zuversichtlich. Was er möchte, liegt auf der Hand, deshalb bittet der Yankees-Fan nicht um Almosen, sondern nur darum, ihn nicht wegen seiner aktuellen Lebensumstände zu verurteilen. Jeder könne in solch eine prekäre Lage geraten, mahnt er, ehe die Ansprache mit dem Segen «God bless you!» endet. Sichtlich erleichtert, es mal wieder hinter sich gebracht zu haben, schleicht er demütig durch das Abteil.

Würden in Deutschland die meisten Menschen diesen armen Teufel spätestens jetzt ignorieren, würden bei uns nur ein oder zwei Leute ein paar Münzen in seine Hand legen, passiert hier etwas anderes: Vom Ghetto Kid bis zum zugeknöpften Business-Typ, jeder gibt ein paar Cent oder eine Dollarnote. Nur wenige versuchen, ihn zu übersehen. Eine junge Frau mit Kopfhörern auf den Ohren, die bis gerade noch zu Rihanna mitgesungen hat und ihm nichts zusteckt, ruft: «Hey man, good bless you too!» Der Mann bedankt sich bei ihr und verschwindet im nächsten Wagen. Amerikaner in der

U-Bahn sind emphatischer als Deutsche in der U-Bahn. Spielt in dieser so harten Stadt Nächstenliebe schlichtweg deshalb eine größere Rolle, weil die Religion im Land mehr Bedeutung hat als in der Bundesrepublik? Vielleicht halten die Menschen auch einfach deswegen zusammen, weil sie nicht die Sicherheit eines Sozialstaates im Rücken wissen und sie trotz unterschiedlichster Herkunftsländer ihrer Vorfahren eine Sache verbindet: Sie sind alle stolz darauf, Amerikaner zu sein.

Von der 86. Straße Ecke Lexington liegt das Restaurant gerade mal zwei Blocks entfernt. An der 2nd Avenue ange-kommen, lässt sich ein weißes Schild erkennen, auf dem in blauen Buchstaben «Heidelberg» steht. Ein rotes Herz ersetzt den i-Punkt.

Zwei Läden vor der Gaststätte mit ihrer Fachwerkfas-sade zieht ein vollgestopftes Schaufenster meine Aufmerk-samkeit auf sich. Hinter der Scheibe sind die unterschied-lichsten piefigen Bierhumpen ausgestellt. Auf der rechten Seite überwiegend solche aus Ton, mit kitschigen Male-reien und Zinndeckeln, auf der linken Glaskrüge und Zwei-Liter-Bierstiefel mit Deutschlandfahnen. Zudem weist ein rosarotes, handbeschriebenes Plakat mit aufgemalter Kuckucksuhr darauf hin, dass ebensolche Chronometer aus dem Schwarzwald im Laden erworben werden können. Genau wie Lebkuchen, Stollen und anderes Weihnachts-gebäck, und sogar zum halben Preis.

Der Blick ins Innere des geschlossenen Ladens ist eine Überraschung: Schaller & Weber ist nämlich kein Ein-Dollar-Deutschlandartikel-Shop, wie man denken könnte. Schaller & Weber entpuppt sich als alteingesessene Metz-gerei. 1937 von einem deutschen Auswanderer und einem

Amerikaner eröffnet, wird der Betrieb bis heute von der Familie Schaller geführt. Das benachbarte Heidelberg, so viel verriet Kathy am Telefon, wurde 1936 ebenfalls von Deutschen gegründet.

«Haben Sie eine Reservierung?», fragt eine englischsprechende Frau in dezenter Tracht, die jeden ankommenden Gast in Empfang nimmt und zu einem Platz geleitet. Mir wird ein Ecktisch zugewiesen, von dem sich der komplette Raum einsehen lässt. Viel dunkles Holz: Das Lokal sieht aus wie in eine in die Jahre und aus der Mode gekommene Wirtschaft irgendwo in Deutschland, die auf gutbürgerliche Küche spezialisiert ist. An den rau verputzten Wänden hängen Geweihe, Bilder vom Schloss Heidelberg und Stillleben. Außerdem wenige alte Fotos. Sie müssen vor Jahrzehnten gemacht worden sein, die Menschen darauf haben Frisuren und Klamotten an, als seien sie Statisten in «Mad Men». Der Song dagegen, der das Heidelberg gerade beschallt, hat mit den Sechzigern herzlich wenig gemein. Aus den versteckten Boxen kriecht das Intro des Achtziger-Hits «Live is Life» von Opus: «Na na na na na…»

Eine kleine, zierliche Frau mit schwerer Fellmütze in einem dunkelbraunen Pelzmantel steuert zielsicher meinen Tisch an.

«You must be Manuel, right?»

Als Erstes erzählt mir Kathy, dass die Heizung in ihrer Wohnung defekt ist und die Temperatur bei ihr zu Hause derzeit unter dem Gefrierpunkt liege. So kalt wie diesen Januar sei es normalerweise nie in New York City. Deshalb trage sie die Klamotten im Zwiebelschichtsystem übereinander. Nachdem sie sich herausgeschält hat, sitzt mir Kathy in Bluse und Strickjacke gegenüber. Das Haar schwarz gefärbt und zu einem Pferdeschwanz gebunden. Die goldene Kette passt zu den Perlohrclips. An ihren knochigen Fingern funkeln Ringe. Überraschend wenig Falten zeichnen das sorgfältig geschminkte Gesicht der Vierundsiebzigjährigen, die ihre Augenbrauen zu schmalen Linien gezupft hat. Sie war sicher ein sehr hübsches Mädchen.

Ich muss meiner Verabredung die Geschichten nicht aus der Nase ziehen. Sie erzählt über Yorkville, ihr Leben und den Fernsehfilm «Unsere Mütter, unsere Väter». Erst vor ein paar Tagen sah sie den Dreiteiler, der in den Staaten unter dem Titel «Generation War» zu sehen war und Kathy sehr bewegte, weil viele Erinnerungen an ihre Kindheit wachgerüttelt wurden.

«Wie war es damals in dieser Ecke von Manhattan? Prägten Deutsche wirklich so sehr das Bild, wie man hört?», möchte ich wissen.

«Genau hier in dieser Nachbarschaft sprachen viele Menschen Deutsch. Der erste Block auf der 86. von der Lexington bis zur 3rd Avenue hieß ‹German Broadway›. Das Stück zwischen der 3rd und 2nd nannte die Presse früher den ‹Sauerkraut Boulevard›. Es gab zahlreiche Clubs, Bars, Restaurants und Vereine. Außerdem Kirchen, in denen der Gottesdienst auf Deutsch gehalten wurde.»

Kathy redet Englisch. Wenn sie aber einzelne deutsche Wörter gebraucht, stolpert sie nicht über deren Aussprache. Dabei war Deutsch in ihrer Familie eine Art Geheimsprache der Eltern. Je mehr sie darüber preisgibt, umso klarer wird, warum. Als sie im Sommer 1939 zur Welt kommt, bricht wenige Wochen darauf der Zweite Weltkrieg aus. In den folgenden Monaten beschließen Mutter und Vater, das eigene Kind nur englischsprachig aufzuziehen, Deutsch galt in Amerika als die Sprache des Feindes. Doch schon früher, während des Ersten Weltkriegs, verschlechterte sich erstmals die Stimmung gegenüber allem Deutschen im Land der unbegrenzten Möglichkeiten. «Frankfurter» nannte man fortan «Hot Dogs», «Hamburger» nur noch «Salisbury Steak» und «Sauerkraut» «Liberty Cabbage». Deutsche Migranten änderten ihre offensichtlichsten Kennzeichen aus der Alten Welt, ihre Namen. Wer Wilhelm hieß, nannte sich nun William.

«Ich erinnere mich an ein Erlebnis in der Schule, ich werde wohl acht Jahre alt gewesen sein. Es gab ein Fest, und alle Kinder mussten den Schulkameraden und ihren Eltern ein Lied vortragen. Ich sang ‹O Tannenbaum›. Als ich fertig war, applaudierte keiner im Saal. Zuerst dachte ich, dass mein Gesang niemandem gefallen hätte, und ich heulte wie ein Schlosshund. Dabei lag es am Stück, das ich auf Deutsch gesungen hatte. Der Direktor bestellte meinen Vater ein. Es hagelte Beschwerden von anderen Eltern.»

Kathy vermischt Erlebtes und die Storys, die sie zu ihrer Geschichte über Germantown an der Upper Eastside recherchierte. Unterm Strich bleibt die Erkenntnis: Waren die Deutschen um die Jahrhundertwende in Amerika noch willkommen, verschlechterten die beiden Weltkriege ihr Ansehen drastisch. Die Akzeptanz gegenüber der Sprache, die wenige Jahre zuvor im öffentlichen Raum noch allgegenwärtig war, verflüchtigte sich schnell.

«Die Deutschen waren auf einmal verhasst! Ein Freund erzählte mir, dass seine Mutter während des Zweiten Weltkriegs auf der 86. von einer anderen Frau ins Gesicht geschlagen wurde. Nur weil sie Deutsch sprach!» Mittlerweile ist kaum mehr Deutsches in Yorkville zu hören oder zu sehen, selbst das Personal im Heidelberg redet ausschließlich Englisch. Rechtschreibfehler auf der Karte bestätigen den Eindruck. Als Anfang der Sechziger im Viertel neue Türme in den Himmel schossen, gingen auch die Mieten durch die Decke, und die Alteingesessenen zogen nach Queens oder noch weiter raus in Bezirke abseits der City. Aber das echte Deutschland, drüben in Europa, das sei in diesen Tagen auch nicht mehr, was es einst war, bemerkt die alte Dame nebenbei.

«Wie soll ich das verstehen?», frage ich Kathy.

«Die Deutschen sind total amerikanisiert. Das eigene Brauchtum wird immer weniger gepflegt, es wird durch amerikanische Gepflogenheiten ersetzt. Ich schaffe es fast jedes Jahr, einmal rüberzufahren, und ich bemerke, dass es von Mal zu Mal mehr wie bei uns in den Staaten wird.»

«Versuchst du auch deshalb, an die Historie der Deutschen in Manhattan zu erinnern?»

«Ich bin eine amerikanische Patriotin, doch meine Seele ist deutsch. Ich habe keine Familie mehr, niemand wird mein Erbe antreten. In Yorkville liegen meine Wurzeln, das hier ist mein Disneyland und alles, was ich habe.»

Mit diesem etwas schweren Schlusssatz könnten wir schweigend auseinandergehen. Es müsste nur etwas ergreifende Musik mit Streichern einsetzen, um das Pathos der letzten Worte zu intensivieren. Doch es kommt anders: Peter Schillings «Major Tom» schwebt schwerelos mit seinem Raumschiff völlig losgelöst aus den Lautsprechern durch das Lokal, Kathy schneidet ein Stück von ihrer Weißwurst ab, tunkt es in einen Flatschen süßen Senf und schiebt es in den Mund. Sie grübelt. Sie kaut und beklagt sich, dass niemand in Amerika eine Weißwurst so würzen kann wie die Bayern, beginnt dann aber mit einem anderen Thema.

«Die Deutschen, die damals nach Amerika kamen, haben viel für das Land getan und geholfen, es aufzubauen. Sie waren wegen der Nazis verhasst und wurden sehr schlecht behandelt. Mich macht es wütend, wenn ich sehe, wie unsere Regierung heute den Moslems das Land überlässt. Warum geht man mit ihnen nicht so um wie mit den Deutschen nach dem Zweiten Weltkrieg? Wir befinden uns im Krieg mit den Moslems. Es ist ein anderer als damals, aber es ist ein Krieg.»

Ich habe keine Chance zu reagieren, nachzufragen oder auf «Nine-Eleven» zu sprechen zu kommen, denn schon erhebt sich Kathy, winkt Richtung Bar und ruft auf Deutsch: «Barbara, komm mal rüber!»

Eine stämmige Frau quadratischen Ausmaßes mit blonder, lockiger Kurzhaarfrisur und rotem Dirndl schießt postwendend auf uns zu, während ich immer noch baff bin. Sechsundachtzig Jahre soll sie, die da angeflogen kommt, alt sein; sie gehört offenbar zum Inventar des Lokals und scheint das Temperament einer Achtzehnjährigen zu haben. Wir werden einander vorgestellt. Ihre Sprache ist eine wilde Mischung aus deutschgefärbtem Englisch und tiefstem Bayerisch.

«Sind Sie nach New York ausgewandert, oder wurden Sie in Amerika geboren?», frage ich, obwohl ich die Antwort ahne.

«My god, wie ih nah Amerika gekumme bin, da hat dih dein Vater noch im Sack rumtrage! Wie alt is dein Vater?»

«Vierundsechzig», sage ich.

«Und ih bin dreiundsechzig Jahr hier. I came 1951 to New York.»

Barbara ermahnt mich, langsamer zu sprechen. Die gebürtige Niederbayerin wohnt, wenn ich sie recht verstehe, seit ihrer Ankunft in Yorkville. Schon eine halbe Ewigkeit lebt sie mit ihrem kranken Mann direkt über dem Heidelberg. Wenn der Laden voll ist, deckt die rüstige Oma Tische ein oder übernimmt andere leichte Arbeiten. Die zwei Golden Girls verlieren sich in einem überwiegend auf Deutsch geführten Gespräch über den Status quo der USA. Mit dem Land geht es bergab, da sind sich die beiden einig. Es fehlt an Krankenhäusern, Schulen, guten Lehrern, Polizisten und Feuerwehrmännern. Nicht die Leute seien krank, sondern das System. Ein kurzer Dialog in gegenseitiger Bestätigung, im Übrigen ganz nach dem Motto «Früher war hier alles besser».

«Lebt es sich in Deutschland heutzutage also komfortabler als in Amerika oder hier in New York?», frage ich Barbara.

«Türli. Ihr hobt's es da drüben zehnmal schöner als wir hier in Amerika. In Deutschland kriegt ihr zwar viel abg'zogen vom Lohn, aber ihr hobt Versicherungen und müsst nix zohlen, you know.»

I know. Sie nimmt ihr Hörgerät ab, für das sie zweitausendvierhundert Dollar berappen musste. Es ist ihr drittes, die beiden davor finanzierte sie ebenfalls komplett alleine. Die zwei Frauen sehnen sich nach staatlichen Krankenkassen, die funktionieren und bezahlbar sind. Genauso problematisch das Thema Mieten: Kostete in den Fünfzigern eine Fünf-Zimmer-Wohnung in Yorkville im Monat vierzehn Dollar, sind es heute etwa dreitausendachthundert. Doch zurückgehen in die Heimat, dafür ist es zu spät.

«Wie ih mei Dorf in der Näh von München verlasse hob, stande da drei Häuser. Jetzt is alles verbaut, ih erkenn mei eigne Heimat nimmer. Is crazy», schüttelt Barbara den Kopf und wendet sich in beinahe sauberem Hochdeutsch an Kathy: «Deutschland hat den Krieg verloren, und schau, wo die sind! Deutschland ist oben, Amerika unten. Und wer hat Deutschland aufg'baut? Der Amerikaner.»

Kathy nickt wie ein Wackeldackel, als sich die niederbayerische New Yorkerin verabschiedet. Noch einmal kommt sie an unseren Tisch und reicht meiner Begleitung die aktuellen Ausgaben der deutschsprachigen «New Yorker Staats-Zeitung & German Times» und der «Amerika Woche». Aufmacher sind die Kältewelle in den USA sowie Pofalla, die Bahn und Kanzlerin Merkel. Dann dreht sich Barbara noch einmal zu mir. Aus den Zeitungen weiß sie, dass es in vielen Städten Deutschlands mehr Ausländer in den Schulen gibt als deutsche Kinder. In Amerika sei das ganz ähnlich. Sie holt tief Luft, und ich fürchte schon, dass sie nun mit den üblichen Sprüchen lospoltern wird. Doch ich werde überrascht.

«Sei mir net bös, aber die Deutschen worn zu elegant, um die Drecksarbeit zu mochn. Die Türken sind kumme und hamms gemocht, ihre Kinder wurden im Land geboren, alright. Sie kriegen eine Pension, der Deutsche ein Arschtritt.» Sie atmet noch einmal durch, nun lacht sie, schnaufend wie eine alte Dampflok: «Ih hob zwölf G'schwister. Mei Tante hatte achtzehn Kinder. Wie die Karnickel hammses früher gemocht. Heut will der Deutsche nur noch ein, zwo Kinder.»

Es gibt genug Zahlen, die das belegen. Und Dystopien, dass Deutschland ausstirbt oder sich gar abschafft. Doch

Barbara klingt in diesem Punkt versöhnlicher. Als gebürtige Deutsche, die auszog und Amerikanerin wurde, blickt sie aus der Ferne, aber vielleicht auch wegen des eigenen Migrationshintergrundes etwas anders auf dieses Thema. Kathy räuspert sich übertrieben. Die Rechnung liegt schon auf dem Tisch, ich greife danach und zahle für die mittelmäßigen Abendessen, zwei Bier und eine Flasche Wasser mit Trinkgeld einhundert lausige Dollar.

Der zwischen dem East Village und Alphabet City eingekesselte Tompkins Square Park in Downtown Manhattan galt einst als das Zentrum des ersten Little Germany. Heute lassen sich in dieser Ecke kaum noch Hinweise auf die Einwanderer aus dem alten Europa aufspüren. Frustriert, bisher so gar nichts zu finden, streife ich durch die eingeschneiten Straßen. An der 2nd Avenue/Ecke St. Marks Place habe ich mehr Glück. Ein zweigeschossiges Bauwerk aus dunkelrotem Backstein trägt über der Eingangstür die Inschrift «DEUTSCHE DISPENSARY». Und das Haus nebenan: «FREIE BIBLIOTHEK u. LESEHALLE». Eine bronzefarbene Metalltafel informiert, dass 1884 die Bauarbeiten an der Ottendorfer Library abgeschlossen wurden. Gestiftet hat sie der deutschstämmige Journalist Valentin Oswald Ottendorfer. Geboren in Zwittau im heutigen Tschechien, flüchtete der studierte Jurist und Philosoph nach der Zerschlagung der Märzrevolution Mitte des neunzehnten Jahrhunderts nach Amerika. Der spätere Herausgeber der New-Yorker Staats-Zeitung ließ das Haus von dem in Deutschland geborenen Architekten William Schickel erbauen. Im früheren Kleindeutschland stand somit die erste öffentliche Bibliothek von New York City. Die

Hälfte der ursprünglich achttausend Bücher waren Werke in deutscher Sprache.

Am St. Marks Place in unmittelbarer Nachbarschaft herrscht reges Gewusel. Trotz des eisigen Sauwetters verkaufen die kleinen Shops mit den Auslagen auf den Gehwegen «I ♥ NY»-T-Shirts, die unter Plastikfolien liegen. Daneben zu dieser Jahreszeit Nützlicheres wie Schirme, karierte Fleece-Mützen, Handschuhe mit Knochenmuster oder Schals. Zwischen den vierstöckigen Gebäuden, deren Fassaden Feuernottreppen zieren, fällt eines auf: Im Erdgeschoss ist ein koreanisches Restaurant, in den Stockwerken darüber gibt es ausnahmsweise keine eisernen Fluchtleitern. Stattdessen lese ich über der ersten Fensterreihe den in Stein gehauenen Schriftzug: «DEUTSCH-AMERIKANISCHE-SCHÜTZENGESELLSCHAFT». In der Mitte der dritten Etage sticht ein Relief hervor, das einen Adler, zwei gekreuzte Gewehre und eine Zielscheibe zeigt. Im Halbkreis darüber die Worte «EINIGKEIT MACHT STARK». Was es mit diesem Bau auf sich hat, lässt sich an Ort und Stelle nicht klären.

Ich gehe weiter und finde mich kurz drauf auf der Bowery wieder. Genau in dieser Ecke befand sich einmal das legendäre CBGB. Ein ranziger Schuppen, in dem Punk-Rock geboren wurde, ehe die Welle Mitte der Siebziger nach England schwappte. Ende 1973 öffnete der Club, und Bands wie die Ramones, Blondie, Television, Patti Smith und jede Menge andere prägende Künstler des Genres machten auf der winzigen Bühne erste Live-Erfahrung. In der zweiten Hälfte der Zweitausender gab der Betreiber den Laden auf, da die steigenden Mietpreise nicht mehr tragbar waren. Übrig geblieben vom CBGB ist eine Markise über dem Eingang. Früher weiß lackiert, befindet sich hinter dem mittlerweile schwarzen Sonnenschutz eine Boutique, in der unterschiedliche Vintage-Produkte zu gesalzenen Preisen angeboten werden.

Weil es von hier nur ein Katzensprung zu einem anderen bekannten, aber nicht ganz so berühmt-berüchtigten Etablissement ist, das ebenfalls mit Punk-Rock, aber für mich auch mit Deutschland zu tun hat, laufe ich los.

Die Erinnerungen an meinen ersten Besuch in der Mars Bar holen mich schon auf dem Weg ein. Es wird im Juni 2009 gewesen sein. Der Asphalt strahlte noch am Abend die Hitze des Tages ab, die Nacht brachte kaum Abkühlung. Ich musste an diesem Abend ein wenig Zeit überbrücken, bis das Konzert von The Kills im East Village begann. Planlos lief ich auf eine Eckkneipe an der 2nd Avenue Ecke E 1st Street zu. Die komplett bemalten Wände und Scheiben eines kleinen Ladens fielen hier sofort auf. Taggs und Aufkleber überdeckten andere Sprüche und Bilder.

Drinnen sah es fast genauso aus wie von draußen. Alles, selbst die Decke und die Bar, waren vollgekritzelt oder mit Schichten von bunten Stickern überklebt. Im Holztresen waren Buchstaben und Muster eingeritzt. Aus der Jukebox bollerte «Nitroglycerine» von The Gories. Die Mars Bar war eine Art Mutter aller abgerockten Kneipen, authentisch und unendlich abgefuckt. Eine Divebar, die in Charles-Bukowski-Romanen auftauchen könnte. Dazu passten die Gäste: Alkoholiker, verlorene Seelen, Außenseiter. Charaktere, die Stoff für Geschichten liefern. Jeder Einzelne von ihnen schien willkommen.

Hier einen Drink zu nehmen war schon alleine wegen der guten Musik in der Jukebox Pflicht. Punk bis Hardcore, viele Songs von Bands aus New York sowieso, Glam und etwas Industrial sprachen dafür, dass die Betreiber keine wirklich schlechten Menschen sein konnten. So kam das eine zum anderen, eine volle Flasche folgte der geleerten, und ein Typ, mit dem ich entspannt schnackte, fragte irgendwann, woher ich eigentlich komme. Mein Akzent hatte mich verraten.

«Deutschland», antwortete ich, ohne weiter ins Detail zu gehen oder eine Stadt zu nennen.

Da erhob sich der Kerl von seinem wackeligen Hocker, klopfte zweimal auf meine Schulter und ging rüber zum Kasten, aus dem die Musik dröhnte. Grinsend drückte er zwei Tasten, nachdem die Maschine einen Dollarschein gefressen hatte.

«Die nächste Nummer ist für dich!», rief er mir zu.

Ich befürchtete, Rammstein hören zu müssen, doch zwei Minuten später lief DAF – Deutsch Amerikanische Freundschaft, und «Der Mussolini» tanzte durch den Laden. Meine deutsch-amerikanische Freundschaft dauerte nur ein paar Bier, aber schön war sie.

Jetzt irre ich weiter durch den Winter, habe das Echo von DAF im Ohr und noch immer den Schriftzug der Deutsch-Amerikanischen-Schützengesellschaft vor meinem inneren Auge. Nur die Mars Bar ist vom Erdboden verschluckt. Die richtige Adresse habe ich, doch das Gebäude vor mir passt so gar nicht zum Bild in meinem Kopf. Dann wird mir klar, dass der Neubau aus viel Glas, wo ein Plakat der TD Bank und ein «Coming Soon» klebt, diese spezielle Kaschemme verdrängt hat. Manhattan fehlt es nicht nur an Fläche, auch Nostalgie oder Sentimentalitäten kann man sich hier nicht leisten.

Wieder in Brooklyn, im vielleicht hipsten Hipster-Viertel der ganzen Stadt, Williamsburg. Über eine mächtige Betonbrücke kriecht der Verkehr auf dem Brooklyn-Queens-Expressway. Der Türsteher vom Union Pool gibt den Weg frei, als ihm sein gelangweilter Blick auf den Ausweis die Gewissheit gibt, dass der Besucher aus Deutschland das einundzwanzigste Lebensjahr schon etwas länger vollendet hat. Während der Laden an sommerlichen Wochenenden trotz des großzügigen Außenbereichs aus allen Nähten platzt, herrscht an diesem Mittwoch im Winter beinahe gähnende Leere. Die Musik ertönt kaum über Zimmerlautstärke, die wenigen Gäste an den Tischen und am Tresen sind in Gespräche vertieft.

Ich hatte das ein bisschen lebhafter abgespeichert. Während ich an meiner Dose «Tecate Cerveza» rumnuckele und feststelle, dass sich diese Kneipe seit meinem letzten Besuch wenigstens nicht merklich verändert hat, höre ich eine Männerstimme, ganz nah, die, da besteht kein Zweifel, zu mir spricht. Und sie fragt:

«Yo! Is this some weird German shit?»

Ein Kerl Mitte dreißig, Dreitagebart und dunkelbraune Locken bis zur Schulter, steht kaugummikauend an der Bar über Eck neben mir. Seine Kiffermuskeln zeichnen jede Bewegung nach. Bevor ich antworte, bemerke ich, dass ich seinen Hals zu lange ansehe. Neben und auf dem Kehlkopf sind große, schlechtgestochene Buchstaben in verblasstem Rot mit schwarzen Outlines vor einem Hintergrund aus hellgelben Flammen: «FUN» steht da.

Seine Frage meint mein T-Shirt, denn er kann den Aufdruck durch mein offenes Hemd sehen. Wer sich seinen Hals tätowieren lässt, der kennt mit Sicherheit das Logo von Black Flag, einer der einflussreichsten Bands des Genres, die die amerikanische Punk- und Hardcoreszene jemals ausgespuckt hat. Was ihn irritiert, sind keineswegs die vier senkrechten Balken des Logos, sondern die Buchstaben darunter: «öö». Ich ziehe das Hemd auseinander, der Tattoo-Kollege liest an der Stelle, wo normalerweise Flag stehen müsste, das irritierende «Fööss».

«What does this word with the Umlaut mean?»

Dass das T-Shirt gleichwohl eine Hommage an Black Flag wie auch an eine Gruppe aus Köln sei, die mit ihren Karnevalsliedern zu Lokalhelden der Domstadt wurden und die eben Bläck Fööss heißen, findet nur einer von uns beiden komisch. Joseph, der Joe genannt werden will, sich mit einer komplizierten Handschlagabfolge vorstellt und Musiker ist, interessiert vor allem seine eigene Story. Ohne danach gefragt zu sein, erzählt er über sich. Im Süden der Staaten wuchs er auf, wohnte zeitweise in Chicago, auch in Frankreich, momentan ist er in New York zu Hause.

In seiner Lockerheit erfüllt dieser junge Mann das Bild des Klischee-Amis von Leuten, die prinzipiell von Amerikanern und ihrer «How are you?»-Mentalität genervt sind. Er redet laut, wirklich sehr laut. Seine gekünstelt wirkende Lache schallt durch die ganze Bar. Und obwohl ich nur noch wenige Tage in der Stadt bin und wir uns garantiert nicht verabreden werden, schiebt er mir schnell eine Karte mit seiner Nummer und den Kontaktdaten rüber. Anschließend bestellt er Wodka Soda. Für sich und für den Deutschen. Dass der Gast mit dem merkwürdigen Humor aus Berlin kommt, gefällt ihm. Mich überrascht es kaum noch, da er vor einigen Jahren selbst eine Weile dort lebte, genauer gesagt in «Kreuzbörg». Mit einem gewaltigen Schluck haut er das halbe Glas weg, verzieht sein Gesicht und grunzt laut: «Ahh!» Eine beiläufige Handbewegung, und die Barfrau gießt zwei neue Rutschen ein.

Nach meinem eher mittelerfolgreichen Tag kommt mir die Bekanntschaft mit Mr. Fun durchaus gelegen. Ohne dass ich nachbohren müsste, redet er nämlich jetzt immer mehr über Deutschland. Über ein Deutschland, das dem von Kathy und Barbara kaum weniger ähneln könnte. Dabei verbindet alle drei die Wertschätzung für das Land. Nur handeln die Storys von Joe und seiner Zeit in Berlin nicht vom guten Essen, von Kindern mit Migrationshintergrund oder fleißigen schwarz-rot-goldenen Bienchen, die wie ein Ottomotor präzise ihren Dienst tun.

Seine Deutschen sind in einer anderen Disziplin gut, wenn nicht sogar Weltmeister: dem Drei-Tage-wach-Bleiben – dem Raven. Als er von phantastischen Partys in der Bar 25 am Spreeufer erzählt, als er das riesige Foto von Wolfgang Tillmans in der Panorama Bar erwähnt, das die Nahaufnahme einer Vagina zeigt, dann leuchten seine Augen vor Begeisterung. Überhaupt die Clublandschaft in Deutschland, so was wäre in den Staaten undenkbar. Zum einen wegen der strikteren Sperrstundengesetze, denn in der Stadt, die niemals schläft, ist um vier Uhr morgens Schicht im Schacht, in Los Angeles sogar noch zwei Stunden eher. Aber ganz sicher auch wegen moralischer Bedenken, meint Joe. «Girls and drugs!», lacht der Getriebene, der die Nacht kennt. Die abgebrochene Ecke an seinem Schneidezahn ist gerade gut zu sehen, er sieht durchaus ein bisschen wahnsinnig aus.

«Ein Bier auf offener Straße trinken? Kannst du hier vergessen, ist verboten. Bei euch macht das jeder!», klagt der New Yorker. Aber das ist tatsächlich die Gesetzeslage zum

Alkoholkonsum in seinem Land. Noch ein Schluck, und sein Glas ist leer. Während wir weitertrinken, es schlägt langsam ins Saufen um, philosophiert der Musiker über die German Technolandschaft, über Pioniere wie Kraftwerk, über Krautrock und Bands wie Tangerine Dream, Neu! oder Can. Deutschland, was damit zu tun hat und was daher kommt, klingt aus seinem Mund ziemlich cool. Joe ist begeistert von meiner Heimat, wegen der endlosen Afterhours, des Rausches mit all seinen schönen und hässlichen Obszönitäten jenseits von Staat und Gesetzen. Das sind zwar nur temporäre Zustände, aber ihm scheint das der Gipfel an Selbstbestimmung und Freiheit zu sein. Legal, illegal, scheißegal. Deutschland ist kein Anagramm von Fun, doch für Joe scheint es ein Synonym genau dafür zu sein.

Die vergangenen Tage waren kalt. Heute ist es schmerzend eisig. Durch die lange Hochhausschlucht der 87. Straße bläst ein arktischer Wind straff vom Central Park her. Gefühlte minus dreiundzwanzig Grad, behauptet die Wetter-App. Die Kälte zwickt in meinen Wangen und in der Nasenspitze, frisst sich rasch durch die schweren Stiefel und den Parka. Trotz der immer tiefer ins Gesicht geschobenen Mütze finde ich schließlich die Pforte mit weißer Leuchtschrift, die ich suche. In die Dunkelheit des frühen Abends strahlt das Wort «Liederkranz».

Der repräsentative Sitz des Clubs befindet sich in exklusiver Nachbarschaft. Eine Straßenecke weiter erstreckt sich der Central Park entlang der Museum Mile, die nördliche Verlängerung der 5th Avenue. Ganz in der Nähe liegt das Metropolitan Museum of Art. Nur einen Steinwurf entfernt steht ein weiteres Highlight der Stadt, das Guggenheim

Museum. Das futuristische weiße Gebäude aus den Fünfzigern sieht auch heute noch beeindruckend kühn und modern aus. Die Wohnhäuser der Upper East Side sind den betuchteren Bürgern Manhattans vorbehalten. In nahezu jeder Eingangshalle wacht ein Concierge mit langem Mantel und Hut darüber, welcher Mieter, Eigentümer oder Gast das Haus betritt. Nur ein paar Blocks weiter östlich residiert in Yorkville der vor kurzem gewählte Bürgermeister Bill de Blasio, er wohnt in der Villa Gracie Mansion im Carl Schurz Park. Der Namensgeber der kleinen Oase erblickte in Deutschland das Licht der Welt und kam in der zweiten Hälfte des neunzehnten Jahrhunderts zu Bekanntheit. Abraham Lincoln ernannte Carl Schurz zum Botschafter, unter Präsident Rutherford B. Hayes wurde der gebürtige Erftstädter zum Innenminister der USA.

Als ich die Stufen zum Eingang hinaufsteige, lese ich über der schwarzen Eisentür das in die Steinfassade gehauene Wort LIEDERKRANZ. Darunter: Founded 1847. Mit elektrischem Surren öffnet sich die Tür. Zwei Männer in gutsitzenden Anzügen, die mutmaßlich Schneider und Friseur teilen, begrüßen mich mit einem synchron geschmetterten «Welcome» in der prunkvollen Empfangshalle. Polierte Marmorsäulen, schwere Teppiche und ein mächtiger Kronleuchter zeigen, dass bei der Inneneinrichtung nicht gegeizt werden sollte und das Geld dafür vorhanden war. Das Mobiliar wirkt angestaubt, doch es passt perfekt in diese Reichtum, Historie und Macht ausstrahlende Kulisse.

Einer der Herren des Empfangskomitees schreitet zu einem Sekretär, schlägt ein wuchtiges Buch mit Ledereinband auf und kommt damit auf mich zu. Nachdem geklärt ist, dass ich nicht zur Weinprobe in den Wartburg Saal möchte und deshalb auch auf keiner Gästeliste stehe, sondern dass ich vielmehr zur Probe des Liederkranz-Chores eingeladen bin, werde ich in den dritten Stock geschickt. Nach der Bauern Stube und dem Ballroom würde ich automatisch im Konzertsaal des Hauses landen, in dem jeden Donnerstag gesungen wird. Als ich auf der Mitte der Treppe in die mit Teppich überzogenen Stufen versinke, ruft ein Anzugträger dem Besucher ein mutiges, aber nicht ganz geglücktes «Hairslik Willcom'in» hinterher.

Im Treppenhaus sehe ich neben den Porträts namhafter Mitglieder auch ein paar Fotos von deutschen Städten sowie die unterschiedlichsten Ölgemälde. Und gerahmte Sprüche in verschnörkelter, alter Schrift: «Möge der Deutsche Liederkranz niemals aufhören, ein Schmuck und eine Zierde der Stadt New York zu sein, und sein Wirken und Streben noch viele Generationen erfreuen und ihnen zu schönem und erhabenem Vorbild gereichen.» Dazwischen immer wieder Tafeln, die Einblicke in die Chronik des Hauses und den Club geben: Vor hundertsiebenundsechzig Jahren gründeten fünfundzwanzig Deutsche einen Herrengesangsverein, der ursprünglich «Deutscher Liederkranz der Stadt New York» hieß.

Um 1900 boomte die Singerei der Deutschamerikaner in den USA geradezu. Sechstausend Sänger in über hundertfünfzig Gruppen gab es alleine in der Metropole an der Ostküste. Der Liederkranz war der exklusivste dieser Vereine überhaupt. Auf Einladung von Theodore Roosevelt, dem sechsundzwanzigsten Präsident der Vereinigten Staaten, gaben einige Mitglieder sogar im Weißen Haus Stücke zum Besten. Aber auch in den eigenen Reihen war der Liederkranz prominent besetzt, rund dreißig Jahre lang gab es etwa einen überaus namhaften Präsidenten. Der im niedersächsischen Sessen geborene Wilhelm Steinweg, bekannter als William Steinway, einer der Söhne des legendären Gründers der Klavierfabrik Steinway & Sons, konnte während seiner Amtszeit genug Geld sammeln, um ein erstes Clubheim an der 58. Straße zu errichten. Dann kam eine Krise, ausgelöst durch die beiden Weltkriege. Sie waren nicht nur schuld, dass die Mitgliederzahlen einbrachen, sondern auch die Ursache, warum man das prächtige Gebäude an der 58. verkaufen musste. 1919 änderte man die offizielle Vereinssprache von Deutsch zu Englisch und den Namen zu «The Liederkranz of the City of New York». Der Deutschen-Hass, von dem Kathy sprach, traf auch den elitären Club der Sänger mit voller Wucht.

Die Concert Hall im dritten Stock ist ein geräumiger Saal, der allerdings keine sonderlich hohen Decken besitzt und daher ein wenig Wohnzimmeratmosphäre hat. Die Schritte auf dem Parkett hallen in dem spärlich eingerichteten Raum nach. Zahlreiche Stühle stehen gestapelt vor einer vanillefarbenen Wand. In einer offenen Vitrine stauben einige Pokale ein. Ein wuchtiger Kamin schmückt eine andere Wand, ein paar Meter davor steht ein haselnussbrauner Mason-&-Hamlin-Flügel. Um ihn herum ein Halbkreis aus schätzungsweise zwanzig Polsterstühlen. Auf einem sitzt eine ältere Dame im schwarzen Rollkragenpullover. Vor ihr steht ein Herr mit buschigem silbernem Bart, er dürfte mit Ende sechzig ein wenig jünger sein als sie. Auf Englisch stelle ich mich vor, vergewissere mich, ob ich das Gespräch der beiden auch nicht störe, und frage, was mich an diesem Abend erwartet. Wir unterhalten uns eine Weile, bis der graubärtige Chorleiter erwähnt, dass auch er des

Deutschen mächtig ist. Ob er bilingual erzogen wurde oder die Sprache in der Schule lernte, möchte ich wissen.

Er pumpt seine Backen auf, so als habe er sich verschluckt, und presst Luft und dann die Antwort durch seine Lippen: «No, I'm German and I came to New York in the 60s.»

Jetzt legt Ulrich Hartung den Schalter um und wechselt ins Deutsche, das er nach all den Jahren noch immer akzentfrei spricht. Für die Liebe zu einer Amerikanerin verließ der Wahl-New-Yorker seine Heimat im Harz. Der hauptberufliche Sänger arbeitet seit nunmehr zehn Jahren eben auch als Chorlehrer des Liederkranzes.

«Früher gab es sogar ein eigenes Orchester, aber uns fehlt der Nachwuchs», beklagt er. «Es verirrt sich hin und wieder zwar mal ein junger Mensch hierher, doch die gehen alle schnell wieder heim, wenn sie mitkriegen, was wir singen.»

Im Unterricht werde Englisch geredet, obwohl einige in der Gruppe Deutsch verstehen und sogar sprechen. Als er das sagt, blickt er schmunzelnd zu zwei Frauen, die sich gerade in die Runde setzen und unser Gespräch hören können. Keine von ihnen geht auf die Anspielung ein, geschweige denn, dass sie in die Unterhaltung einsteigen. Die Stücke, die für das große Konzert im Mai geübt werden, sind dagegen fast alle in deutscher Sprache. Aus einer Klarsichthülle zieht der Lehrer ein DIN-A4-Blatt mit den elf Liedern für dieses Frühlingskonzert. Er drückt es mir in die Hand, und ich sehe neben Peter Alexanders «Melodien zum Verlieben» auch Volkslieder wie «Horch, was kommt von draußen rein», das Schubert-Lied vom «Heidenröslein» und ein paar mir völlig unbekannte Titel. Heute allerdings wolle man den «Kaiserwalzer» von Johann Strauss proben.

Nach und nach trudeln die letzten Sänger ein, noch eine Handvoll Damen, die die Plätze um das Piano belegen, flott ihre Noten auspacken und sich artig einsingen. Unser Gespräch endet abrupt, als jemand aus der Runde mahnt:

«It's already ten minutes past seven, we should start right now!»

«Deutsche Pünktlichkeit scheint beim Liederkranz offenbar eine ernste Angelegenheit zu sein», scherze ich leise mit dem Chorleiter, der sich zum Flügel begibt und in die Tasten haut.

Am einzigen Tisch im Raum warten Kaffee und eine Schale mit Weihnachtsplätzchen, die aussehen, als wären sie vom Schlussverkauf bei Schaller & Weber. Die Stunde verläuft äußerst diszipliniert. Die Frauen ackern sich durch den «Kaiserwalzer», singen unerwartet gut und geben den deutschen Text nicht schlechter wieder als ein Muttersprachler. Verglichen mit Inges blutigem Amateurgesangshaufen in Brasilien sind die Schülerinnen vom Liederkranz knallharte Profis. Hier weht ein anderer Wind, ohne Zweifel. Das Lob, mit dem der Lehrer vor der Stunde seine Ladys bedachte, scheint berechtigt. Zu den Männern hatte er dagegen bemerkt, dass die es nicht so draufhätten, es klang beiläufig, aber auch ein wenig nach Warnung. Um mich herum am Tisch sitzt mittlerweile ein Kreis von sechs keksemampfenden Sängern jenseits der siebzig. Der Wechsel der beiden Gruppen findet gemächlich statt. Hartung wartet am Flügel, bis die Senioren bereit sind.

Als ich gerade ein paar deutsche Worte mit einer jener Damen austauschen möchte, die mich laut ihrem Gesangslehrer verstehen müssten, höre ich die Stimme des Chorleiters. Er bittet den Gast aus Deutschland, sich der Männerrunde vorzustellen. Als ich das getan habe, fragt er mich:

«Herr Möglich, eine Frage noch: Sind Sie Tenor oder Bass?»

«Äh, also ganz ehrlich», stammele ich unsicher, mich am Klavier festhaltend: «Singen kann ich überhaupt nicht.»

«Sie sehen nach Tenor aus», kontert Hartung unbeeindruckt.

Ich merke, dass ich aus dieser Misere nicht herauskomme. Kein Ausweg, nirgends. Ein Gefühl von leichter Nervosität breitet sich in mir aus. Der Magen verkrampft zwar nicht, doch ich bilde mir ein, rot anzulaufen. Es fühlt sich an, als sei ich wieder in der siebten Klasse und müsse vor an die Tafel und sämtliche französischen Verben durchkonjugieren. Zum ersten Mal seit Tagen ist mir ganz warm. Lächerlich, wegen solch einer läppischen Situation! Willenlos gehorche ich nun Herrn Hartung, wähle einen freien Stuhl und lasse das, was ohnehin nicht mehr abzuwenden ist, auf mich zukommen. Der Chorleiter spielt auf und setzt irgendwo mitten im «Kaiserwalzer» an. Seine Stimme klingt voluminös.

O du Wienerwald

Der die Stadt als Juwel umgibt

Heller Klang, Vogelsang

Jauchzt aus dir, dringt zu mir

Ein Blick von Hartung zu den Herren rechts vom Piano signalisiert diesen den Einsatz, doch nun beginnen alle im Halbkreis sofort draufloszubrummen. «Jauchzt aus dir, dringt zu mir» singen die einen, «Ja, mein Wien, das bist du» die anderen. Ich murmle eine Mischung aus beidem leise in mich hinein. Es stimmt also: Die Frauen können es besser. Viel besser. Die Männerrunde glänzt in erster Linie durch Talentfreiheit, konsequent verfehlte Töne und wenig bis gar kein Taktgefühl. Es ist gruselig. An welcher Stelle der Einsatz hätte erfolgen müssen, darüber ersteht schnell Redebedarf. Einer blättert heillos überfordert noch immer in seinen Notenblättern, er ist unsicher, ob er überhaupt den richtigen Text dabeihat. Seinen Sitznachbarn amüsiert dies. Die Zerstreutheit und der zweifelhafte Gesang meiner Kollegen nehmen wenigstens den Druck von mir, die traumatische Schulerinnerung endet schnell.

Nach fünf Minuten unterbricht der Lehrer zum ersten, und nicht zum letzten Mal. Er mahnt zu mehr Konzentration. Am verstörendsten in dem ganzen Chaos ist, wie der Mann neben mir, ein Typ mit Handygürteltasche, die deutschen Worte ausspricht. Sämtliche Umlaute formt er gnadenlos zu a, o oder u um. Aber auch st oder z scheinen eine unüberwindbare Hürde, gegen die er jedes Mal mit Karacho anrennt.

Ruhsdt äs laud allen zoo,
Kommd uhnd jauchsed uhnd siengt,
Dass summ Härsen äs drinkt,
Soo isd Ween mine Staadt,
Nicht derrglichin äs haht,
Sowide isch ohm misch schau,
In Godes schoner Wäld

Je mehr ich auf seine Fehler höre, umso breiiger klingt alles, was er von sich gibt. Meine Aufmerksamkeit ist vollends bei seinen Entgleisungen, ich höre nur noch ihn und verzweifle. Am liebsten würde ich ihn knebeln.

Aber vielleicht sollte ich gnädig sein. Deutsche und ihre Versionen von englischen th-Lauten sind in den Ohren der Muttersprachler auch kein Genuss. Wer im Glashaus sitzt, sollte nicht mit überartikulierten Umlauten werfen. Mit weiteren Unterbrechungen und Belehrungen wird in dieser Stunde der «Kaiserwalzer» nicht einmal zur Hälfte geprobt, vom gesamten Lied ganz zu schweigen. Bis zum Konzert im Mai bleibt Hartung, der zügig nach dem Verklingen der letzten Akkorde seine schwarze Ledertasche packt und aufbricht, noch einiges an Arbeit.

An die Männer sollte ich mich halten, so sein Rat, die hätten gewiss Spannendes über Deutsche in New York City und das Land zu erzählen. Und nach den Proben würde immer noch ein Bierchen gezischt. So ist es auch an diesem Abend. Auf dem Tisch, an dem wir eben noch saßen, Kaffee tranken und Weihnachtskekse aßen, steht ein Tablett mit frischgezapftem Gerstensaft. Deutsches Bier, darauf macht mich einer der Herren mit Nachdruck aufmerksam. Mit den Worten «Prost» und «Cheers» stoßen wir an. Wie so oft lässt ein bisschen Alkohol das Eis schmelzen.

«Verstehen Sie überhaupt etwas von dem, was wir eben gesungen haben?», frage ich in die Runde.

«Nein, nicht wirklich», sagt einer der Sänger.

«Warum singen Sie dann ausgerechnet Lieder mit deutschen Texten?»

«Mir gefällt die Kultur aus Deutschland. Auch die Sprache. Sie ist hart, prägnant und klingt unglaublich stark. Sogar im Englischen benutzen wir deutsche Ausdrücke wie Kindergarten oder Autobahn», antwortet ein anderer.

Wir reden weiter auf Englisch, mit einzelnen deutschen Wörtern darin. Nur Mr. Fisher ist in der Lage, sich sofort flüssig auf Deutsch zu unterhalten, ohne nach Worten suchen zu müssen oder die Sprachen zu vermischen. Doch nach anfänglichem Unbehagen kramen auch die anderen immer mehr ihrer verschütteten Vokabeln hervor. Es reicht, um in einfachen Sätzen von den Vorfahren aus Sachsen oder Siebenbürgen zu erzählen. Von Erinnerungen an Deutschlandreisen und vom Liederkranz. In den Fünfzigern, als die Herren junge Burschen waren und hier Mitglied wurden, gab es regelmäßig verschwenderische Feste und Maskenbälle. Deutsch war damals noch lebendig. Die Männer schwärmen von den Tagen, als sie das Leben noch vor sich hatten. Im Haus des Liederkranzes tummelten sich einst namhafte Industrielle und andere wichtige Leute.

«Heute fehlt das Geld. Deshalb sind wir auf die finanzielle Unterstützung einer Stiftung angewiesen. Und auf die Einnahmen, die wir durch die Vermietung der Säle bekommen. Sonst könnten wir kaum weiter existieren», erzählt Fisher, winkt ab, als ob es egal sei, und bringt das, was ich auf dieser Reise schon häufiger erfuhr, auf den Punkt: «Der deutsche Einfluss wird nicht nur geringer, wir sind die Letzten, und wir sterben einer nach dem anderen aus.»

Die eigenen Kinder seien der Sprache schon nicht mehr mächtig. In den Staaten lernt man besser Spanisch als Deutsch. Eine zweite Runde Frischgezapftes wird gebracht, und nun schaltet sich auch der etwas jüngere Handygürteltaschenmann ein, der bislang schweigend zuhörte. 1976 besuchte er zum ersten und auch letzten Mal Deutschland. Er reiste mit seinem Bruder nach München, um dort die Oper zu besuchen. Berlin würde er vielleicht noch sehen wollen, aber sonst, ja, sonst sei Deutschland kein bisschen interessant. Mit süffisanter Miene starrt er mich jetzt an.

Sein Blick ist bohrend: «Ich bin ein stolzer Amerikaner!»
Ich schätze, er ist einer von denen, die immer noch glauben, dass Bruce Springsteens «Born in the USA» ein patriotisches Lied sei. Achselzuckend sage ich gelassen «Okay», ist auch egal, er und ich werden bestimmt nicht mehr warm miteinander. Er beißt sich nun aber fest, will wissen, wie die Deutschen es finden, dass sie Griechenlands Schulden tragen müssen; fragt mich, was das mit diesem vereinten Europa überhaupt soll; beschwert sich, dass in den USA zu viele Menschen nur noch Spanisch sprechen und «unsere schöne Sprache» nicht beherrschen. Ich zucke die Schultern, sage, das wären komplizierte Fragen. Er versucht weiter, mich zu provozieren. Es soll ihm nicht gelingen, obwohl er mir wirklich mächtig auf den Sack geht.

«Angela Merkel, habe ich gelesen, spricht kein Englisch. Wie kann so jemand bitte Kanzler werden?»

Ich antworte ihm sofort – und dann bin ich irritiert. Nicht wegen seiner Frage, sondern wegen meiner Antwort. Habe ich gerade wirklich Angie verteidigt? Er ist stumm, die anderen Männer lachen. Aus meinem Mund müssen gerade Sätze gekommen sein, die ungefähr so klangen: «Stimmt nicht ganz. Angela Merkel spricht Englisch, ihre Mutter war sogar Englischlehrerin. Allerdings ist ihr Russisch viel besser, es soll beinahe perfekt sein. Welche Fremdsprachen beherrscht eigentlich Barack Obama?»

«Keine!», wirft der kleine Mr. Fisher ein.

Spiel, Satz und Sieg. Soll das ganze Reisen durch die Welt, sollen all die Gespräche und Begegnungen nun dazu führen, dass ich plötzlich eine Art Nationalgefühl entwickele und sogar zum Angriff übergehe, sobald Mutti Merkel gedisst wird?

Als sich die Runde kurz darauf auflöst und ich draußen einige Mal tief die Winterluft durch meine Nase ziehe, überlege ich noch einmal. So ein richtig stolzer Deutscher, nee, der bin ich bestimmt immer noch nicht. Warum man sich auf eine Sache etwas einbilden kann, für die man rein gar nichts getan hat, das will partout nicht in meinen Schädel. Wie plump es sein kann, wenn Menschen sich und ihre Identität zu sehr über ihr Nationalgefühl definieren, hat dieser Abend einmal mehr bewiesen. Erinnerungen sind es doch, die einen formen, und keine Flaggen.

Deutschland mag ich heute aber doch ein bisschen mehr, mir ist einiges über das Land klarer geworden. Zweifelsohne ist es ein glücklicher Zufall, vielleicht auch ein Geschenk, in Deutschland geboren zu sein, in Sicherheit aufzuwachsen und selbstverständlich lernen und sich ausbilden zu können.

Es ist völlig okay, sich heutzutage in der Welt als jemand «from Germany» zu erkennen zu geben. Je länger ich über all das nachdenke, umso mehr Gründe fallen mir dafür ein. Dass im Grundgesetz Sätze stehen wie «Jeder hat das Recht auf die freie Entfaltung seiner Persönlichkeit» und die Gesellschaft in Deutschland theoretisch dementsprechend organisiert ist und lebt – darauf könnte man tatsächlich ein wenig stolz sein. Dabei steht außer Frage: Natürlich holpert es in der Bundesrepublik, und richtig rund wird es nicht laufen, nie und nirgendwo. Dennoch, zu Hause ist es bestimmt nicht am unschönsten. Andererseits, wie man gerne in Amerika sagt: Home is where the heart is.

Ich danke
meinen Gesprächspartnern, ohne deren Geschichten
dieses Buch ein anderes geworden wäre, Wilhelm Trapp,
Gunnar Schmidt, Dirk Poppendieck, Lenka Sikulova,
Johannes Geiger, Gerrit Jöns-Anders, Ertu Eren, meiner
Familie und last but not least: Maren.